精品化教材
High Quality Textbooks

二十一世纪"双一流"建设系列精品规划教材

# 财务管理

## （第二版）


主　编　吕　南
副主编　杜晓梅　王　睿　张　雯


U0952782


西南财经大学出版社
四川·成都

**图书在版编目(CIP)数据**

财务管理/吕南主编.—2版.—成都:西南财经大学出版社,2019.10
ISBN 978-7-5504-3745-6

Ⅰ.①财… Ⅱ.①吕… Ⅲ.①财务管理—高等学校—教材 Ⅳ.①F275

中国版本图书馆CIP数据核字(2018)第223110号

**财务管理(第二版)**

CAIWU GUANLI

主　编:吕南

副主编:杜晓梅　王睿　张雯

责任编辑:李晓嵩

责任校对:田园

封面设计:墨创文化　张姗姗

责任印制:朱曼丽

| | |
|---|---|
| 出版发行 | 西南财经大学出版社(四川省成都市光华村街55号) |
| 网　　址 | http://www.bookcj.com |
| 电子邮件 | bookcj@foxmail.com |
| 邮政编码 | 610074 |
| 电　　话 | 028-87353785 |
| 照　　排 | 四川胜翔数码印务设计有限公司 |
| 印　　刷 | 郫县犀浦印刷厂 |
| 成品尺寸 | 185mm×260mm |
| 印　　张 | 15.5 |
| 字　　数 | 328千字 |
| 版　　次 | 2019年10月第2版 |
| 印　　次 | 2019年10月第1次印刷 |
| 印　　数 | 1—2000册 |
| 书　　号 | ISBN 978-7-5504-3745-6 |
| 定　　价 | 35.00元 |

1. 版权所有,翻印必究。

2. 如有印刷、装订等差错,可向本社营销部调换。

3. 本书封底无本社数码防伪标识,不得销售。

# 教学指南

## （1）教学课时安排

课时分布建议

| 教学内容 | 学习要点 | 课时安排 |
| --- | --- | --- |
| 财务管理总论 | 熟悉公司财务管理的对象、目标及特点；掌握公司财务管理的主要内容；了解公司理财环境的构成要素，了解金融市场的特点、分类以及与公司理财的关系 | 3~4 学时 |
| 财务管理的价值观念 | 理解资金时间价值的含义，掌握资金时间价值的概念及其计算方法，以及资金时间价值在实际理财工作中的运用；理解风险的含义、类别以及风险和报酬的关系，掌握风险收益的计量方法 | 6~7 学时 |
| 财务分析 | 了解财务分析的目的，掌握财务分析的几种主要分析方法，了解财务分析的原则和局限；掌握主要的财务比率的计算和分析；掌握财务状况综合分析评价的方法和步骤 | 8~10 学时 |
| 筹资管理 | 了解企业筹资动机和种类；掌握财务预测的定性与定量分析方法；熟悉企业目前采用的主要筹资方式，掌握不同筹资方式的优缺点；了解资本成本和杠杆原理的概念及其种类，掌握各种资本成本、各种杠杆系数的计算方法；在了解资本结构相关理论的基础上，掌握最佳资本结构决策的方法，包括每股收益无差别点和比较资本成本法 | 5~6 学时 |
| 资本成本与资本结构 | 理解资本成本的概念，能够估算债务资本、普通股资本成本以及加权平均资本成本 | 4~6 学时 |
| 项目投资决策 | 理解投资的概念及意义，了解投资的特点、目标及种类，了解影响投资决策的因素；掌握现金流量的内容与估计原则；掌握各种项目评价指标的含义、计算方法及其优缺点 | 6~10 学时 |

| 教学内容 | 学习要点 | 课时安排 |
| --- | --- | --- |
| 证券投资 | 了解证券投资的种类和目的，熟悉证券投资的影响因素；了解债券投资的特点，掌握债券价格的确定和债券投资收益的计算，了解债券投资的风险；了解股票投资的特点，掌握股票价格的确定和股票投资收益的计算，了解证券投资组合 | 5~6 学时 |
| 流动资产管理 | 了解流动资产的特征及分类；了解企业持有现金的动机及其相关成本；了解应收账款及存货的相关成本；熟悉现金的日常管理、应收账款日常管理方法以及存货的 ABC 分类管理方法；掌握最佳现金持有量的确定方法、应收账款信用政策的制定以及经济订货批量基本模型 | 8~10 学时 |
| 股利理论及政策 | 掌握企业利润的基本概念、内容；理解企业所得税对利润分配的影响，掌握企业所得税的计算；掌握基本的股利支付理论、股利支付的程序以及股利政策；了解股票分割、股票回购与股票股利的异同 | 3~4 学时 |

### （2）其他教学路线

本书的基本路线是沿着企业财务活动基本路径进行的，从总论到财务管理基本理念介绍，从筹资管理、投资管理、内部流动资产及利润管理的主线条进行。教师也可以根据实际情况选择不同路线，如：

有的专业开设有财务分析课程，可以不讲第三章；

有的专业开设有证券投资课程，可以不讲第七章；

有的专业开设技术经济学等课程，可以不讲第六章；

有的专业总课时 32 学时，可以侧重讲第一、二、四、五、八章。

# 前 言

## 什么是财务管理?

《财务管理》是经济管理类专业必须学习的专业基础课，也是一门应用性很强的学科。财务管理是企业在资金的筹集、投放和分配过程中组织财务活动、处理财务关系的一项综合性管理工作。财务管理的对象是资金（或现金）的循环和周转，主要内容是筹资、投资、资金的营运与分配。因此，学习财务管理要先分析企业的财务活动和财务关系，了解财务管理的内容、目标以及金融市场的有关知识，为学好以后各章打下基础。

## 财务管理的学习内容包括哪些?

财务管理的学习内容主要包括筹资、投资决策，财务计划、分析与控制，各种财务政策的拟定等内容。课程将涉及会计、金融及财务、税收法规，教学中会适时介绍。本书以公司制企业为背景，以企业理财为主体，以财务决策和结构优化为核心，兼收并蓄西方企业财务管理的精华，结合国内外财务管理理论与实践的最新发展，总结多年来财务管理课程教学与体系改革成果，全面、系统地阐述现代企业财务管理的理论、方法和政策，坚持基础性、实践性、前瞻性的统一。

## 如何学好财务管理?

课程具有实用性强、涉及面广的特点。要求学生在完成课堂理论学习的同时，加强作业练习，以期达到全面掌握和熟练运用财务管理的基本理论、基本方法与基本技能。

## 本教材编写分工

本教材是全体执笔教师愉快合作的结果。具体分工是：第一章由吕南执笔；第二章由陈丙、吕南执笔；第三章由谢苇、刘可执笔；第四章由钟文执笔；第五章由张雯执笔；第六章由庞敏执笔；第七章由刘沛东执笔；第八章由王睿执笔；第九章由杜晓梅执笔；第十章由赵艺执笔；第十一章由尹光辉执笔。最后由主编吕南对全书进行统筹、修改和定稿。

本书的编写，得到了西南石油大学教材委员会、西南石油大学经济管理学院的大力支持，在此深表感谢。

由于作者编写经验不足，加之时间紧迫，不妥之处在所难免，恳请读者批评指正。

编者

2019 年 9 月

# Contents 目录

# 第一章　财务管理总论

## 第一节　财务管理概念

财务管理，是企业在资金的筹集、投放和分配过程中组织财务活动、处理财务关系的一项综合性管理工作。财务管理的对象是资金（或现金）的循环和周转，主要内容是筹资、投资、资金的营运与分配。因此，要了解什么是财务管理，必须先分析企业的财务活动和财务关系。

### 一、企业财务活动

企业财务活动是经营实体涉及资金活动的总称，即企业开展投资、生产经营活动所涉及的筹集、运用和分配资金的活动，企业财务活动描述了企业财务的形式特征。

（一）筹资活动

筹资，是指企业为了满足投资和资金运营的需要，筹集所需资金的行为。企业从事生产经营活动，首先必须筹集一定数量的资金，需要解决在什么时间、以什么方式和筹集多少资金的问题。因此，企业需要根据企业战略发展的需要和投资规划确定不同时期的筹资规模，并通过不同筹资渠道和筹资方式的选择，合理确定筹资结构，降低筹资成本和风险，以保持和提升企业价值。

企业通过筹资通常可以形成两种不同性质的资金来源：一是企业权益资金（即自有资金），主要通过向投资者吸收直接投资、发行股票等方式取得的资金，这部分资金一般不需要归还，筹资风险较小，但资本成本相对较高；二是企业债务资金，主要通过向银行等金融机构借款、发行债券等方式从债权人那里取得的资金，这部分资金要求按期归还，筹资风险较大，但资本成本相对较低。

（二）投资活动

投资，是指企业根据项目资金需要，将所筹集的资金投放到所需要的项目中的行为。广义的投资包括企业投资购买其他公司的股票、债券，或与其他企业联营，或投资于外部项目等对外投资，以及购置固定资产、无形资产、流动资产等对内投资。狭义的投资仅指对外投资。企业在投资过程中，由于企业的资金是有限的，因此应尽可能将资金投放在能带给企业最大利益的项目上，必须首先考虑投资规模，即为确保获取最佳投资效益企业应投资的数额；同时还必须通过正确选择投资方向和投资方式，以确定合适的投资结构，提高投资效益、降低投资风险。投资是实现投资者财产价值增值的手段。

（三）资金营运活动

资金营运活动，是指企业日常经营活动中的资金收付行为。企业经营所需材料物资的采购、工资和相关费用等的支付，构成了日常财务支出；企业产品销售和其他业务等所获得的相关收入，构成了日常财务收入。为了保证日常财务收支在时间上的平衡，企业需要利用所筹集的资金垫付支出大于收入的缺口资金。企业为满足日常营业活动的需要而垫支的资金，称为营运资金。在一定时期内，营运资金周转速度越快，资金的利用效率就越高，企业就可能生产出更多的产品，取得更多的收入，获取更多的利润。

（四）分配活动

分配活动，是指企业通过投资和资金的营运活动所获得的各项收入，在用于弥补生产经营消耗，缴纳税金后，依法对剩余收益进行分配的行为。财务活动中的收入分配，体现了企业应履行的经济责任。广义地说，分配是指对企业各种收入进行分割和分派的行为；而狭义的分配仅指对企业净利润的分配。企业实现的净利润可作为投资者的收益，分配给投资者或暂时留存企业。在分配净利润时，企业应合理确定分配规模和分配方式，确保企业取得最大的长期利益。

财务活动的四个方面，不是相互割裂、互不相关的，而是相互联系、相互依存的。企业的财务活动实质上就是企业的资金运动，而企业的资金运动体现的正是企业再生产过程的价值。企业财务活动可以简括为图 1.1。

## 二、企业财务关系

企业财务关系是指企业在组织财务活动过程中与各有关方面发生的经济关系。企业在筹资活动、投资活动、资金营运和分配活动中，与企业内部和外部各方面有着广泛的财务关系。归纳起来主要有以下几个方面：

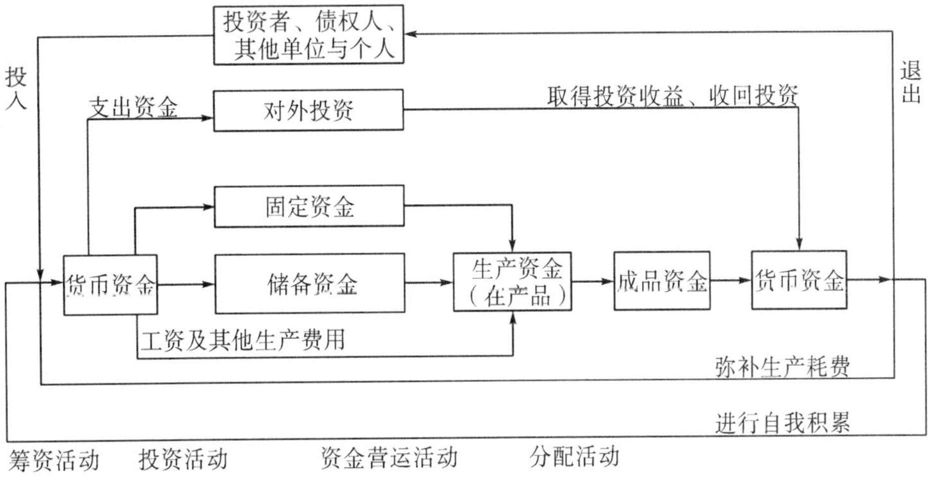


**图 1.1 企业财务活动示意图**

（一）企业与投资者之间的财务关系

企业投资者向企业投入资金，企业向其投资者支付投资报酬所形成的经济利益关系。这种经济关系，是一种投资者履行投资义务，承担投资风险，享受投资收益分配的关系。其中，履行投资者义务是基础，只有完整地履行投资义务，才能有资格享有收益的分配权。

（二）企业与债权人、债务人之间的财务关系

企业与债权人之间的财务关系主要是指企业向债权人借入资金，并按合同的规定支付利息和归还本金所形成的经济利益关系，企业的债权人是借入资金的提供者，企业应按合同规定向债权人支付利息和归还本金；企业与债务人之间的财务关系是指企业将其资金以购买债券、提供借款或商业信用等形式出借给其他单位所形成的经济利益关系。

（三）企业与被投资单位之间的财务关系

被投资单位是接受企业投资的经济实体，当企业采取直接投资或者购买股票的间接投资方式成为被投资单位的股东后，企业就随之享有相应的权利并承担相应的风险。因此，它们之间的财务关系是股东与被投资单位之间的权利与义务关系。

（四）企业与内部各单位之间的财务关系

在一个独立的企业组织内，内部各单位表现为不同层次的基本生产经营部门和非生产经营部门。这些部门相互间既有分工又有合作，在生产经营各环节中相互提供产品或劳务。企业与内部各单位之间的财务关系表现为企业内部所形成的资金结算关系。

（五）企业与职工之间的财务关系

职工是企业的劳动者，企业与职工之间的财务关系表现为劳动报酬的资金结算关系。企业为了激励员工创造更好的业绩，需要建立相应的规章制度和考核办法，

根据不同职工所提供的劳动数量、质量和业绩，按期足额支付工资、奖金、津贴，依法交纳各项社会保险。

（六）企业与政府管理部门之间的财务关系

政府是维护社会正常秩序、保卫国家安全、行使政府宏观管理职能的社会管理者。企业与政府管理部门之间的财务关系是强制性的经济利益关系，体现在相关的法律中。企业必须向税务机关和其他部门依法纳税和缴纳法定费用。

企业财务关系揭示了企业财务的本质，因为企业财务活动是在不同主体的利益驱动下而开展的。投资者的投资利润驱动，形成了权益性资本；银行的经营利润（利息收入）驱动，形成了银行信用资金；商家的商业利润驱动，形成了商业信用资金；经营者和职工的工薪收入驱动以及激励驱动，形成了活劳动；政府维持公共利益的驱动，维护企业的合法经营。由此可见，只有不同主体的不同经济利益得到保证，企业财务活动才能顺利进行。企业财务关系可以简括为图 1.2。

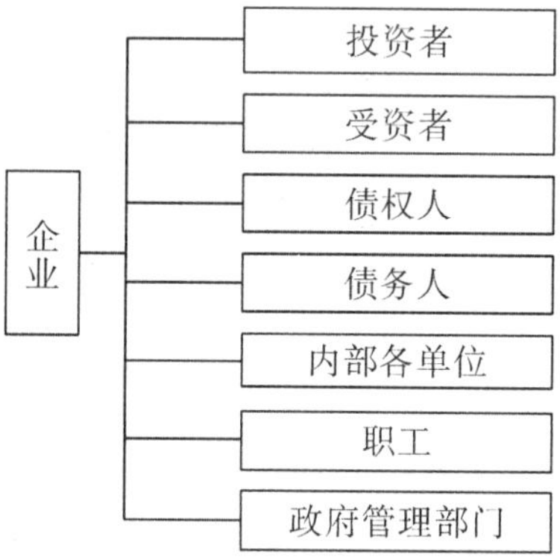


**图 1.2　企业财务活动示意图**

## 第二节　财务管理目标

财务管理目标，又称理财目标，是指企业进行财务活动所要达到的根本目的，是评价企业组织财务活动、处理财务关系合理性的基本标准。企业的目标就是创造价值，一般而言，企业财务管理的目标就是为企业创造价值服务。财务主要是从价值方面反映企业的商品或者服务提供过程，因而财务管理可为企业的价值创造发挥重要作用。财务管理目标决定着企业理财的基本方向，明确财务管理目标，是搞好财务工作的前提。

### 一、企业财务管理目标理论

（一）利润最大化

利润最大化的财务管理目标是微观经济学的理论基础，西方经济学家以边际收入等于边际成本来确定企业的产销量，使企业利润达到最大化，并以利润最大化来分析和评价企业的业绩。作为财务管理总体目标的利润最大化一般指税后利润总额（净利润）的最大化，在提法上不特别标明“总额”两个字。在我国高度集中的计划经济时代，曾经以“产值最大化”作为理财的总体目标。在市场经济中，企业作为自主经营、自负盈亏的经济实体，必然更关心市场、关注利润，并且将职工的经济利益同企业利润直接挂钩，从而使利润最大化成为企业财务管理的主要目标。以利润最大化作为财务管理目标的优缺点表现在以下几个方面：

1. 优点

（1）利润代表了企业新创造的财富，也体现了企业对国家的贡献大小，利润越多就说明企业的财富增加得越多，越接近企业的目标。

（2）利润的获取对于企业投资者、债权人、经营者和职工都是有利的。利润是增加投资者投资收益、提高职工劳动报酬的来源，也是获利企业补充资本积累、扩大经营规模的源泉。在自由竞争的资本市场上，资本的使用权趋向于获利最多的企业。

（3）利润指标简单、易于理解和操作。利润指标在实际应用方面，直观明确，容易计算，便于分解落实。

2. 缺点

（1）没有考虑利润实现时间和资金时间价值。比如，今年 100 万元的利润和 10 年以后同等数量的利润其实际价值是不一样的，10 年间还会有时间价值的增加，而且这一数值会随着贴现率的不同而有所不同。

（2）没有考虑风险问题。高风险往往伴随着高利润，不同行业具有不同的风险，同等利润值在不同行业中的意义也不相同，比如，风险比较高的高科技企业和风险相对较小的制造业企业无法简单比较。

（3）没有反映创造的利润与所投入资本之间的关系。比如，两个项目利润都是 100 万元，而一个投资是 100 万元，一个投资是 500 万元，显然，前者利润实现得更好。

（4）可能导致企业短期财务决策倾向。利润最大化目标导致企业只顾实现目前的最大利润，而不顾企业的长远发展。比如可能通过减少产品开发、人员培训、技术革新方面的支出提高当年利润，但这显然对企业长期发展不利。

（二）每股盈余最大化

所有者作为企业的投资者，其投资目标是取得资本收益，具体表现为净利润与出资额或股份数（普通股）的对比关系，这种关系可以用每股收益这一指标来反映。每股收益是指归属于普通股东的净利润与发行在外的普通股股数的比值，它的大小反映了投资者投入资本获得回报的能力。以每股盈余最大化作为财务管理目标的优缺点表现在以下几个方面：

1. 优点

把企业的利润和股东投入的资本联系起来考察。每股收益最大化的目标将企业实现的利润额同投入的资本或股本数进行对比，能够说明企业的盈利水平，可以在不同资本规模的企业或同一企业不同期间之间进行比较，揭示其盈利水平的差异。

2. 缺点

（1）仍然没有考虑每股盈余取得的时间性，即没有考虑资金的时间价值。

（2）仍然没有考虑每股盈余的风险性，也不能避免企业的短期行为，可能会导致与企业的战略目标相背离。

可见，与利润最大化目标一样，该目标仍然不能避免企业的短期行为。

（三）企业价值（股东财富）最大化

股东投资创办企业的目的是创造尽可能多的财富，企业价值最大化就是股东财富最大化，企业的价值就是企业的市场价值，是企业所能创造的预计未来现金流量的现值。未来现金流量这一概念，包含了资金的时间价值和风险价值两个方面的因素。因为未来现金流量的预测包含了不确定性和风险因素，而现金流量的现值是以资金的时间价值为基础对现金流量进行折现计算得出的。在上市公司，企业价值主要由其所拥有的股票数量和股票市场价格两方面决定的。以企业价值（股东财富）最大化作为财务管理目标的优缺点表现在以下几个方面：

1. 优点

（1）考虑了风险因素，因为通常股价会对风险做出较敏感的反应。

（2）在一定程度上能避免企业短期行为，因为不仅目前的利润会影响股票价格，与其未来的利润同样会对股价产生重要影响。

（3）对上市公司而言，股东财富最大化目标比较容易量化，便于考核和奖惩。

2. 缺点

（1）通常只适用于上市公司，非上市公司难于应用，因为非上市公司无法像上市公司一样随时准确获得公司股价。

（2）股价受众多因素影响，特别是企业外部的因素，有些还可能是非正常因素。股价不能完全准确反映企业财务管理状况，如有的上市公司处于破产的边缘，但由于可能存在某些机会，其股票市价可能还在走高。

（3）它强调得更多的是股东利益，而对其他相关者的利益重视不够。

（四）相关者利益最大化

在现代企业是多边契约关系的总和的前提下，要确立科学的财务管理目标，首先就要考虑哪些利益关系会对企业发展产生影响。在市场经济中，企业的理财主体更加细化和多元化。股东作为企业所有者，在企业中承担着最大的权利、义务、风险和报酬，但是债权人、员工、企业经营者、客户、供应商和政府也为企业承担着风险。比如：

（1）随着举债经营的企业越来越多，举债比例和规模也不断扩大，使得债权人的风险大大增加。

（2）在社会分工细化的今天，由于简单劳动越来越少，复杂劳动越来越多，使得职工的再就业风险不断增加。

（3）在现代企业制度下，企业经理人受所有者委托，作为代理人管理和经营企业，在激烈的市场竞争和复杂多变的形势下，代理人所承担的责任越来越大，风险也随之加大。

（4）随着市场竞争和经济全球化的影响，企业与客户以及企业与供应商之间不再是简单的买卖关系，更多的情况下是长期的伙伴关系，处于一条供应链上，并共同参与同其他供应链的竞争，因而也与企业共同承担一部分风险。

（5）政府不管是作为出资人，还是作为监管机构，都与企业各方的利益密切相关。

综上所述，企业的利益相关者不仅包括股东，还包括债权人、企业经营者、客户、供应商、员工、政府等。因此，在确定企业财务管理目标时，不能忽视这些相关利益群体的利益。

相关者利益最大化目标的具体内容包括如下几个方面：

（1）强调风险与报酬的均衡，将风险限制在企业可以承受的范围内。

（2）强调股东的首要地位，并强调企业与股东之间的协调关系。

（3）强调对代理人即企业经营者的监督和控制，建立有效的激励机制以便保证企业战略目标顺利实施。

（4）关心本企业普通职工的利益，创造优美和谐的工作环境和提供合理恰当的福利待遇，培养职工长期努力地为企业工作。

（5）不断加强与债权人的关系，培养可靠的资金供应者。

（6）关心客户的长期利益，以便保持销售收入的长期稳定增长。

（7）加强与供应商的协作，共同面对市场竞争，并注重企业形象的宣传，遵守承诺，讲究信誉。

（8）保持与政府部门的良好关系。

以相关者利益最大化作为财务管理目标，具有以下优点：

（1）有利于企业长期稳定发展。这一目标注重企业在发展过程中考虑并满足各利益相关者的利益关系。在追求长期稳定发展的过程中，站在企业的角度上进行投资研究，避免只站在股东的角度进行投资可能导致的一系列问题。

（2）体现了合作共赢的价值理念，有利于实现企业经济效益和社会效益的统一。由于兼顾了企业、股东、政府、客户等的利益，企业就不仅仅是一个单纯牟利的组织，还承担了一定的社会责任，企业在寻求其自身的发展和利益最大化过程中，由于客户及其他利益相关者的利益，就会依法经营，依法管理，正确处理各种财务关系，自觉维护和确实保障国家、集体和社会公众的合法权益。

（3）这一目标本身是一个多元化、多层次的目标体系，较好地兼顾了各利益主体的利益。这一目标可使企业各利益主体相互作用、相互协调，并在使企业利益、股东利益达到最大化的同时，也使其他利益相关者利益达到最大化。

（4）体现了前瞻性和现实性的统一。比如，企业作为利益相关者之一，有其一套评价指标，如未来企业报酬贴现值；股东的评价指标可以使用股票市价；债权人可以寻求风险最小、利息最大；工人可以确保工资福利；政府可考虑社会效益等。不同的利益相关者有各自的指标，只要合理合法、互利互惠、相互协调，就可以实现所有相关者利益最大化。

因此，相关者利益最大化是企业财务管理最理想的目标。但是鉴于该目标过于理想化，且无法操作，一般仍采用企业价值最大化作为财务管理的目标。

## 二、利益相关者之间利益的冲突与协调

将相关者利益最大化作为财务管理目标，其首要任务就是要协调相关者的利益关系，化解他们之间的利益冲突。协调相关者的利益冲突，要把握的原则是：尽可能使企业相关者的利益分配在数量上和时间上达到动态协调平衡。而在所有的利益冲突协调中，所有者与经营者、所有者与债权人的利益冲突协调又至关重要。

### （一）所有者与经营者

在现代企业中，经营者一般不拥有占支配地位的股权，他们只是所有者的代理人。所有者期望经营者代表他们的利益工作，实现所有者财富最大化，而经营者则有其自身的利益考虑，二者的目标会经常不一致。通常而言，所有者支付给经营者报酬的多少，在于经营者能够为所有者创造多少财富。经营者和所有者的主要利益冲突，就是经营者希望在创造财富的同时，能够获取更多的报酬、更多的享受；而所有者则希望以较小的代价（支付较小的报酬）实现更多的财富。

通常可采取以下方式解决这一利益冲突：

1. 激励

激励就是将经营者的报酬与其绩效直接挂钩，以使经营者自觉采取能提高所有者财富的措施。激励通常有两种方式：

（1）经营者股票期权计划。指允许经营者以约定的价格购买一定数量的本企业股票，股票的市场价格高于约定价格的部分就是经营者所得的报酬。经营者为了获得更大的股票涨价益处，就必然主动采取能够提高股价的行动，从而也增加了所有者的财富。

（2）绩效股。它是企业运用每股收益、资产收益率等指标来评价经营者绩效，并视其绩效大小给予经营者数量不等的股票作为报酬。如果经营者绩效未能达到规定目标，经营者将丧失原先持有的部分绩效股。这种激励方式不仅使经营者为了多得绩效股而不断采取措施提高经营绩效，而且为了使每股市价最大化，也会采取各种措施使股票市价稳定上升，从而增加所有者财富。但即使由于客观原因股价并未提高，经营者也会因为获取绩效股而获利。

2. 接收或解聘

这是一种通过市场或所有者约束经营者的办法。如果经营者决策失误，经营不

力，绩效不佳，该企业就可能被其他企业强行接收或吞并，相应经营者也会被解聘。经营者为了避免这种接收或解聘，就必须努力实现财务管理目标。

（二）所有者与债权人

所有者在获得债权人的资金后，在实施其财富最大化目标时，可能与债权人期望实现的目标发生矛盾。首先，所有者可能不征得债权人同意，改变举债资金的原定用途，将其用于风险更高的项目，这会增大偿债风险，债权人的负债价值也必然会降低，造成债权人风险与收益的不对称。因为高风险的项目一旦成功，额外的利润就会被所有者独享；但若失败，债权人却要与所有者共同负担由此而造成的损失。其次，所有者可能在未征得现有债权人同意的情况下，要求经营者举借新债，因为偿债风险相应增大，从而致使原有债权的价值降低。

那么，债权人如何保护自己的利益不受侵害呢?

1. 债务协议中设定限制性条款

债权人通过事先设定借债用途限制、借债担保条款和借债信用条件，使所有者不能通过以上两种方式削弱债权人的债权价值。

2. 收回借款或停止借款

当债权人发现企业有侵蚀其债权价值的意图时，采取收回债权或不再给予新的借款的措施，从而保护自身权益。

## 第三节　财务管理环节

在财务管理工作中，为了实现财务管理的目标，企业应该根据资金运动的规律性，正确组织各种复杂的财务活动并处理好各种财务关系，同时还必须掌握财务管理的环节。财务管理的环节是指财务管理工作的各个阶段，它包括财务管理的各种业务手段。财务管理有五个基本环节：财务预测、财务决策、财务计划、财务控制、财务分析和评价。这些管理环节互相配合，紧密联系，形成周而复始的财务管理循环过程，构成完整的财务管理工作体系。

（一）财务预测

财务预测是根据财务活动的历史资料，考虑现实的要求和条件，运用特定的方法对企业未来的财务活动和财务成果进行科学的预计和测算。合理的财务预测是科学财务决策的基础和前提条件。财务预测可以测算各项生产经营方案的经济效益，为决策提供可靠的依据；预计财务收支的发展变化情况，以确定经营目标；测定各项定额和标准，为编制计划、分解计划指标服务。财务预测环节是在前一个财务管理循环的基础上进行的，运用已取得的规律性的认识指导未来。

财务预测的方法主要有定性预测和定量预测两类。定性预测法，主要是利用直观材料，依靠个人的主观判断和综合分析能力，对事物未来的状况和趋势做出预测的一种方法，包括专家意见法、专家调查法（特尔菲法）；定量预测法，主要是根据变量之间存在的数量关系建立数学模型来进行预测的方法，包括直接计算法、因素预测法、量本利分析法、比例分析法、趋势预测法、回归预测法、指数预测法、线性规划法等。

（二）财务决策

财务决策是指按照财务战略目标的总体要求，利用专门的方法对各种备选方案进行比较和分析，从中选出最佳方案的过程。财务决策是财务管理的核心，决策的成功与否直接关系到企业的兴衰成败。

财务决策的方法主要有两类：一类是经验判断法，是根据决策者的经验来判断选择，常用的方法有淘汰法、排队法、归类法等；另一类是定量分析方法，常用的方法有优选对比法、数学微分法、线性规划法、概率决策法等。

（三）财务计划

财务计划是根据企业整体战略目标和规划，结合财务预测的结果，对财务活动进行规划，并以指标形式落实到每一计划期间的过程。财务计划主要通过指标和表格，以货币形式反映在一定的计划期内企业生产经营活动所需要的资金及其来源、财务收入和支出、财务成果及其分配的情况。

确定财务计划指标的方法一般有平衡法、因素法、比例法和定额法等。

（四）财务控制

财务控制是企业为实现财务管理的目标，在日常生产经营中，按照国家财务规章制度的要求，以财务计划和各项定额为依据，对企业的财务活动进行调节和控制，及时发现偏差和纠正偏差的管理过程。有效的财务控制，可以对企业的财务活动加以规范，使企业的财务活动遵循一定的程序和方法进行，保证企业资金的合理使用和预期目标利润的实现。

财务控制的内容包括货币资金控制、应收款项控制、存货控制、对外投资控制、固定资产控制、无形资产控制及其他资产控制、负债控制、所有者权益控制、销售收入控制、成本费用控制、利润控制及财务风险控制等。

财务控制的方法通常有前馈控制、过程控制、反馈控制几种。

（五）财务分析与评价

财务分析和评价是以财务核算资料和计划资料为依据，对企业财务活动的过程和结果进行分析和评价的一项工作。财务分析和评价对企业的财务管理起着非常重要的作用。通过财务分析和评价，可以掌握各项财务计划指标的完成情况，为企业以后财务计划的制订与调整提供参考依据；可以研究和掌握企业财务活动的规律性，不断改进财务管理工作；可以考核责任单位和个人财务指标完成情况，为实施奖惩措施提供依据；可以提高财务人员的工作水平，提高财务工作效率。

财务考核与评价的形式有多种，包括绝对指标评价、相对指标评价、指标完成百分比评价、评分法评价等。

目前常用的财务分析和评价方法有对比分析法、比率分析法和因素分析法、差额分析法、平衡分析法、平均分析法等。

## 第四节　财务管理环境

企业财务管理环境又称理财环境，是指企业财务管理系统面临的、对财务管理系统有影响作用的一切不确定要素的总和。这些不确定要素被称为财务管理系统的财务变量，在财务管理过程中必须予以关注。财务管理环境是企业财务管理赖以生存的土壤，是企业开展财务管理工作的前提和平台，财务管理环境的变化会对企业的生产经营管理和财务政策产生影响。如果财务人员善于研究财务管理环境，科学地预测环境的变化，从而采取有效的措施，也会对财务管理环境起到影响作用。因此，进行财务管理活动必须以财务管理环境为依据，正确地制定财务管理策略。

把企业整体作为一个财务主体来对财务管理环境进行分类，一般划分为宏观财务管理环境和微观财务管理环境。

宏观财务管理环境是一种外部财务管理环境，指对一个国家或相对独立的地区内的所有企业的财务管理都有着重要影响的环境因素，如国家政治、经济体制，经济发展水平，经济周期，金融市场状况等。微观财务管理环境是一种内部财务管理环境，指那些仅对一个特定企业的财务管理有着重要影响的环境因素，如企业所有制、企业组织形式、企业内部组织结构、生产状况、技术状况、营销状况等。

这里着重讨论宏观财务管理环境。宏观财务管理环境是企业财务决策难以改变的外部约束条件。虽然财务管理环境错综复杂，但仍有一定的规律可循。企业只有实时了解财务管理环境、最大程度适应财务管理环境，才能使决策和管理工作趋利避害，为实现企业财务管理目标服务。宏观财务管理环境主要包括以下几个方面：

### 一、政治环境

政治环境，是指国家在一定时期的各项路线、方针、政策和整个社会的政治观念。在一切社会环境中，政治环境起着基础性的决定作用，它决定着国家在特定时期内的经济、法律、科技、教育等各方面的目标导向和发展水平，因此直接或间接地约束着企业财务管理工作。任何一个国家，为了进行宏观管理，必然会制定一系列的方针、政策、法规，以便维护其利益。国家的政治环境会对企业的筹资、投资、收入分配等理财政策产生至关重要的影响，特别是在国际政治斗争中表现得更为突出，有时可以决定企业的生存与兴衰。和平稳定的政治环境有利于企业的中、长期财务规划和资金安排。在动荡的政治环境中，企业更加着重考虑筹资的风险程度和投资的安全性，更加重视短期的资金安排。企业的政治环境主要包括社会安定程度、政府制定的各种经济政策的稳定性及政府机构的管理水平、办事效率等。我国的企业特别是国有企业的财务活动必须符合国家的统一发展规划，接受国家的宏观监督和调节，符合国家的产业政策和发展方向，承担必要的社会责任。

## 二、法律环境

法律环境是指企业和外部发生经济关系时所遵守的各种法律、法规和规章制度。企业在进行财务活动时无论是筹资、投资还是利润分配，都要与企业外部发生经济关系，在处理这些经济关系时，应当遵守有关的法律规范，这些法律规范为企业在相应空间内自主经营提供了法律保护。这些法律规范涉及企业设立、企业运转、企业合并和分立以及企业的破产清算等方面，也涉及企业筹资活动、投资活动和分配活动等财务管理活动的各个环节。在我国，与企业财务管理有密切关系的法律规范可以分为以下几类：

### （一）企业组织法律规范

企业是市场经济的主体和微观基础，是市场体系形成和发展的关键所在。企业必须依法成立，不同组织形式的企业，适用的法律规范是不同的。按组织形式的不同，可将企业分为独资企业、合伙企业和公司制企业，它们分别要遵守《中华人民共和国个人独资企业法》《中华人民共和国合伙企业法》《中华人民共和国公司法》《中华人民共和国中外合资经营企业法》《中华人民共和国中外合作经营企业法》等。不同组织形式的企业，其财务管理工作也有所不同。

独资企业，由个人投资兴办、归个人所有和控制，所得完全归个人，出资人既是企业的管理者，又是所有者，对企业的债务承担无限责任，不具有法律地位。企业设立与解散便利，财务管理活动相当简单，资金来源单一，业主主要利用自身资本和供应商提供的商业信用筹资，筹资能力有限。利润分配和资本抽回都比较简单，没有什么法律限制。

合伙企业，由两个或两个以上的出资者共同兴办、采取书面协议来共享收益和分担风险。合伙企业同独资企业一样，对其债务承担无限责任，不具有法律地位。合伙企业财务管理活动相对独资企业要复杂些，筹资渠道有所拓宽，发展规模有所扩大，经营风险有所分散，信用能力有所增强，利润分配也相对复杂。

公司制企业，由两个或两个以上的股东共同出资，每个股东以其认缴的出资额或认购的股份对公司承担有限责任，公司以其全部资产对债务承担有限责任。公司制企业的最大优点是可以通过发行股票和债券迅速筹集大量资金，因而比独资和合伙企业有更大的发展可能性。公司制企业财务管理活动比较复杂，筹资渠道多种多样，筹资方式纷繁复杂，需要认真比较、分析和选择。

### （二）税务法律规范

税务法律规范是规定企业纳税义务和责任的法律规范。税收不仅可以起到调节社会供求和经济结构、维护国家主权和市场经济秩序的宏观作用，而且还具有保护企业经济实体地位、促进公平竞争、改善经营管理和提高经济效益的微观作用。依法纳税是每个独立法人应尽的义务，纳税导致企业的现金流出，是企业的一种费用。税法中关于国家税种、税率、征收范围、优惠和减免的规定等都会影响企业的融资、投资、收入及利润分配等财务政策。

税收法规可以通过利息费用的税前扣除来调节企业资金成本，从而影响企业的筹资决策；通过减免税和优惠政策来调节企业的投资方向和投资规模，引导企业投资于国家政策支持的特定行业、特定地区；通过强制企业及时足额的缴纳税款来影响企业现金流量；通过利润分配程序的规定来体现企业与国家的分配关系，影响企业的股利分配政策。

企业的理财活动应当顺应国家的税收政策导向，合理安排资金投放，在法律允许的范围内缴纳税款、合理避税，以求企业价值最大化。有关税收的立法分为所得税的法规、流转税的法规、其他税收法规三类。

（三）财务法律规范

财务法律规范是财务管理工作必须遵守的行为规范。我国的财务法律规范主要是国务院批准财政部发布的《企业财务通则》和财政部制定颁布的《行业财务制度》。

《企业财务通则》是为了加强企业财务管理、规范企业财务行为，保护企业及其利益相关方的合法权益，推进现代企业制度而制定，于 1992 年 11 月 30 日颁布，1993 年 7 月 1 日实施。它对建立资本金制度、固定资产的折旧、成本的开支范围、利润的分配做出了规定。2006 年 12 月 4 日，财政部对原有财务通则做了修订，颁布了新的《企业财务通则》，2007 年起 1 月 1 日实施，全文共分 10 章 78 条。其中第一章、第二章对企业财务运行机制提出了指导性意见，界定了主管财政机关、投资者和经营者不同的财务管理职责；第三章至第八章对在企业筹资、经营、分配、重组清算过程伴生的财务活动做了具体规定；第九章对企业财务内部监督、外部监督和有关违法行为的处理处罚做了规定。新财务通则适用于在中华人民共和国境内依法设立的具备法人资格的国有及国有控股企业。

《行业财务制度》是根据《企业财务通则》的规定，为适应不同行业的特点和管理要求，由财政部制定的行业规范。目前我国已经制定的行业会计制度有工业、农业、商品流通、运输、邮电通信、金融保险、旅游和饮食服务、施工和房地产开发、电影和新闻出版、对外经济合作等行业会计制度。

此外，与企业财务管理有关的其他经济法律规范还有《证券法》《票据法》《支付结算办法》《破产法》《合同法》等，企业财务管理人员要熟悉这些法律、法规，在守法的前提下利用财务管理的职能，实现企业的财务目标。

## 三、经济环境

经济环境是指企业进行财务活动的宏观经济状况。主要包括以下几个方面：

（一）经济体制

在计划经济体制下，国家统筹企业资本、统一投资、统负盈亏，企业利润统一上缴、亏损全部由国家补贴。这时，企业虽然是一个独立的核算单位但无独立的理财权利，财务管理活动的内容比较单一，财务管理方法比较简单。在市场经济体制下，企业成为“自主经营、自负盈亏”的经济实体，有独立的经营权，同时也有独立的理财权。企业可以从其自身需要出发，合理确定资本需要量，然后到市场上筹集资本，再把筹集到的资本投放到高效益的项目上获取更大的收益，最后将收益根据需要和可能进行分配，保证企业财务活动自始至终根据自身条件和外部环境做出各种财务管理决策并组织实施。因此，财务管理活动的内容比较丰富，方法也复杂多样。

（二）经济发展水平

财务管理的发展水平是和经济发展水平密切相关的，经济发展水平越高，财务管理水平也越好。财务管理水平的提高，将推动企业降低成本，改进效率，提高效益，从而促进经济发展水平的提高；而经济发展水平的提高，将改变企业的财务战略、财务理念、财务管理模式和财务管理的方法手段，从而促进企业财务管理水平的提高。财务管理应当以经济发展水平为基础，以宏观经济发展目标为导向，从业务工作角度保证企业经营目标和经营战略的实现。

（三）经济周期

市场经济条件下，经济发展与运行带有一定的波动性，大体上经历复苏、繁荣、衰退和萧条几个阶段的循环，这种循环叫作经济波动。经济周期的波动最先影响的是企业销售额。销售额下降会阻碍企业现金的流转，例如成品积压不能变现，需要筹资以维持运营。销售增加会引起企业经营失调，例如存货枯竭，需筹资以扩大经营规模。尽管政府试图减少不利的经济波动，但事实上经济有时“过热”，有时需要“调整”。财务人员对这种波动要有所准备，根据实际采用不同的财务管理战略。

西方财务学者探讨了经济周期中的财务管理战略，其要点归纳如表 1.1 所示。

**表 1.1　经济周期中的财务管理战略**

| 复苏 | 繁荣 | 衰退 | 萧条 |
|---|---|---|---|
| （1）增加厂房设备 | （1）扩展厂房设备 | （1）停止扩张 | （1）建立投资标准 |
| （2）实行长期租赁 | （2）继续建立存货 | （2）出售多余设备 | （2）保持市场份额 |
| （3）建立存货 | （3）提供产品价格 | （3）停产不利产品 | （3）压缩管理费用 |
| （4）开发新产品 | （4）开展营销规划 | （4）停止长期采购 | （4）放弃次要利益 |
| （5）增加劳动力 | （5）增加劳动力 | （5）削减存货 | （5）削减存货 |
|  |  | （6）停止扩招雇员 | （6）裁减雇员 |

（四）宏观经济政策

经济政策是国家进行宏观调控的重要手段。国家制定的国民经济发展规划、国家的产业政策、金融政策、财税政策等，对企业的筹资、投资和收益分配活动都有重大影响。例如国家对某些地区、某些行业、某些经济行为的优惠政策，会影响企业的投资方向和投资规模，影响企业的资本结构；价格政策会影响企业资本投向、投资回收期和预期收益。

因此，企业在财务管理中，必须全面了解认真研究国家的经济政策。由于政府政策会因经济状况的变化而调整，企业在财务决策时要为这种变化留有余地，甚至预见其变化的趋势。

（五）通货膨胀水平

通货膨胀表现出物价持续上升到一定幅度，而引起的货币贬值，购买力下降。通货膨胀不仅对消费者不利，对企业的财务活动的影响更为严重。主要表现在：

（1）引起资金占用的大量增加，从而增加企业的资金需求。

（2）引起企业利润虚增，造成企业资金由于利润分配而流失。

（3）引起利润上升，加大企业的权益资金成本。

（4）引起有价证券价格下降，增加企业的筹资难度。

（5）引起资金供应紧张，增加企业的筹资困难。

企业对通货膨胀本身无能为力，只有政府才能控制。为了减轻通货膨胀对企业造成的不利影响，企业应当采取措施予以防范。在通货膨胀初期，货币面临着贬值的风险，这时企业进行投资可以避免风险，实现资本保值；与客户应签订长期购货合同，以减少物价上涨造成的损失；取得长期负债，保持资本成本的稳定。在通货膨胀持续期，企业可以采用比较严格的信用条件，减少企业债权；调整财务政策，防止和减少企业资本流失等。

## 四、金融市场环境

金融环境主要是指金融市场。广义的金融市场，是指一切资本流动的场所，包括实物资本和货币资本的流动。广义金融市场的交易对象包括货币借贷、票据承兑和贴现、有价证券的买卖、黄金和外汇买卖、办理国内外保险、生产资料的产权交换等。狭义的金融市场一般是指有价证券市场，即股票和债券的发行和买卖市场。

（一）金融市场与企业理财之间的关系

1. 金融市场是企业投资和筹资的场所

金融市场上有许多种筹集资金的方式，并且比较灵活。企业需要资金时，可以到金融市场选择适合自己需要的方式筹资。企业有了剩余的资金，也可以灵活选择投资方式，为其资金寻找盈利的机会。

2. 企业通过金融市场使长短期资金相互转化

企业持有的股票和债券是长期投资，在金融市场上随时可以转手变现，成为短期资金；远期票据通过贴现，变为现金；大额可转让定期存单，可以在金融市场上卖出，成为短期资金。与此相反，短期资金也可以在金融市场上转变为股票、债券等长期资产。

3. 金融市场为企业理财提供有价值的信息

金融市场的利率变动，反映资金的供求状况；有价证券市场的行市反映投资人对企业的经营状况和盈利水平的评价。它们是企业经营和投资的重要依据。

（二）金融市场的分类

1. 以期限为标准的分类

以期限为标准，金融市场可分为货币市场和资本市场。货币市场又称短期金融市场，是指以期限在 1 年以内的金融工具为媒介，进行短期资金融通的市场，包括同业拆借市场、票据市场、大额定期存单市场和短期债券市场；资本市场又称长期金融市场，是指以期限在 1 年以上的金融工具为媒介，进行长期资金交易活动的市场，包括股票市场和债券市场。

2. 以功能为标准的分类

以功能为标准，金融市场可分为发行市场和流通市场。发行市场又称为一级市场，它主要处理金融工具的发行与最初购买者之间的交易；流通市场又称为二级市场，它主要处理现有金融工具转让和变现的交易。

3. 以融资对象为标准的分类

以融资对象为标准，金融市场可分为资本市场、外汇市场和黄金市场。资本市场以货币和资本为交易对象；外汇市场以各种外汇金融工具为交易对象；黄金市场则是集中进行黄金买卖和金币兑换的交易市场。

4. 以所交易金融工具的属性为标准的分类

以所交易金融工具的属性，金融市场可分为基础性金融市场与金融衍生品市场。基础性金融市场是指以基础性金融产品为交易对象的金融市场，如商业票据、企业债券、企业股票的交易市场；金融衍生品交易市场是指以金融衍生品为交易对象的金融市场，如远期、期货、掉期（交换）、期权，以及具有远期、期货、掉期（交换）、期权中一种或多种特征的结构化金融工具的交易市场。

5. 以地理范围为标准

以地理范围为标准，金融市场可分为地方性金融市场、全国性金融市场和国际性金融市场。

## 思考题

1. 财务管理的定义是什么？它包括几个方面？
2. 企业内部和外部的财务关系有哪些？
3. 企业利润最大化的财务目标的优缺点有哪些？
4. 企业每股盈余最大化的优缺点有哪些？
5. 企业有哪些利益相关者？

# 第二章　财务管理的价值观念

## 第一节　货币时间价值

### 一、货币时间价值的概念

（一）货币时间价值的含义

货币时间价值，也叫资金时间价值，是资金在周转使用中由于时间因素而形成的差额价值。西方国家的传统说法是：即使在没有风险和没有通货膨胀的条件下，今天 1 元钱的价值亦大于一年以后 1 元钱的价值。货币的价值随时间的增加而增加的现象就是货币时间价值。

西方国家对货币时间价值的解释并不完全统一，但相同的内容大致可综述如下：货币可用于消费或投资（或称为储蓄）；货币所有者对其当前拥有的货币进行投资就必须延迟消费，对延迟消费所做出的牺牲应给予报酬，这种报酬就是货币的时间价值；这种报酬的量应与延迟消费的时间成正比。简言之：货币时间价值，就是货币所有者对其货币的延期消费而做出的牺牲所得到的补偿。

货币时间价值是财务管理的基本观念之一，因其非常重要并几乎渗透至财务管理的每一个部分，因此被称之为理财的“第一原则”。

在理解货币时间价值时要注意把握以下的要点：

（1）货币时间价值是指“增量”，一般以增值率表示。货币时间价值可以用绝对数表示，也可以用相对数表示，即以利息额或利息率来表示。但是在实际工作中，人们习惯使用相对数表示货币的时间价值，即用增加的价值占投入资金的百分数来表示。例如，某企业现用 300 000 元购买国债，年利率 6%，一年后可得本利和 318 000 元（300 000+300 000×6%）。将 300 000 元作为资本，经过一年时间的投资增加了 18 000 元，这就是货币的时间价值绝对额，用增值率表示则资金时间价值为 6%（利息 18 000÷本金 300 000）。

（2）必须投入生产经营过程才会增值。如上述取得的国债利息，来源于资金被生产者投入经营而获得的回报，并不是债券本身产生的增值。

（3）需要持续或多或少的时间才会增值。

（4）货币总量在循环和周转中按几何级数增长，即需按复利计算。

（二）现金流量时间线

现金流量时间线是资金时间价值分析中最重要的工具之一，有助于特定状况下现金流量的分析与理解。下面用图解的方式说明时间线的概念（见图 2.1）。

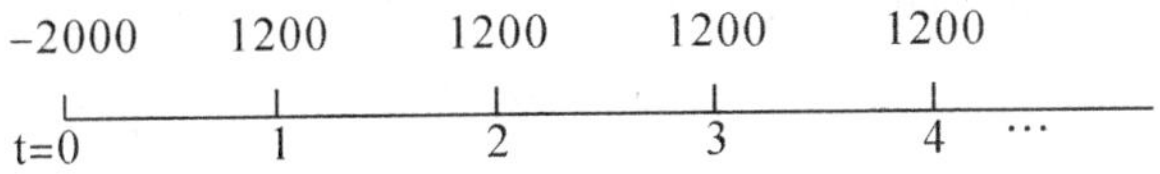


**图 2.1　现金流量时间线**

图中横轴为时间轴，箭头所指的方向表示时间的增加。横轴上的坐标代表各个时点，t=0 代表现在，t=1，2，…，分别表示从现在开始的第 1 期期末（或者第 2 期期初）、从现在开始的第 2 期期末（或者第 3 期期初），依此类推。时期可以是年、半年、季、月或者天。如果每期的时间间隔为 1 年，则 t=1 表示从现在起第 1 年年末（也表示第 2 年年初），则 t=2 表示从现在起第 2 年年末（也表示第 3 年年初）。

图 2.1 的现金流量时间线表示在 t=0 时刻有 2 000 单位的现金流出，在 t=1 及 t=2 时刻各有 1 200 单位的现金流入。

现金流量时间线对于更好地理解和计算货币时间价值很有帮助，本书在后面章节中会多次运用这一工具来解决许多复杂的问题。

## 二、货币时间价值的计量

货币所有者放弃对当前货币的消费而进行投资，得到的报酬被称为货币时间价值，也可以被称为投资报酬。因此，可以得到以下等式：

投资报酬=货币时间价值　　　　（2-1）

由于现实经济活动中存在风险与通货膨胀，因此，投资者获得的投资报酬不仅包括货币时间价值，还应该得到风险报酬、通货膨胀补贴。

存在风险与通货膨胀条件下的投资报酬率的计算公式为：

投资报酬=时间价值+风险报酬+通胀补偿　　　　（2-2）

由此可见，货币时间价值仅仅是现实经济活动中的投资报酬率中的一部分。在不考虑通货膨胀和风险的情况下，通常是以社会平均资金利润率代表货币的时间价值，在一定条件下可视同于利息率，如贷款利率、债券利率、股利率等；从绝对量上看就是使用货币的机会成本或假设成本，即利息。为了便于理解，以下假定利息、利息率或折现率均代表货币的时间价值。

从量的规定性来看，货币的时间价值是在没有风险和没有通货膨胀条件下的社会平均资金利润率。由于竞争，市场经济中各部门投资的利润率趋于平均化。每个企业在投资某项目时，至少要取得社会平均的利润率，否则不如投资于另外的项目。因此，货币的时间价值成为评价投资方案的基本标准。财务管理对时间价值的研究，主要是对资金的筹集、投放、使用和收回等从量上进行分析，以便了解不同时点上收到或付出的资金价值之间的数量关系，寻找适用于管理方案的数学模型，改善财务管理的质量。

由于不同时间单位货币的价值不相等，所以，不同时间的货币收入不宜直接进行比较，需要把它们换算到相同的时间上，才能进行大小的比较和比率的计算。由于货币随时间的增长过程与利息的增值过程在数学上相似，因此，在换算时广泛使用计算利息的各种方法来计算货币的时间价值。

为方便起见，本章在介绍资金时间价值的计算方法时假定有关字母的含义如下：

P ——现值，即一个或多个发生在未来的现金流相当于现在时刻的价值；

F ——未来值，又称终值，即一个或多个发生在现在或未来的现金流相当于未来某时刻的价值；

i ——每一期的利率（折现率）；

I ——利息；

A——年金，即连续发生在一定周期内等额的现金流，A 是数列中的相同值，即 A1＝A2＝A3＝…＝An，每个值都发生在不间断系列周期的期末，即 t＝1，2，3，…，n；

n——计算利息的期数。

注意：i 和 n 应相互配合，如 i 为年利率，n 应为年数；如 i 为月利率，n 应为月份数。

（一）单利的计算

单利是指计算利息时只按本金计算利息，应付而未付的利息不计算利息。例如，某人将 1 000 元钱存入银行，存款利率 6%，一年后可得本利和 1 060 元。若存款期为 3 年，则每年利息都是 60 元（1 000×6%）。目前我国银行存贷款一般都采用单利计算利息。

1. 单利终值的计算

终值是指一定数额的资金经过一段时期后的价值，也即资金在其运动终点的价值，在商业上俗称“本利和”。如前例 1 060 元（1 000+1 000×6%×1），就是存款期为 1 年按单利计算的终值。单利终值的计算公式为：

$$F=P+P\times i\times n=P\times(1+i\times n) \qquad (2-3)$$

式中，(1+i×n) 为单利终值系数。

【例 2-1】某人将 10 000 元存入银行，银行年利率 4%，3 年到期后能从银行获得多少?

$F = 10\ 000 \times (1+4\% \times 3)$

$= 10\ 000 \times 1.12$

$= 11\ 200$（元）

2. 单利现值的计算

现值是指在未来某一时点上的一定数额的资金折合成现在的价值，也即资金在其运动起点的价值，在商业上俗称“本金”。单利现值的计算公式为：

$$P = F \times \frac{1}{1+i \times n} \qquad (2-4)$$

可见，单利现值的计算同单利终值的计算是互逆的。由终值计算现值的过程称为折现。

【例 2-2】某人希望 3 年后取得本利和 600 000 元，用以购买一套公寓，则在利率 5%，单利计算条件下，此人现在应存入银行的金额为多少?

$P = 600\ 000 \div (1+5\% \times 3)$

$= 600\ 000 \div 1.15$

$\approx 521\ 739$（元）

（二）复利的计算

复利是指计算利息时，把上期的利息并入本金一并计算利息，即“利滚利”。如前例，某人将 1 000 元钱存入银行，存款利率为 6%，若存款期为 3 年。第 1 年利息为 60 元（1 000×6%）；第 2 年利息为 63.6 元（1 060×6%）；第 3 年利息为 67.416 元（1 123.6×6%）。资金时间价值通常是按复利计算的。

1. 复利终值的计算（已知现值 P，求终值 F）

复利终值是指一定量的本金按复利计算若干期后的本利和。复利终值的计算是已知现值 P，求终值 F。

计算公式为：

$$F = P \times (1+i)^n \qquad (2-5)$$

式中，$(1+i)^n$通常称为复利终值系数或 1 元的复利终值，记作（F/P，i，n），可以直接查阅附录中的“复利终值系数”表得出（如表 2.1 是其中一部分）。上式也可写作为：

$$F = P(F/P, i, n) \qquad (2-6)$$

表 2.1　复利终值系数表

| 利息率 i / 时间 n | 6% | 7% | 8% | 9% | 10% | 11% | 12% |
|---|---|---|---|---|---|---|---|
| 1 | 1.060 | 1.070 | 1.080 | 1.090 | 1.100 | 1.110 | 1.120 |
| 2 | 1.124 | 1.145 | 1.166 | 1.188 | 1.210 | 1.232 | 1.254 |

表2.1(续)

| 时间 n \ 利息率 i | 6% | 7% | 8% | 9% | 10% | 11% | 12% |
|---|---|---|---|---|---|---|---|
| 3 | 1.191 | 1.225 | 1.260 | 1.295 | 1.331 | 1.368 | 1.405 |
| 4 | 1.262 | 1.311 | 1.360 | 1.412 | 1.464 | 1.518 | 1.574 |
| 5 | 1.338 | 1.403 | 1.469 | 1.539 | 1.611 | 1.685 | 1.762 |
| 6 | 1.419 | 1.501 | 1.587 | 1.677 | 1.772 | 1.870 | 1.974 |
| 7 | 1.504 | 1.606 | 1.714 | 1.828 | 1.949 | 2.076 | 2.211 |
| 8 | 1.594 | 1.718 | 1.851 | 1.993 | 2.144 | 2.305 | 2.476 |
| 9 | 1.689 | 1.838 | 1.999 | 2.172 | 2.358 | 2.558 | 2.773 |
| 10 | 1.791 | 1.967 | 2.159 | 2.367 | 2.594 | 2.839 | 3.106 |

“复利终值系数”表的第一行是利率 i，第一列是计息期数 n，相应的 $(1+i)^n$ 值在其纵横相交处。通过该表可查出，(F/P，9%，5) = 1.539。即在利率为 9%的情况下，现在的 1 元和 5 年后的 1.5386 元在经济上是等效的，根据这个系数可以把现值换算成终值。该表的作用不仅在于已知 i 和 n 时查找 1 元的复利终值，而且可在已知 1 元复利终值和 n 时查找 i，或已知 1 元复利终值和 i 时查找 n。

【例 2-3】某企业向银行借款 100 万元，年利率为 10%，期限为 5 年，如果按复利计算，5 年后应偿还多少本利和?

$F = P(1+i)^n$

$= 1\,000\,000 \times (1+10\%)^5$

$= 1\,000\,000 \times (F/P, 10\%, 5)$

$= 1\,000\,000 \times 1.611$

$= 1\,611\,000$（元）

2. 复利现值的计算（已知终值 F，求现值 P）

复利现值是指未来一定时间的特定资金按复利计算的现在价值，或者说是为取得将来一定本利和现在所需要的本金。复利现值的计算是已知终值 F，求现值 P。其计算公式为:

$$P = F \times \frac{1}{(1+i)^n} \tag{2-7}$$

上式中的 $\frac{1}{(1+i)^n}$ 是把终值折算为现值的系数，称复利现值系数，或称 1 元的复利现值，记作 (P/F，i，n)。例如，(P/F，5%，3)，表示利率为 5%，第 3 期的复利现值系数。为了便于计算，可以直接查阅“复利现值系数表”(如表 2.2 是其中一部分)，该表的使用方法与“复利终值系数表”相同。上式也可写作:

$$P = F(P/F, i, n) \tag{2-8}$$

表 2.1 表 2.2　复利现值系数表

| 时间 n \ 利息率 i | 6% | 7% | 8% | 9% | 10% | 11% | 12% |
| --- | --- | --- | --- | --- | --- | --- | --- |
| 1 | 0.943 | 0.935 | 0.926 | 0.917 | 0.909 | 0.901 | 0.893 |
| 2 | 0.890 | 0.873 | 0.857 | 0.842 | 0.826 | 0.812 | 0.797 |
| 3 | 0.840 | 0.816 | 0.794 | 0.772 | 0.751 | 0.731 | 0.712 |
| 4 | 0.792 | 0.763 | 0.735 | 0.708 | 0.683 | 0.699 | 0.636 |
| 5 | 0.747 | 0.713 | 0.681 | 0.650 | 0.621 | 0.593 | 0.567 |
| 6 | 0.705 | 0.666 | 0.630 | 0.596 | 0.564 | 0.535 | 0.507 |
| 7 | 0.665 | 0.623 | 0.583 | 0.547 | 0.513 | 0.482 | 0.452 |
| 8 | 0.627 | 0.582 | 0.540 | 0.502 | 0.467 | 0.434 | 0.404 |
| 9 | 0.592 | 0.544 | 0.500 | 0.460 | 0.424 | 0.391 | 0.361 |
| 10 | 0.558 | 0.508 | 0.463 | 0.422 | 0.386 | 0.352 | 0.322 |

【例 2-4】某企业准备投资一个项目，预计该项目投资 5 年后可获得 5 000 000 的收益，假定年利率（折现率）为 10%，则这笔收益的现值为多少？

P = 5 000 000×（P/F，10%，5）

= 5 000 000×0.621

= 3 105 000（元）

（三）年金的计算

年金是指一定时期内每期相等金额的收付款项。例如，折旧、租金、利息、保险金、分期付款赊购、分期偿还贷款、发放养老金、分期支付工程款、每年相同的销售收入等，都属于年金收付形式。在年金问题中，系列等额收付的间隔期只要满足相等的条件即可，因此，间隔期完全可以不是一年。例如，每季末等额支付的债券利息就是年金。

年金有多种形式，根据第一次收到或付出资金的时间不同和延续的时间长短，一般可分为普通年金、即付年金、永续年金和递延年金。

1. 普通年金

普通年金又称后付年金，是指一定时期内每期期末等额收付的款项。以后凡涉及年金问题，如不做特殊说明，均指普通年金。

（1）普通年金终值的计算（已知年金 A，求年金终值 F）

普通年金终值是指其最后一次收到或支付时的本利和，它是每次收到或支付的复利终值之和。如果年金相当于零存整取储蓄存款的零存数，那么年金终值就是零存整取的整取数。普通年金终值的计算可用图 2.2 说明。图中，横轴代表时间，数字代表各期的顺序号，竖线的位置表示支付的时点，竖线下端的字母 A 表示每期收付的金额（即年金）。

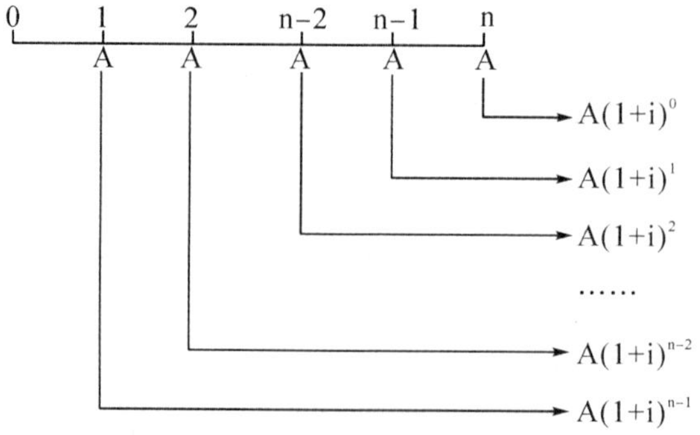


**图 2.2　普通年金终值计算示意图**

普通年金终值的计算公式可根据复利终值的计算方法计算得出：

$$F=A(1+i)^0+A(1+i)^1+A(1+i)^2+\cdots+A(1+i)^{n-1} \tag{1}$$

等式两边同乘（1+i），则有：

$$F(1+i)=A(1+i)^1+A(1+i)^2+A(1+i)^3\cdots+A(1+i)^n \tag{2}$$

公式(2) - 公式(1)：

$$F(1+i)-F=A(1+i)^n-A$$

$$F\cdot i=A[(1+i)^n-1]$$

$$F=A\times\frac{(1+i)^n-1}{i} \qquad (2-9)$$

公式（2-9）就是普通年金终值的计算公式。式中的分式$\frac{(1+i)^n-1}{i}$称作“年金终值系数”（如表 2.3 是其中一部分），记为（F/A，i，n），可通过直接查阅“年金终值系数表”求得有关数值。因此，普通年金终值的计算公式也可写作：

$$F=A\times(F/A, i, n) \qquad (2-10)$$

即：普通年金终值=年金×年金终值系数

**表 2.3　普通年金终值系数表**

| 利息率 i / 时间 n | 6% | 7% | 8% | 9% | 10% | 11% | 12% |
|---|---|---|---|---|---|---|---|
| 1 | 1.000 | 1.000 | 1.000 | 1.000 | 1.000 | 1.000 | 1.000 |
| 2 | 2.060 | 2.070 | 0.080 | 2.090 | 2.100 | 2.110 | 2.120 |
| 3 | 3.184 | 3.215 | 3.246 | 3.278 | 3.310 | 3.342 | 3.374 |
| 4 | 4.375 | 4.440 | 4.506 | 4.573 | 4.641 | 4.710 | 4.779 |
| 5 | 5.637 | 5.751 | 5.867 | 5.985 | 6.105 | 6.228 | 6.353 |
| 6 | 6.975 | 7.153 | 7.336 | 7.523 | 7.716 | 7.913 | 8.115 |

表2.3(续)

| 利息率 i / 时间 n | 6% | 7% | 8% | 9% | 10% | 11% | 12% |
|---|---|---|---|---|---|---|---|
| 7 | 8.394 | 8.654 | 8.923 | 9.200 | 9.487 | 9.783 | 10.089 |
| 8 | 9.897 | 10.260 | 10.637 | 11.028 | 11.436 | 11.859 | 12.300 |
| 9 | 11.491 | 11.978 | 12.488 | 13.021 | 13.579 | 14.164 | 14.776 |
| 10 | 13.181 | 13.816 | 14.487 | 15.193 | 15.937 | 16.722 | 17.549 |

【例 2-5】假设某项目在 5 年建设期内每年年末从银行借款 200 万元，借款年利率为 10%，则项目竣工时应付本息总额是多少？

F =2 000 000×（F/A，10%，5）

=2 000 000×6.105

=12 210 000（元）

（2）偿债基金的计算（已知年金终值 F，求年金 A）

偿债基金是指为了在约定的未来某一时点清偿某笔债务或积聚一定数额的资金而必须分次等额形成的存款准备金。偿债基金的计算实际上是年金终值的逆运算，其计算公式为：

$$A=F\times\frac{i}{(1+i)^{n}-1} \tag{2-11}$$

式中的分式$\frac{i}{(1+i)^{n}-1}$，称作“偿债基金系数”，记作（A/F，i，n），可直接查阅“偿债基金系数表”，或通过年金终值系数的倒数推算出来。上式也可写作：

$$A=F\times(A/F,\ i,\ n) \tag{2-12}$$

即：偿债基金 - 年金终值×偿债基金系数

$$\text{或：}\quad A=F\div(F/A,\ i,\ n) \tag{2-13}$$

即：偿债基金 = 年金终值÷年金终值系数

【例 2-6】某企业有一笔 5 年后到期的债务，该债务本息共计 100 万元。企业打算从现在起每年等额存入银行一笔款项。假定银行存款利率为 8%，则每年应存入多少金额？

A =1 000 000÷（F/A，8%，5）

=1 000 000÷5.867

≈170 444.861（元）

（3）普通年金现值的计算（已知年金 A，求年金现值 P）

普通年金现值，是指为在每期期末取得相等金额的款项，现在需要投入的金额。普通年金现值的计算可用图 2.3 说明。

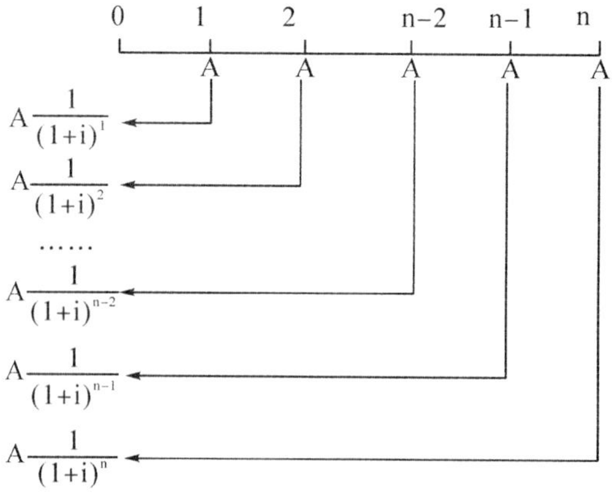


图 2.3　普通年金现值计算示意图

普通年金现值的计算公式为：

$$P = A\frac{1}{(1+i)^{1}} + A\frac{1}{(1+i)^{2}} + \cdots\cdots + A\frac{1}{(1+i)^{n-1}} + A\frac{1}{(1+i)^{n}}$$

$$= A\sum_{t=1}^{n}\frac{1}{(1+i)^{t}} \qquad (2\text{-}14)$$

根据上式整理可得到：

$$P = A\times\frac{1-(1+i)^{-n}}{i} \qquad (2\text{-}15)$$

式中，$P = A\times\frac{1-(1+i)^{-n}}{i}$称作“年金现值系数”，记为（P/A，i，n），可通过直接查阅“年金现值系数表”求得有关数值（表 2.4 为年金现值系数表一部分）。

表 2.4　普通年金现值系数表

| 利息率 i / 时间 n | 6% | 7% | 8% | 9% | 10% | 11% | 12% |
|---|---|---|---|---|---|---|---|
| 1 | 0.943 | 0.935 | 0.926 | 0.917 | 0.909 | 0.901 | 0.893 |
| 2 | 1.833 | 1.808 | 1.783 | 1.759 | 1.736 | 1.713 | 1.690 |
| 3 | 2.673 | 2.624 | 2.577 | 2.531 | 2.487 | 2.444 | 2.402 |
| 4 | 3.465 | 3.387 | 3.312 | 3.240 | 3.170 | 3.102 | 3.037 |
| 5 | 4.212 | 4.100 | 3.993 | 3.890 | 3.791 | 3.696 | 3.605 |
| 6 | 4.917 | 4.100 | 3.993 | 3.890 | 3.791 | 3.696 | 3.605 |
| 7 | 5.582 | 5.389 | 5.206 | 5.033 | 4.868 | 4.712 | 4.564 |
| 8 | 6.210 | 5.971 | 5.747 | 5.535 | 5.335 | 5.146 | 4.968 |
| 9 | 6.802 | 6.515 | 6.247 | 5.995 | 5.759 | 5.537 | 5.328 |
| 10 | 7.360 | 7.024 | 6.710 | 6.418 | 6.145 | 5.889 | 5.650 |

上式也可写作：

$$P=A\times (P/A,\ i,\ n) \tag{2-16}$$

即：普通年金现值=年金×年金现值系数

【例 2-7】某企业租入某设备，租期 5 年，每年年末支付租金 80 000 元，假定年利率为 10%，则该企业 5 年内应支付的租金总额的现值为多少？

$$\begin{aligned}P &= 80\ 000\times (P/A,\ 10\%,\ 5)\\ &= 80\ 000\times 3.791\\ &= 303\ 280\ (\text{元})\end{aligned}$$

（4）年资本回收额的计算（已知年金现值 P，求年金 A）

年资本回收额是指在给定的年限内等额回收初始投入资本或清偿所欠债务的金额。年资本回收额的计算是年金现值的逆运算。其计算公式为：

$$A=P\times \frac{i}{1-(1+i)^{-n}} \tag{2-17}$$

式中的分式 $A=P\times \frac{i}{1-(1+i)^{-n}}$ 称作“资本回收系数”，记为（A/P，i，n），可通过直接查阅“资本回收系数表”或利用年金现值系数的倒数求得。上式也可写作：

$$A=P\times (A/P,\ i,\ n) \tag{2-18}$$

即：资本回收额=年金现值×资本回收系数

或：　$$A=P\div (P/A,\ i,\ n) \tag{2-19}$$

即：资本回收额=年金现值÷年金现值系数

【例 2-8】假设某企业计划以 10%的利率借款 5 000 万元，投资于某个寿命为 8 年的项目，则每年至少应收回多少钱才是可行的？

$$\begin{aligned}A &= 50\ 000\ 000\div (P/A,\ 10\%,\ 8)\\ &= 50\ 000\ 000\div 5.335\\ &\approx 9\ 372\ 071\ (\text{元})\end{aligned}$$

即每年至少要收回 9 372 071 元，才能还清贷款本利。

2. 先付年金

先付年金，也称即付年金，即在每期期初收到或付出的年金。它与普通年金的区别仅在于收付款时间的不同。由于普通年金是最常用的，因此年金终值和现值系数表都是根据普通年金编制的，为了便于计算和查表，必须根据普通年金的计算公式，推导出先付年金的公式。

（1）先付年金终值的计算

先付年金终值和后付年金终值的关系可用图 2.4 表示。

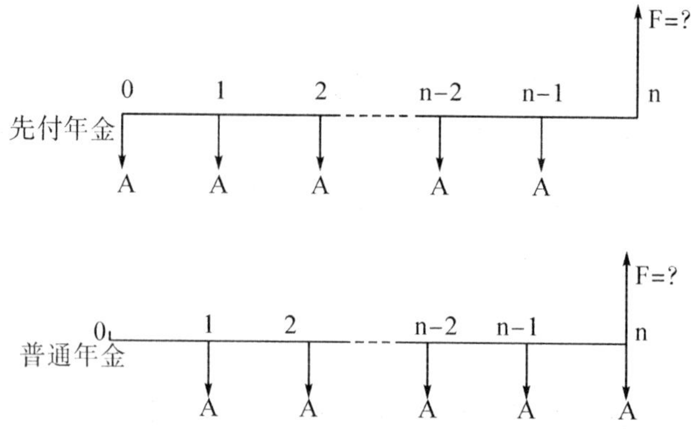


**图 2.4　先付年金与普通年金终值比较示意图**

从图 2.4 可以看出，n 期先付年金与 n 期普通年金的收付款次数相同，但由于其收付款时间不同（普通年金是在每期期末收到或付出相等的金额），n 期先付年金终值比 n 期普通年金的终值多计算一期利息。因此，在 n 期普通年金终值的基础上乘上（1+i）就是 n 期先付年金的终值。或者，在普通年金终值系数的基础上，期数加 1，系数减 1 便可得对应的即付年金的终值。计算公式如下：

$$F=A\times(F/A,\ i,\ n)\times(1+i) \tag{2-20}$$

即：即付年金终值=年金×普通年金终值系数×（1+ i）

或：$$F=A\times[(F/A,\ i,\ n+1)-1] \tag{2-21}$$

即：即付年金终值=年金×即付年金终值系数

【例 2-9】某人决定连续 8 年于每年年初存入 10 万元作为住房基金，银行存款利率为 6%，则该公司在第 8 年年末能一次取出的本利和为多少？

$F=100\ 000\times(F/A,\ 6\%,\ 8)\times(1+6\%)$

$=100\ 000\times9.897\times1.06$

$=1\ 049\ 082$（元）

或：

$F=100\ 000\times[(F/A,\ 6\%,\ 9)-1]$

$=100\ 000\times(11.491-1)$

$=1\ 049\ 100$（元）

（2）先付年金现值的计算

先付年金现值和后付年金现值的关系可用图 2.5 表示。

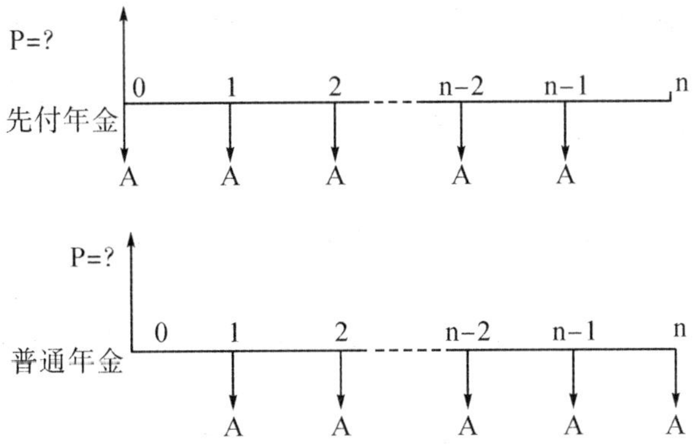


图 2.5　先付年金与普通年金现值比较示意图

同理，n 期先付年金现值比 n 期普通年金的现值多计算一期利息。因此，在 n 期普通年金现值的基础上乘上（1+i）就是 n 期先付年金的现值。或者，在普通年金现值系数的基础上，期数减 1，系数加 1 便可得对应的先付年金的现值系数。计算公式如下：

$$P=A\times(P/A,i,n)\times(1+i) \tag{2-22}$$

即：即付年金现值=年金×普通年金现值系数×（1+ i）

或：　$$P=A\times[(P/A,i,n-1)+1] \tag{2-23}$$

即：即付年金现值=年金×即付年金现值系数

【例 2-10】某人购房，现有两种付款方式可供选择：一是现在一次付清，房款为 70 万元；二是分期付款，于每年年初付款 15 万元，付款期为 6 年。假定银行存款利率为 9%，此人应选择哪一种付款方式？

$$P=150\ 000\times(P/A,9\%,6)\times(1+9\%)$$
$$=150\ 000\times4.486\times1.09$$
$$=733\ 461\text{（元）}$$

可见，分期付款换算成现值是 733 461 元，大于一次性支付 700 000 元，因此应选择一次性付款方式。

3. 递延年金

递延年金，即第一次收到或付出发生在第二期或第二期以后的年金。即第一次收付款与第一期无关，而是隔若干期后才开始发生的系列等额收付款项。凡不是从第一期开始的年金都是递延年金。

（1）递延年金终值的计算

递延年金是普通年金的特殊形式。递延年金终值的计算与普通年金计算一样，只是要注意期数。

【例 2-11】某投资者拟购买一处房产，开发商提出了三个付款方案：方案一是现在起 15 年内每年年末支付 10 万元；方案二是现在起 15 年内每年年初支付 9.5 万元；方案三是前 5 年不支付，第六年起到第 15 年每年年末支付 18 万元。

假设按银行贷款利率10%复利计息，若采用终值方式比较，那么应该选择哪一种付款方式?

三种付款方式的现金流量图如下：

方案一：

$F=10\times(F/A,\ 10\%,\ 15)=10\times31.772=317.72$（万元）

方案二：

$F=9.5\times[(F/A,10\%,16)-1]=9.5\times(35.950-1)=332.03$（万元）

方案三：

$F=18\times(F/A,\ 10\%,\ 10)=18\times15.937=286.87$（万元）

从上述计算可得出，采用第三种付款方案对购买者有利。

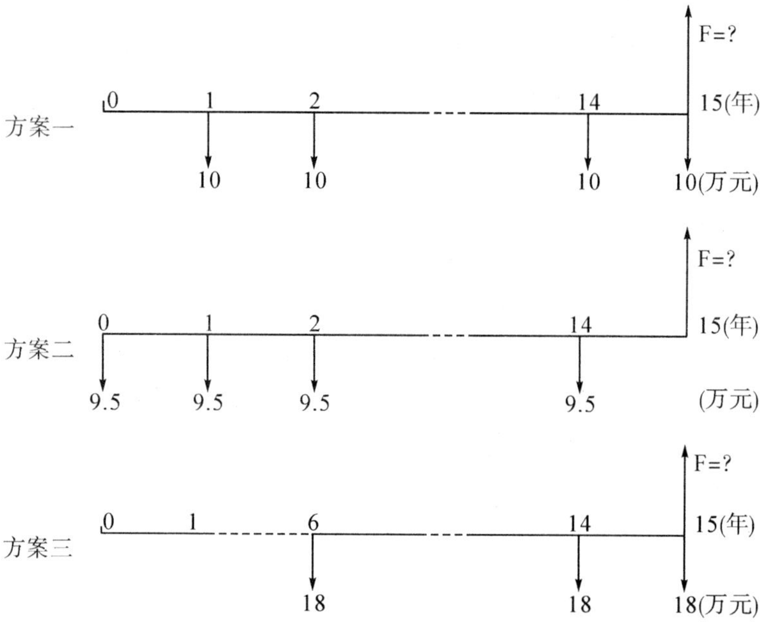


**图2.6　现金流量图**

（2）递延年金现值的计算

递延年金现值的计算方法有三种：

方法1：假设递延期中也进行收付，先求出（m+n）期的年金现值，然后扣除实际并未收付的递延期（m）的年金现值，即可得出最终结果。公式如下：

$$P=A\times[(P/A,\ i,\ m+n)-(P/A,\ i,\ m)] \qquad (2-24)$$

其中：m——表示递延期；

n——表示连续实际发生的期数

方法2：是把递延年金视为普通年金，求出递延期末的现值，然后再将此现值调整到第一期期初。

$$P=A\times(P/A,\ i,\ n)\times(P/F,\ i,\ m) \qquad (2-25)$$

方法 3：是先求出递延年金的终值，再将其折算为现值。

$$P=A\times(F/A, i, n)\times(P/F, i, m+n) \tag{2-26}$$

三种方法第 1 次发生均在 m+1 期期末。

【例 2-12】某企业向银行贷款的年利率为 10%，协议规定前 3 年不用还本付息，但从第 4 年至第 10 年每年年末偿还本息 600 000 元，问这笔贷款的现值为多少？

递延年金的支付形式见图 2.7。

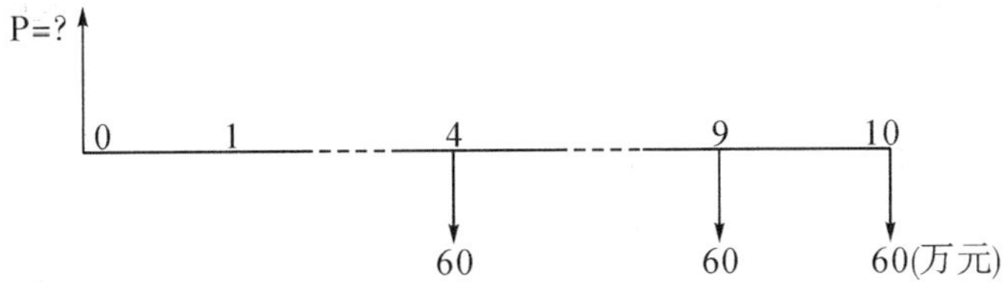


图 2.7　递延年金支付现金流量图

从图中可以看出，前三期没有发生支付，即递延期 m=3。第一次支付在第四期期末，连续支付 7 次，即 n=7，则

$$m+n=3+7=10$$

$$P=600\,000\times[(P/A, 10\%, 10)-(P/A, 10\%, 3)]$$
$$=600\,000\times(6.145-2.487)$$
$$=2\,194\,800\text{（元）}$$

或：$$P=600\,000\times(P/A, 10\%, 7)\times(P/F, 10\%, 3)$$
$$=600\,000\times4.868\times0.751$$
$$=2\,193\,521\text{（元）}$$

或：$$P=600\,000\times(F/A, 10\%, 7)\times(P/F, 10\%, 10)$$
$$=600\,000\times9.487\times0.386$$
$$=2\,197\,189\text{（元）}$$

三种计算方法产生的尾差系小数点后数字四舍五入所致。

4. 永续年金

永续年金，即无限期等额收入或付出的年金，可视为普通年金的特殊形式，即期限趋于无穷的普通年金。存本取息可视为永续年金的例子。此外，也可将利率较高、持续期限较长的年金视同永续年金计算。

由于永续年金持续期无限，没有终止的时间，因此没有终值，只有现值。通过普通年金现值计算可推导出永续年金现值的计算公式：

$$P=A\times\frac{1-(1+i)^{-n}}{i} \tag{2-27}$$

当 $n\to\infty$ 时，$(1+i)^{-n}$ 的极限为零，故上式可写成：

$$P=A\times\frac{1}{i} \tag{2-28}$$

【例 2-13】某学校拟建立一项永久性的奖学金，每年计划颁发 50 000 元的奖金。若银行存款利率为 8%，现在应存入多少钱？

$$P = 50\ 000 \times \frac{1}{8\%}$$

$$= 625\ 000（元）$$

（四）时间价值计算中的几个特殊问题

1. 不等额现金流量现值的计算

不等额现金流量是指每次收入或者发出的款项不相等。

假设：$A_0$代表第 0 年年末的付款；

$A_1$代表第 1 年年末的付款；

$A_2$代表第 2 年年末的付款；

……

$A_n$代表第 n 年年末的付款。

其现值计算公式可用图 2.8 说明。

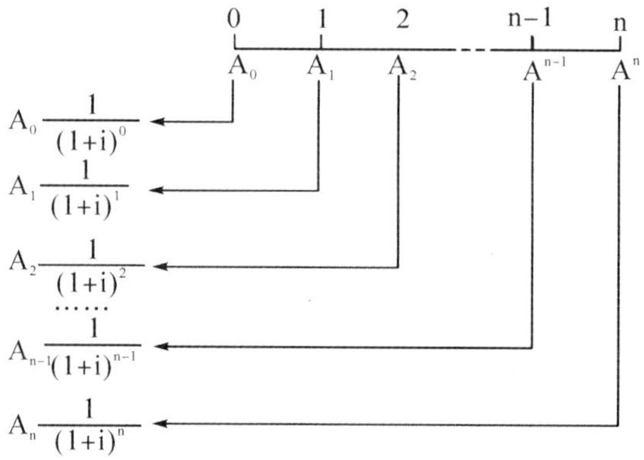


图 2.8　不等额现金流量的计算示意图

由上图可知：

$$P = A_0\frac{1}{(1+i)^0} + A_1\frac{1}{(1+i)^1} + A_2\frac{1}{(1+i)^2} + \cdots + A_{n-1}\frac{1}{(1+i)^{n-1}} + A_n\frac{1}{(1+i)^n}$$

$$= A\sum_{t=0}^{n}\frac{1}{(1+i)^t} \qquad (2-29)$$

【例 2-14】某公司投资了一个新项目，新项目投产后每年获得的现金流入量如图 2.9 所示，折现率 10%，求这一系列不等额现金流量的现值。

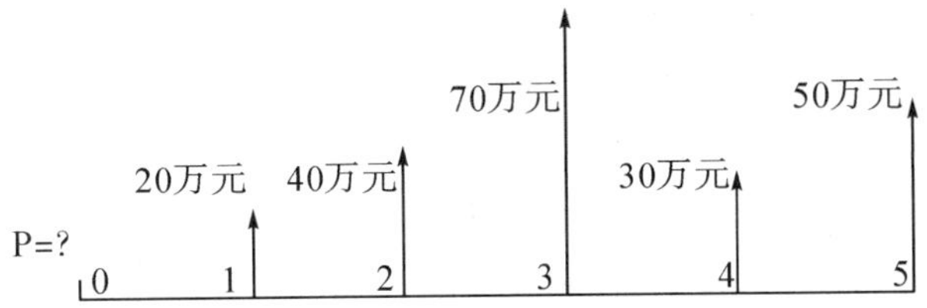


图 2.9　公司投资现金流量图

$$P = A_1\frac{1}{(1+i)^1} + A_2\frac{1}{(1+i)^2} + A_3\frac{1}{(1+i)^3} + A_4\frac{1}{(1+i)^4} + A_5\frac{1}{(1+i)^5}$$

=20×（P/F，10%，1）+40×（P/F，10%，2）+70×（P/F，10%，3）

+30×（P/F，10%，4）+50×（P/F，10%，5）

=20×0.909+40×0.826+70×0.751+30×0.683+50×0.621

=18.18+33.04+52.57+20.49+31.05

=155.33（万元）

2. 不等额现金流量和年金混合情况下的现值的计算

不等额现金流量和年金混合情况下，不能用年金计算的部分，则用复利现值公式进行计算，然后与年金计算的部分加总，便得出不等额现金流量和年金混合情况下的现值。

【例 2-15】某人将空出的一间房子出租，预计未来 5 年每年年末的租金收入如图 2.10 所示，折现率为 6%，求这一系列租金的现值。

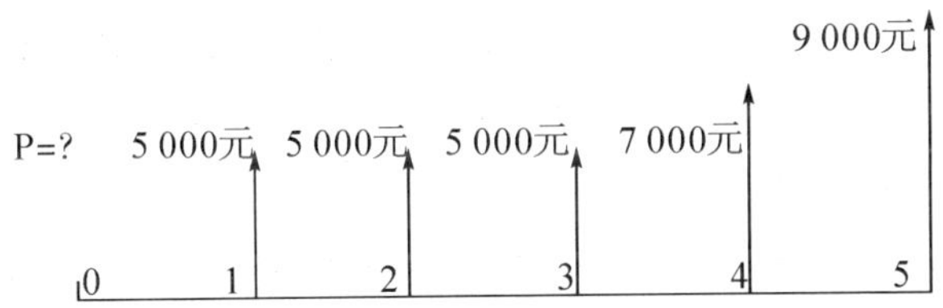


图 2.10　出租房子租金的现金流量图

P =5 000×（P/A，6%，3）+7 000×（P/F，6%，4）+9 000×（P/F，6%，5）

=5 000×2.673+7 000×0.792+9 000×0.747

=13 365+5 544+6 723

=25 632（元）

3. 贴现率和期数的推算

以上所述资金时间价值的计算，都假定贴现率和期数是给定的。在实际工作中，有时仅知道计息期数、终值、现值，要根据这些条件去求贴现率；有时仅知道贴现率、终值、现值，要根据这些条件去求期数。为了求贴现率和期数，首先就要根据已知的终值和现值求出换算系数。这里讲的换算系数是指终值系数、现值系数、年金终值系数和年金现值系数。

例如，根据公式：F=P×（F/P，i，n）

可得到：（F/P，i，n）= F÷P

即将终值除以现值得到终值系数。

同理，我们可得到：（P/F，i，n）=P÷F

（F/A，i，n）=F÷A

（P/A，i，n）=P÷A

（1）求贴现率

【例 2-16】某企业现有 50 万元，欲在 12 年后使其达到原来的 2 倍，选择投资机会时最低可接受的报酬率为多少？

F=50×2=100（万元）

100=50×（F/P，i，12）

∴（F/P，i，12）=2

查“复利终值表”，在 n=12 的行中寻找 2，对应的最接近的 i 值为 6%，即：（F/P，6%，12）≈2

所以，当投资机会的最低报酬率约为 6%时，才可使现有 50 万元在 12 年后增加到 100 万元，是原来的 2 倍。

【例 2-17】某人打算购买新房，购房款除积蓄外，计划于第一年年初向银行借款 20 000 元，以后每年年末还本付息 4 000 元，连续 9 年还清。问借款利率为多少？

根据题意，已知 P=20 000，A=4 000，n=9，求 i =？

（P/A，i，9）=P÷A=20 000÷4 000=5

查 n=9 的普通年金现值系数表。在 n=9 一行上无法找到恰好系数 α 为 5 的系数值，于是在该行上查找大于和小于 5 的临界系数值，分别为：

$\beta_1=5.328>5$，$\beta_2=4.946<5$，

对应的临界期间为 $i_1=12\%$，$i_2=14\%$。可采用内插法计算借款利率。

$$i=i_1+\frac{\beta_1-\alpha}{\beta_1-\beta_2}(i_2-i_1)$$

$$=12\%+\frac{5.328-5}{5.328-4.946}\times(14\%-12\%)\approx 13.72\%$$

（2）求期数

【例 2-18】某公司拟购买一台节能发动机，更新目前的发动机。新节能发动机比原发动机多支出 24 000 元，但每年可节约燃料费用 6 000 元。若利率为 10%，求新发动机应至少使用多少年对公司而言才有利？

根据题意，已知：P=24 000，A=6 000，i=10%，求 n=？

（P/A，10%，n）=P÷A=24 000÷6 000=4

查普通年金现值系数表，在 i=10%的列上纵向查找，无法找到恰好系数 α 为 4 的值，于是查找大于和小于 4 的临界系数值：

$\beta_1=3.791<4$，$\beta_2=4.355>4$，

对应的临界期间为 $n_1=5$，$n_2=6$。可采用内插法计算期数。

$$n=n_1+\frac{\beta_1-\alpha}{\beta_1-\beta_2}(n_2-n_1)$$

$$=5+\frac{3.791-4}{3.791-4.355}\times(6-5)\approx5.4\text{（年）}$$

4. 计息期短于一年的时间价值的计算

前面探讨的都是以年为单位的计息期，有时会遇到计息期短于一年的情况，如债券利息一般每半年支付一次，股利有时每季度支付一次，还有的是以一个月甚至以天为期间的计息期。当计息期短于一年，而利率又是年利率时，计息期数和计息利率应按照下式进行换算：

$$R=\frac{i}{m}$$

$$t=m\times n$$

上式中，R 表示期利率，i 表示年利率，m 表示每年的复利计息频数，n 表示年数，t 表示换算后的计息期数。

【例 2-19】某人准备在第 5 年年末获得 100 000 元，年利息率为 8%。试计算：(1) 如果每年计息一次，则现在应存入多少钱？(2) 如果每半年计息一次，则现在应存入多少钱？

如果每年计息一次，即 $n=5$，$i=8\%$，$F=100\ 000$，则

$$P=F\times(P/F,8\%,5)$$

$$=100\ 000\times0.681$$

$$=68\ 100\text{（元）}$$

如果每半年计息一次，即 $m=2$，则

$$R=\frac{i}{m}=\frac{8\%}{2}=4\%$$

$$t=m\times n=2\times5=10$$

$$P=F\times(P/F,4\%,10)$$

$$=100\ 000\times0.676$$

$$=67\ 600\text{（元）}$$

## 第二节　风险价值

财务活动经常是在有风险的情况下进行的，投资者由于承担风险进行投资而获得的超过货币时间价值的额外收益，称为投资的风险价值或风险收益、风险报酬。

企业理财时必须研究风险、计量风险，并设法控制风险，以求最大限度地扩大企业财富。

## 一、风险及风险报酬

（一）风险

风险一般是指在一定条件下和一定时期内可能发生的各种结果的变动程度。在风险存在的情况下，人们只能事先估计到采取某种行动可能导致的结果，以及每种结果出现的可能性，而行动的真正结果究竟会怎样，不能事先确定。

与风险相联系的另一个概念是不确定性，即人们事先只知道采取某种行动可能形成的各种结果，但不知道它们出现的概率，或者两者都不知道，而只能做些粗略的估计。例如，投资于某金矿开发工程，事先只能肯定勘探开发成功或失败两种可能，但这两种结果出现可能性的概率大小事先很难预测。

一般来说，各种长期投资方案中都有一些不确定的因素，而完全的确定性投资方案是很少见的。不确定性投资方案，是指对各种情况出现的可能性不清楚，无法加以计量的投资决策。在实践中，如果对不确定性投资方案中的各种情况出现的可能性规定一些主观概率，就可以将不确定性投资方案转化为风险性的投资方案。例如，某企业拟购买某房地产公司的股票，事前仅知道该公司在经济繁荣、一般和萧条时的收益率分别为14%、8%和4%，至于未来情况发生的可能性不清楚，该项投资决策属于不确定性投资。如果经有关资料分析，得知近期该行业经济繁荣、一般和萧条的概率分别为30%、40%和30%，则该项投资就属于风险性投资。所以，在财务管理中，当说到风险时，可能指的是确切意义上的风险，但更可能指的是不确定性，对两者不做严格区分。

总之，某一行动的结果具有多种可能而不肯定，就叫有风险；反之，若某一行动的结果很肯定，就叫没有风险。如购买政府发行的国债，该国债的利率到期肯定可以实现，因此一般认为该投资是无风险的。从财务管理的角度看，风险就是企业在各项财务活动过程中，由于各种难以预料或无法控制的因素作用，使企业的实际收益与预计收益发生背离，从而有蒙受经济损失的可能性。但是，人们在投资活动中，由于主观努力，把握时机，往往能有效地避免失败，并取得较高的收益。所以，风险不同于危险。危险专指负面效应，是损失发生及其程度的不确定性。人们对于危险，需要识别、衡量、防范和控制，即对危险进行管理。保险活动就是针对危险的，是集合同类危险聚集资金，对特定危险的后果提供经济保障的一种财务转移机制。风险的概念比危险广泛，包括了危险，危险只是风险的一部分。风险的另一部分即正面效益，可以称为“机会”。人们对于机会，需要识别、衡量、选择和获取。理财活动不仅要管理危险，还要识别、衡量、选择和获取增加企业价值的机会。因此，某项投资活动若存在风险，说明其危险与机会并存。

（二）风险报酬的概念

风险报酬是指投资者由于冒风险进行投资而获得的超过资金时间价值的额外收益。

风险报酬的表现形式有两种，风险收益额和风险收益率。投资者由于冒风险进行投资而获得的超过资金时间价值的额外收益，称为风险收益额；风险收益额对于投资额的比率，则成为风险收益率。在实际工作中，对两者并不严格区分，通常以相对数——风险收益率进行计量。

投资者进行投资所要求的期望投资报酬率通常用下式表示：

期望投资报酬率

=货币的时间价值（无风险收益率）+风险收益率+通货膨胀率

如果不考虑通货膨胀的话，投资者进行风险投资所要求或期望的投资报酬率，便是资金的时间价值（无风险收益率）与风险收益率之和。即：

期望投资报酬率=货币的时间价值（无风险收益率）+风险收益率

例如，货币的时间价值为8%，某项投资期望报酬率为18%，若不考虑通货膨胀，则该项投资的风险收益率是10%。

风险收益率的计算将在后面内容中涉及。

## 二、风险的类别

（一）按个别投资主体划分

1. 市场风险

市场风险是指那些对所有的公司产生影响的因素引起的风险，如宏观经济变动、战争、经济衰退、通货膨胀等。这类风险涉及所有的投资对象，不能通过多角化投资来分散，又称为不可分散风险或系统风险。

2. 公司特有风险

公司特有风险是指发生于个别公司的特有事件造成的风险，如罢工、新产品开发失败、诉讼失败等。这类事件是随机发生的，可以通过多角化投资来分散，又称可分散风险或非系统风险。

（二）按照企业本身风险划分

1. 经营风险

经营风险是指生产经营的不确定性带来的风险，它是任何商业活动都有的，也叫商业风险。企业生产经营的许多方面都会受到来源于企业外部和内部的诸多因素的影响，具有很大的不确定性。比如，由于原材料供应地的政治经济情况变动，运输路线改变，原材料价格变动，新材料、新设备的出现等因素带来的供应方面的风险；由于产品生产方向不对，产品更新时期掌握不好，生产质量不合格，新产品、新技术开发试验不成功，生产组织不合理等因素带来的生产方面的风险；由于出现新的竞争对手，消费者爱好发生变化，销售决策失误，产品广告推销不力以及货款回收不及时等因素带来的销售方面的风险。所有这些生产经营方面的不确定性，都会引起企业的利润或利润率的高低变化。

2. 财务风险

财务风险又称筹资风险，是指由于举债而给企业财务成果带来的不确定性。企业举债经营，全部资金中除自有资金外还有一部分借入资金，这会对自有资金的盈利能力造成影响；同时，借入资金需还本付息，一旦无力偿还到期债务，企业便会陷入财务困境甚至破产。当企业息税前资金利润率高于借入资金利息率时，使用借入资金获得的利润除了补偿利息外还有剩余，因而使自有资金利润率提高。但是，若企业息税前资金利润率低于借入资金利息率，这时，使用借入资金获得的利润还不够支付利息，还需动用自有资金的一部分利润来支付利息，从而使自有资金利润率降低。如果企业息税前利润还不够支付利息，就要用自有资金来支付，使企业发生亏损。若企业亏损严重，财务状况恶化，丧失支付能力，就会出现无法还本付息甚至招致破产的危险。总之，由于诸多因素的影响，企业息税前资金利润率和借入资金利息率差额具有不确定性，从而引起自有资金利润率的高低变化，这种风险即为财务风险。这种风险程度的大小受借入资金对自有资金比例的影响，借入资金比例大，风险程度就会随之增大；借入资金比例小，风险程度也随之减少。

## 三、风险的衡量

风险是客观存在的，并广泛影响着企业的财务和经营活动。因此，正视风险并将风险程度予以量化，进行较为准确的衡量，是企业财务管理的一项重要工作。对风险进行衡量的步骤如下。

（一）确定概率分布

在现实生活中，某一事件在完全相同的条件下可能发生也可能不发生，即可能出现这种结果又可能出现那种结果，我们称这类事件为随机事件。概率就是用百分数或小数来表示随机事件发生可能性及出现某种结果可能性大小的数值。通常，把必然发生的事件的概率定为1，把不可能发生的事件的概率定为0，而一般随机事件的概率是介于0与1之间的一个数。概率越大就表示该事件发生的可能性越大。例如，某企业进行某项投资，经预测投资收益率为20%的概率为60%，这就意味着该企业获得20%的收益率的可能性是60%。如果把某一事件所有可能的结果都列示出来，对每一结果都给予一定的概率，便可构成概率的分布。

【例2-20】某公司有两个投资机会，A投资机会是一个高科技项目，该领域竞争很激烈，如果经济发展迅速并且该项目搞得好，取得较好的市场占有率，利润会很大；否则，利润很小甚至亏本。B项目是一个老产品并且是必需品，销售前景可以比较准确地预测出来。假设未来的经济情况只有三种：繁荣、一般、较差，有关的概率分布和预期报酬率见表 2.5。

**表 2.5 投资项目概率分布**

| 市场状况 | 概率 | 预期报酬率 | |
|---|---|---|---|
| | | A 项目 | B 项目 |
| 繁荣 | 0.3 | 90% | 20% |
| 一般 | 0.4 | 15% | 15% |
| 较差 | 0.3 | -60% | 10% |
| 合计 | 1.0 | — | — |

（二）计算期望报酬率

期望报酬率又叫预期收益、期望值，是指某一投资项目未来收益的各种可能结果，用概率为权数计算出来的加权平均数，是加权平均的中心值。其计算公式如下：

$$\overline{K} = \sum_{i=1}^{N}(P_i \cdot K_i) \qquad (2-30)$$

式中：$P_i$——第 i 种结果出现的概率；

$K_i$——第 i 种结果出现后的预期报酬率；

N——所有可能结果的数目。

以上例中的有关数据为依据，计算 A、B 两个项目的预期收益。见表 2.6。

**表 2.6 投资期望报酬率的计算**

| 市场状况 | 概率（$P_i$） | A 项目 | | B 项目 | |
|---|---|---|---|---|---|
| | | 期望报酬率（$K_i$） | $P_i \times K_i$ | 期望报酬率（$K_i$） | $P_i \times K_i$ |
| 繁荣 | 0.3 | 90% | 27% | 20% | 6% |
| 一般 | 0.4 | 15% | 6% | 15% | 6% |
| 较差 | 0.3 | -60% | -18% | 10% | 3% |
| 合计 | 1.0 | — | 15% | — | 15% |

A 项目预期报酬率 = 0.3×90%+0.4×15%+0.3×（-60%）= 15%

B 项目预期报酬率 = 0.3×20%+0.4×15%+0.3×10% = 15%

（三）计算离散程度

为了定量地衡量风险大小，还要使用统计学中衡量概率分布离散程度的指标。一般说来，离散程度越大，风险越大；反之，则越小。反映随机变量离散程度的最常用指标是标准离差和标准离差率。

1. 标准离差

标准离差是各种可能的报酬率偏离预期收益（期望值）的综合差异，用来反映离散程度。标准离差用绝对数衡量决策方案的风险，标准离差越大，风险越大；标准离差越小，风险越小。

标准离差的计算公式为：

$$标准离差\ \sigma=\sqrt{\sum(随机变量\ K_i-期望值\ \overline{K})^2\times 概率\ P_i}$$

$$\sigma=\sqrt{\sum_{i=1}^{n}(K_i-\overline{K})^2\cdot P_i} \quad (2-31)$$

仍以表2.6中的有关数据为依据，计算A、B两个项目的标准离差如下。

$$A项目的标准离差=\sqrt{(90\%-15\%)^2\times0.3+(15\%-15\%)^2\times0.4+(-60\%-15\%)^2\times0.3}=58.09\%$$

$$B项目的标准离差=\sqrt{(20\%-15\%)^2\times0.3+(15\%-15\%)^2\times0.4+(10\%-15\%)^2\times0.3}=3.87\%$$

A项目的标准离差大于B项目的标准离差，说明A项目的风险大于B项目的风险，在预期收益率相等的情况下，应选择B项目。

标准离差只能用来比较期望报酬率相同的各项投资的风险程度。如果几个项目的期望值不相同，则应运用标准离差率衡量风险程度。

2. 标准离差率

标准离差率，也称离散系数、变异系数，用来比较期望值不同的各项投资的风险程度。标准离差率用相对数指标衡量决策方案的风险，标准离差率越大，风险越大；标准离差率越小，风险越小。

标准离差率的计算公式为：

$$标准离差率=\frac{标准离差}{期望值}=\frac{\sigma}{\overline{K}} \quad (2-32)$$

仍以表2.6中的有关数据为依据，计算A、B两个项目的标准离差率。

A项目标准离差率=58.09%÷15%=3.87%

B项目标准离差率=3.87%÷15%=0.26%

A项目标准离差率大于B项目标准离差率，说明A项目的风险大于B项目。

（四）风险收益率

1. 风险收益率的计算

标准离差率虽然能正确评价投资风险的大小，但还无法将风险与收益结合起来进行分析。假设我们面临的决策不是评价与比较两个投资项目的风险水平，而是要决定是否对某一投资项目进行投资，此时我们就需要计算出该项目的风险收益率。因此，我们还需要一个指标（参数）将标准离差率转化为相应的风险收益率，以把投资项目的风险与收益联系起来。这个指标就是风险价值系数。风险收益率、风险价值系数和标准离差率之间的关系可用公式表示如下：

风险收益率（$R_R$）= 风险价值系数（b）×标准离差率（V）

在不考虑通货膨胀的情况下，投资的收益率为：

$$R=R_F+R_R=R_F+b\times V \quad (2-33)$$

公式中，R 为投资收益率，$R_F$为无风险收益率。可见，投资收益率包括无风险收益率和风险收益率两部分。其中无风险收益率 $R_F$可用加上通货膨胀溢价的时间价值来确定。在实务中一般把短期政府债券（如短期国债）的收益率作为无风险收益率。

假定仍以表 2.6 的数据为依据，投资者为 A、B 两项目确定的风险价值系数分别为 0.3 和 0.8，无风险收益率为 9%，则两项目应得风险收益率和投资收益率计算如下：

A 项目风险收益率 $=0.3\times3.87\%=1.16\%$

A 项目投资收益率 $=9\%+1.16\%=10.16\%$

B 项目风险收益率 $=0.8\times0.26\%=0.21\%$

B 项目投资收益率 $=9\%+0.21\%=9.21\%$

从计算结果可以看出，项目 A 的投资报酬率（10.16%）要高于项目 B 的投资报酬率（9.21%），似乎项目 A 是一个更好的选择。而从我们前面的分析来看，两个项目的期望报酬率是相等的，但项目 A 的风险要高于项目 B。

2. 风险价值系数的确定

风险价值系数（b）的数学意义是指该项投资的风险收益率占该项投资的标准离差率的比率。在实际工作中，确定单项投资的风险价值系数，则是由投资者根据经验并结合其他因素加以确定。通常有以下几种方法：

（1）根据以往同类项目的有关数据确定

风险价值系数，可以参照以往同类投资项目的历史资料，运用前述有关公式来确定。但这种方法必须在历史资料比较充分的情况下才能采用。

【例 2-21】某企业进行某项投资，其同类项目的投资收益率为 15%，无风险收益率为 6%，标准离差率为 45%。根据投资收益率的计算公式，可计算如下：

$b=(15\%-6\%)\div45\%=20\%$

（2）由企业主管投资的人员会同有关专家确定

如果现在进行的投资项目缺乏同类项目的历史资料，就不能采用上述方法计算，此时可根据主观的经验加以确定，可以由企业主管投资的人员，如总经理、财务副总经理、总会计师、财务主任等根据经验加以确定，也可由企业组织有关专家确定。实际上，风险价值系数的确定，在很大程度上取决于各公司对风险的态度。比较敢于承担风险的公司，往往把风险价值系数值定得低些；反之，比较稳健的公司，则常常把风险价值系数值定得高些。

（3）由国家有关部门组织专家确定

国家有关部门，如财政部、国家银行等组织专家，根据各行业的条件和有关因素，确定各行业的风险价值系数，由国家定期公布，作为国家参数供投资者参考。

3. 风险投资决策

通过上述方法将投资方案的风险加以量化，并结合收益因素后，决策者便可据此做出决策。对于单个方案，决策者可根据其标准离差（率）的大小，并将其同设定的可接受的此项指标最高限值对比，看前者是否低于后者，然后做出取舍。对于多方案择优，决策者的行动准则应是选择低风险高收益的方案，即选择标准离差（率）最低、期望值最高的方案。具体说来有以下几种情况：

（1）如果两个投资方案的预期收益率基本相同，应当选择标准离差率较低的那一个投资方案；

（2）如果两个投资方案的标准离差率基本相同，应当选择预期收益率较高的那一个投资方案；

（3）如果甲方案预期收益率高于乙方案，而其标准离差率低于乙方案，则应当选择甲方案；

（4）如果甲方案预期收益率高于乙方案，而其标准离差率也高于乙方案，在此情况下则不能一概而论，而要取决于投资者对风险的态度。有的投资者愿意冒较大的风险，以追求较高的收益率，可能选择甲方案；有的投资者则不愿意冒较大的风险，宁肯接受较低的收益率，可能选择乙方案。但如果甲方案收益率高于乙方案的程度大，而其标准离差率高于乙方案的程度较小，则选择甲方案可能是比较适宜的。

应当指出，风险价值计算的结果具有一定的假定性，并不十分精确。研究投资风险价值原理，关键是要在进行投资决策时，树立风险价值观念，认真权衡风险与收益的关系，选择有可能避免风险、分散风险，并获得较多收益的投资方案。

## 思考题

1. 什么是货币的时间价值？
2. 什么是年金现值系数？
3. 什么是期望报酬率？公式是什么？
4. 风险收益率的概念及其公式是什么？

# 第三章　财务分析

## 第一节　财务分析概述

### 一、财务分析的目的和意义

财务分析是以会计核算和报表资料及其他相关资料为依据，采用一系列专门的分析技术和方法，对企业的各项财务活动的盈利能力、营运能力、偿债能力和增长能力状况等进行分析与评价，从而使得投资者、债权人、管理者以及其他信息使用者能够了解企业过去、评价企业现状、预测企业未来做出正确决策。

（一）财务分析的目的

财务分析的目的是进行财务分析的最终目标，财务分析的最终目标是为财务报表使用者做出相关决策提供可靠的依据。财务分析的目的受财务分析主体的制约，不同的财务分析主体进行财务分析的目的是不同的。具体来说，主要体现在下列方面：

1. 以供投资决策之用。企业股权投资进行财务分析的目的是了解企业的盈利能力状况。

2. 以供放贷决策之用。企业债权者进行财务分析的目的在于：一是了解其对企业的借款或其他债权是否能及时、足额收回，即研究企业偿债能力的大小；二是了解债务者的收益状况与风险程度是否相适应，即将偿债能力分析与盈利能力分析相结合。

3. 以供经营决策之用。企业经营者进行财务分析的目的是多方面的。总体来说，其目的是及时发现生产经营中存在的问题与不足，并采取有效措施解决，使企业不仅能够用现有资源盈利更多，而且使其盈利能力能够保持继续增长。

4. 其他财务分析的目的。对于与企业经营有关的企业单位，他们进行财务分析的主要目的在于搞清企业的信用状况；对于国家行政管理与监督部门，他们进行财务分析的目的既是对企业进行监督，考察企业是否合法经营、依法纳税，又是为宏观决策提供可靠信息。

（二）财务分析的意义

1. 可以评价企业的财务状况和经营成果。通过对资产负债表有关资料进行分析，可以了解企业的资产结构和负债水平是否合理，从而判断企业的偿债能力、营运能力及获利能力等财务实力，揭示企业在财务状况方面可能存在的问题；通过对利润表有关资料的分析，计算相关指标，能够评价和考核企业的盈利能力和资金周转状况，揭示其经营管理的各个方面和各个环节问题，找出问题，摸索解决方法。

2. 可以预测企业未来的风险和报酬，为投资人、债权人和经营者的决策提供帮助。通过各种财务分析，可以判断企业的发展趋势，预测其生产经营的前景及偿债能力，从而为企业领导层进行生产经营决策、投资者进行投资决策和债权人进行信贷决策提供重要的依据，避免因决策错误给其带来重大的损失。

3. 可以检查企业预算完成情况，考核经营管理人员的业绩，为完善合理的激励机制提供帮助。

## 二、财务分析的基本方法

开展财务分析，需要运用专门的方法。财务分析方法主要包括趋势分析法、比率分析法和因素分析法。

（一）趋势分析法

趋势分析法又称水平分析法，是对比两期或连续数期财务报告中相同指标，确定其增减变动的方向、数额和幅度，从而说明企业财务状况和经营成果变动趋势的一种方法。趋势分析法可以分析引起变化的主要原因、变动的性质，并预测企业未来的发展前景。这种方法的具体运用主要有以下三种方式：

1. 重要财务指标的比较

重要财务指标的比较是将不同时期财务报告中的相同指标或比率进行比较，直接观察其增减变动情况及变动幅度，考察其发展趋势，预测其发展前景。对不同时期财务指标的比较，可以有如下两种方法：

（1）定基动态比率。即以某一时期的数额为固定的基期数额而计算出来的动态比率。其计算公式为：

定基动态比率=分析期数额÷固定基期数额×100%　　（3-1）

（2）环比动态比率。即以每一分析期的前期数额为基期数额而计算出来的动态比率。其计算公式为：

环比动态比率=分析期数额÷前期数额×100%　　（3-2）

重要财务比率的比较所采用的比率是相对数，排除了规模的影响，使不同比较对象之间具有可比性，因而它是最重要的财务分析方法之一。

2. 会计报表的比较

会计报表的比较是将连续数期的财务报表的金额并列起来，比较其相同指标的增减变动金额和幅度，据以判断企业财务状况和经营成果发展变化的一种方法。采用该方法进行比较时，既要计算出表中有关项目增减变动的绝对额，又要计算出其增减变动的相对值。

3. 会计报表项目构成的比较

会计报表项目构成的比较是在会计报表比较的基础上发展起来的。它是以会计报表中的某个总体指标作为100%，再计算出其各组成指标占该总体指标的百分比，从而来比较各个项目百分比的增减变动，以此来判断有关财务活动的变化趋势。比如假设收入为100%，计算利润表各项目的比重，从而发现有显著问题的项目，进行进一步的分析。它既可用于同一企业不同时期财务状况的纵向比较，又可用于不同企业之间的横向比较。同时，这种方法能消除不同时期（不同企业）之间业务规模差异的影响，有利于分析企业的耗费水平和盈利水平。

但在采用趋势分析法时，必须注意以下问题：①用于进行比较的各个时期的指标，在计算口径上必须一致；②剔除偶发性项目的影响，使作为比较分析的数据能反映正常的经营状况；③应用例外原则，对某项有显著变动的指标作重点分析，研究产生的原因，以便采取对策，趋利避害。

（二）比率分析法

比率分析法是指某些彼此存在关联的项目加以对比，计算出比率，据以确定经济活动变动程度的分析方法。根据分析的目的和要求的不同，比率分析主要有以下三类：

1. 构成比率

构成比率又称为结构比率，是某项经济指标的各个组成部分与总体的比率，反映部分与总体的关系。利用该比率，可以考察总体中某个部分的形成和安排是否合理，以便协调各项财务活动。其计算公式为：

构成比率＝某个组成部分数额÷总体数额　　（3-3）

2. 效率比率

效率比率即某项经济活动中所费与所得的比率，反映投入与产出的关系。利用效率比率指标，可以进行得失比较，考察经营成果，评价经济效益。如成本利润率、销售利润率、资本利润率等利润指标，可以从不同角度观察比较企业获利能力的高低及其增减变化情况。

3. 相关比率

相关比率即以某个项目和与其有关但又不同的项目加以对比所得的比率，反映有关经济活动的相互关系。利用相关比率指标，可以考察有联系的相关业务安排得是否合理，以保障企业营运活动能够顺畅进行。如计算出流动比率可以判断企业的短期偿债能力。

比率分析法的优点是计算简便，计算结果容易判断，而且可以使某些指标在不同规模的企业之间进行比较，甚至也能在一定程度上跨越行业间的差别进行比较。但在计算比率指标时，要注意对比项目的相关性、对比口径的一致性。运用比率分析法，还需要选用一定的标准与之对比，以便对企业的财务状况做出判断。一般来说，科学合理的对比标准有：预定目标，如预算指标、设计指标、定额指标、理论指标等；历史标准，如上期实际、上年同期实际、历史先进水平以及有典型意义的时期实际水平等；行业标准，如国内外同类企业的先进水平或平均水平等；公认标准等。

（三）因素分析法

因素分析法又称因素替换法、连环替代法，是用来确定几个相互联系的因素对综合财务指标或经济指标的影响程度的一种分析方法。采用这种方法的目的在于，当有若干因素对分析对象产生影响时，假定其他各个因素均无变化，按顺序确定每一个单因素变化所产生的影响。该方法从数量上测定各因素的影响程度，从而帮助人们找出主要问题，使对经营状况的评价更具说服力。

## 第二节　财务评价指标

分析和评价企业财务状况、经营成果，最常应用的是偿债能力、营运能力、盈利能力和发展能力四大指标。这四大指标是财务分析的重要内容，是指导企业发展和经营的无形重要工具。

为了对财务评价指标的计算和分析方法进行说明，本章以耀芯股份有限公司的财务报表数据为例。该公司资产负债表、利润表如表 3.1、表 3.2 所示。

**表 3.1　资产负债表**

编制单位：耀芯股份有限公司　　20×9 年 12 月 31 日　　单位：万元

| 资产 | 年末余额 | 年初余额 | 负债及股东权益 | 年末余额 | 年初余额 |
|---|---|---|---|---|---|
| 流动资产： | | | 流动负债： | | |
| 货币资金 | 40 | 21 | 短期借款 | 60 | 45 |
| 交易性金融资产 | 6 | 12 | 交易性金融负债 | 28 | 10 |
| 应收票据及应收账款 | 416 | 210 | 应付票据及应付账款 | 101 | 109 |
| 预付账款 | 20 | 4 | 预收账款 | 10 | 4 |
| | | | 应付职工薪酬 | 2 | 1 |

表3.1(续)

| 资产 | 年末余额 | 年初余额 | 负债及股东权益 | 年末余额 | 年初余额 |
|---|---|---|---|---|---|
| | | | 应交税费 | 5 | 4 |
| 其他应收款 | 10 | 22 | | | |
| 存货 | 119 | 326 | | | |
| 一年内到期的非流动资产 | 77 | 11 | 其他应付款 | 37 | 38 |
| 其他流动资产 | 8 | 0 | 预计负债 | 2 | 4 |
| 流动资产合计 | 696 | 606 | 一年内到期的非流动负债 | 0 | 0 |
| | | | 其他流动负债 | 53 | 5 |
| | | | 流动负债合计 | 296 | 216 |
| 非流动资产： | | | 非流动负债： | | |
| 可供出售金融资产 | 0 | 45 | 长期借款 | 442 | 237 |
| 持有至到期投资 | 0 | 0 | 应付债券 | 220 | 260 |
| 长期应收款 | 0 | 0 | 长期应付款 | 50 | 60 |
| 长期股权投资 | 30 | 0 | | | |
| 固定资产 | 1230 | 959 | 预计负债 | 0 | 0 |
| 在建工程 | 18 | 35 | 递延所得税负债 | 0 | 0 |
| | | | 其他非流动负债 | 0 | 15 |
| 无形资产 | 6 | 8 | 非流动负债合计 | 712 | 572 |
| 开发支出 | 0 | 0 | 负债合计 | 1 028 | 788 |
| 商誉 | 6 | 8 | 股东权益： | | |
| 长期待摊费用 | 5 | 15 | 股本 | 100 | 100 |
| 递延所得税资产 | 0 | 0 | 资本公积 | 10 | 10 |
| 其他非流动资产 | 3 | 0 | 减：库存股 | 0 | 0 |
| 非流动资产合计 | 1292 | 1062 | 盈余公积 | 70 | 40 |
| | | | 未分配利润 | 800 | 730 |
| | | | 股东权益合计 | 980 | 880 |
| 资产总计 | 1 988 | 1 668 | 负债及股东权益总计 | 1 988 | 1 668 |

**表 3.2　利润表**

编制单位：耀芯股份有限公司　　　　20×9 年　　　　单位：万元

| 项目 | 本年金额 | 上年金额 |
|---|---|---|
| 一、营业收入 | 2 980 | 2 800 |
| 减：营业成本 | 2 560 | 2 490 |
| 销售费用 | 20 | 30 |
| 管理费用 | 50 | 40 |

表3.2(续)

| 项目 | 本年金额 | 上年金额 |
|---|---|---|
| 研发费用 | 0 | 0 |
| 财务费用 | 100 | 98 |
| 其中：利息费用 | 120 | 112 |
| 利息收入 | 20 | 14 |
| 资产减值损失 | 0 | 0 |
| 信用减值损失 | 0 | 0 |
| 加：公允价值变动收益（损失以“-”号填列） | 0 | 28 |
| 投资收益 | 8 | 0 |
| 二、营业利润 | 258 | 170 |
| 加：营业外收入 | 23 | 72 |
| 减：营业外支出 | 6 | 0 |
| 三、利润总额 | 275 | 242 |
| 减：所得税费用 | 68.75 | 60.5 |
| 四、净利润 | 206.25 | 181.5 |

## 一、偿债能力指标

偿债能力指标是分析企业偿还到期债务的能力。因为债务按到期时间分为短期债务和长期债务，所以偿债能力分析也分为短期偿债能力分析和长期偿债能力分析两个方面。

（一）短期偿债能力指标

1. 流动比率

流动比率是流动资产和流动负债的比率，反映可在短期内转变为现金的流动资产偿还到期流动负债能力。即：

$$流动比率=\frac{流动资产}{流动负债}=\frac{696}{296}=2.35 \tag{3-4}$$

流动资产一般包括现金、有价证券、应收账款及存货，流动资产的变现能力较强。流动负债一般包括应付账款、短期应付票据、本年到期的债务、应付未付的所得税及其他未付开支等。通常情况下，偿付流动负债是需要现金支付的形式。如果一个公司遇到财务困难，它会延缓应付账款的支付，拖欠银行贷款等等。为了支付到期的债务，企业必须及时使流动资产转化为足以支付债务的现金。因此，使流动资产与流动负债之间保持一定的比例，是使企业具备一定偿债能力所必需的。如果流动负债上升的速度过快，会使流动比率下降，从而增加财务方面的风险。

2. 速动比率

速动比率是企业速动资产与流动负债的比值。速动资产指的是剔除了变现能力相对较差的流动资产后的资产。即：

$$速动比率=\frac{速动资产}{流动负债}=\frac{696-119-77}{296}=1.69 \quad (3-5)$$

存货、1 年内到期的非流动资产等是流动资产中流动性最小的，换言之，它们的变现能力不如货币资金、交易性金融资产和各种应收、预付款项强。因此，在短期清偿债务时，存货等流动资产将遭遇比其他流动资产更大的损失。所以，了解一个企业不依靠出售存货的方式来清偿债务的能力是非常重要的。如果企业的速动比率小于 1.0，则表明其清偿债务后，可能还需要变存货来还债，这种情况需要引起财务人员的警惕。但是，即使速动比率大于 1.0 ，也不能绝对保证企业有很强的短期偿债能力，因为当企业速动资产中含有大量不良应收账款时，或企业的短期股票投资套牢而转化为事实上的长期投资时，企业都具有较大的短期偿债风险。因此，该比率应与速动资产变现能力、应收账款周转率及坏账准备率等相关指标结合起来分析。

(二) 长期偿债能力指标

1. 资产负债率

资产负债率是企业负债总额对资产总额的比率。即：

$$资产负债率=\frac{总负债}{总资产}=\frac{1\ 028}{1\ 988}=0.52 \quad (3-6)$$

资产负债率表明在企业资产总额中债权人提供资金所占的比重，以及企业在清算时资产对债权人利益的保障程度。因而对于资产负债率的高低问题，不同的对象会有不一样的期许。比如债权人，喜欢负债率较低的企业，因为一旦企业发生清偿事件，债权人的保障会多一些。而由于股东可以利用财务杠杆增加收益，所以股东一般喜欢较高负债率。当然，负债率高，企业财务风险也增大。反之亦然。

2. 利息保障倍数

利息保障倍数是指息税前利润对利息费用的倍数。即：

$$利息保障倍数=\frac{息税前利润}{利息费用}=\frac{净利润+利息费用+所得税费用}{利息费用} \quad (3-7)$$

$$=\frac{206.25+100+68.75}{100}=3.75$$

这里分子的“利息费用”是指本期全部费用化的利息；而分母的“利息费用”是指本期的全部应付利息，不仅包括费用化的部分，还包括了资本化的部分。在会计实务中，如果本期资本化利息金额较小，可直接将财务费用金额作为分母中的利息费用处理。利息保障倍数反映了获利能力对债务偿付的保证程度，即：每 1 元的利息支出，有多少的息税前利润作为保障。利息保障倍数越大，利息支付越有保障。换言之，如果利息支付缺乏保障，那么归还本金就难上加难了。因此，利息保障倍数可以反映长期偿债能力。

## 二、营运能力指标

营运能力指标是衡量企业资产管理效率的财务比率。其通常包括存货周转率、应收账款周转率、流动资产周转率、总资产周转率等。

（一）存货周转率

存货周转率是销售收入与存货的比率。即：

$$存货周转率=\frac{销售收入}{平均存货}=\frac{2\ 980}{(119+326)\ /2}=13.39 \quad (3-8)$$

计算存货周转率时，对于分子所用的数据，到底是“销售收入”还是“销售成本”一直存在争议。一部分人认为使用商品销售额会夸大存货周转率，不能客观度量存货管理能力。但是，实际上要看分析的目的：在短期偿债能力分析中，为了评估资产的变现能力需要计量存货转换为现金的金额和时间，应采用“销售收入”；在分解总资产周转率时，为系统分析各项资产的周转情况并识别主要的影响因素，应统一使用“销售收入”；若是为了评估存货管理的业绩，应当使用“销售成本”，使其分子分母保持一致。而对于分母使用的“存货”数据应使用年平均存货额（至少应使用期初和期末的平均值）。因为年末值是时点数据，受多种因素影响，期末值可能突然增多或减少，使用平均值是为了剔除这种突然事件的影响。

存货周转速度越快，存货的占用水平越低，流动性越强，存货转换为现金、应收账款等的速度越快；而存货周转速度慢，则变现能力越差。通过对存货周转率的分析，有利于找出存货管理存在的问题，使存货管理在保证生产经营连续性的同时，尽可能降低资金占用水平，提高资金的使用效率。

（二）应收账款周转率

应收账款周转率是销售收入与应收账款的比率。即：

$$应收账款转率=\frac{销售收入}{应收账款平均余额}=\frac{2\ 980}{(400+195)\ /2}=10.02 \quad (3-9)$$

应收账款周转率是反映应收账款周转速度的指标，反映企业应收账款变现速度的快慢及管理效率的高低。应收账款周转率越高，平均变现期越短，说明应收账款的收回越快。否则，企业的营运资金会过多地留滞在应收账款上，影响资金的正常周转。应收账款的回收直接影响企业现金回收和短期债务的清偿，必须给予重视。应收账款年末余额和存货年末余额较为类似，也是特定时点的存量，容易受季节、人为等因素的影响。所以一般来说，在使用该比率进行业绩评价时，可取应收账款年初和年末的平均值，以减少主客观因素的影响。

（三）流动资产周转率

流动资产周转率是销售收入与流动资产平均额的比率。即：

$$流动资产周转率=\frac{销售收入}{流动资产平均额}=\frac{2\ 980}{(696+606)/2}=4.58 \quad (3-10)$$

流动资产周转率将企业的销售收入与经营活动中最具活力的流动资产相比较，既能反映企业一定时期流动资产周转速度和使用效率，又能进一步体现单位流动资产实现价值补偿的高低，以及补偿速度的快慢。流动资产周转速度越快，说明利用越好。因为其意义相当于流动资产投入的扩大，在某种程度上增强了企业的盈利能力；而流动资产周转速度越慢，说明需要补充流动资产参与周转，形成资源的浪费，降低了企业的盈利能力。

（四）总资产周转率

总资产周转率是销售收入除以资产平均额。即：

$$总资产周转率=\frac{销售收入}{总资产平均额}=\frac{2\ 980}{(1\ 988+1\ 688)/2}=1.62 \tag{3-11}$$

总资产周转率是用来考察企业全部资产的利用情况，因为企业的销售收入是利用其资产创造的。企业资产利用越充分，给企业创造的收益越高。若企业总资产利用率较低，说明企业的资产并未得到充分利用，如果存在闲置的资产，则应尽早变现，如果存在未完工的在建工程，则说明占用的资产暂时不能为企业带来收益。

## 三、盈利能力指标

盈利能力指标是分析企业获取利润的能力。通常表现为一定时期内企业收益数额的多少及其水平的高低。对经营者来讲，通过对盈利能力的分析，可以发现经营管理环节出现的问题，从而达到对公司利润率的深层次分析。

（一）销售净利率

销售净利率是净利润与销售收入的比率。即：

$$销售净利率=\frac{净利润}{销售收入}=\frac{206.25}{2\ 980}=0.07 \tag{3-12}$$

销售净利率是盈利能力分析中主要的分析指标，反映了企业一定时期的获利能力。该指标越高，表明企业的市场竞争力越强，发展潜力越大。但该指标很难反映获利的稳定性和持久性，并且该比率受企业筹资决策的影响。

（二）总资产净利率

总资产净利率是净利润与平均总资产的比率。即：

$$总资产净利率=\frac{净利润}{平均总资产}=\frac{206.25}{(1\ 988+1\ 688)/2}=11.28\% \tag{3-13}$$

总资产净利率反映的是每一单位总资产创造的净利润，即单位资产的收益水平，是企业盈利能力的关键。该指标越高，表明企业投入产出的水平越好，企业的全部资产总体运营效益越高。通常情况下，企业可将该指标与市场资本利率进行比较，如果该指标大于市场利率，则表面企业可以充分利用财务杠杆进行负债经营，以尽可能少地投入获取尽可能多的收益。

（三）净资产收益率

净资产收益率是净利润与平均净资产的比率。即：

$$净资产收益率=\frac{净利润}{平均净资产}=\frac{206.25}{(980+880)/2}=22.18\% \tag{3-14}$$

净资产收益率代表每一单位净资产实现的净利润，并能够衡量企业的总体盈利能力。该指标对于企业股东来说，具有良好的综合性，因为其分母代表的是股东的投入，而分子则代表股东的收益，完整地概括了企业的全部经营业绩和财务业绩。

## 四、发展能力指标

发展能力指标是分析企业在生存基础上，扩大规模，壮大实力的潜在能力。

（一）营业收入增长率

营业收入增长率是企业本年主营业务收入增长与上年主营业务收入总额的比率。即：

$$营业收入增长率=\frac{本年营业收入增长额}{上年主营业务收入总额}=\frac{2\,980-2\,800}{2\,800}=0.06 \tag{3-15}$$

营业收入增长率反映企业主营业务收入的增减变动情况，是评价企业成长状况和发展能力的重要指标。该指标若大于0，表明企业本年的营业收入有所增加，指标越大则表明增长速度越快，企业市场前景越好。而若该指标小于0，则说明企业产品或服务无法适销对路，或售后服务等方面存在问题，导致市场份额萎缩。应结合企业历年的主营业务收入水平、企业市场占有情况、行业未来发展等因素对营业收入增长率指标进行分析。

（二）总资产增长率

总资产增长率是企业本年总资产增长额同年初资产总额的比率。即：

$$总资产增长率=\frac{本年总资产增长额}{年初资产总额}=\frac{1\,988-1\,668}{1\,688}=0.19 \tag{3-16}$$

总资产增长率是对企业本期资产规模的增长情况进行反映。从资产总量增长方面衡量企业的发展能力，表明企业规模增长水平对企业发展后劲的影响。该指标越高，表明企业一定时期内资产经营规模扩张的速度越快。但在实际分析时，还应综合考虑资产规模扩张的质和量的关系，以及企业后续发展能力，避免资产盲目扩张，使总资产增长率维持在一个合理的水平上。

# 第三节　财务报表综合分析

## 一、杜邦分析法

杜邦财务分析体系，该体系由美国杜邦公司在20世纪20年代首创，经过多次改进，逐渐把各种财务指标结合成一个体系，故又称之为杜邦体系。它是指利用各主要财务比率指标之间的内在联系，对企业财务状况及经济效益进行综合评价的方法。该体系以净资产收益率为核心，将其分解为若干财务指标，通过分析各分解指标的变动对净资产收益率的影响来揭示企业获利能力及其变动原因。

在杜邦财务分析体系中，主要包括了以下几层指标之间的关系：

$$1.\ \text{净资产收益率}=\frac{\text{净利润}}{\text{净资产}}=\frac{\text{净利润}}{\text{总资产}}\times\frac{\text{总资产}}{\text{净资产}}=\text{总资产收益率}\times\text{权益乘数} \quad (3-17)$$

$$2.\ \text{总资产收益率}=\frac{\text{净利润}}{\text{总资产}}=\frac{\text{净利润}}{\text{营业收入}}\times\frac{\text{营业收入}}{\text{总资产}}=\text{销售净利率}\times\text{总资产周转率} \quad (3-18)$$

从以上关系可以看出，企业净资产收益率的影响因素有销售净利率、总资产周转率、权益乘数。这样分解后，可以清楚地分析引起企业净资产收益变动的具体原因。用图 3.1 更能体现杜邦分析体系全面结构。

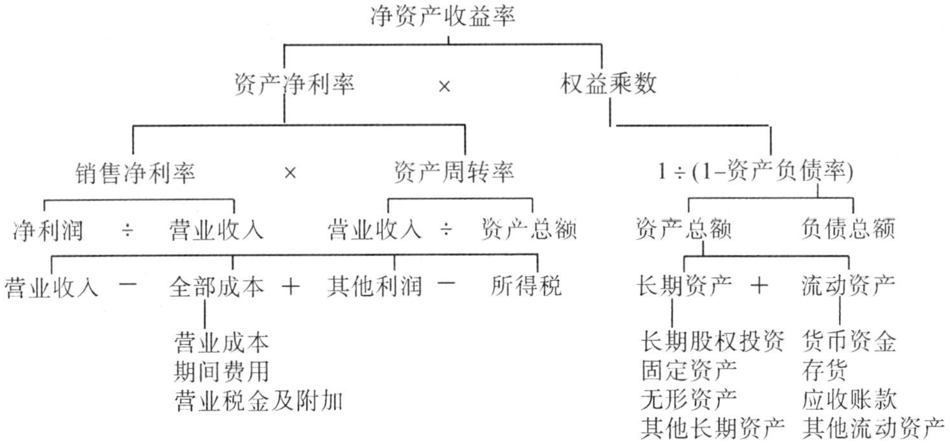


**图 3.1　杜邦财务分析体系**

杜邦财务分析体系为进行财务综合分析提供了全面、清晰、极具价值的财务信息。

第一，净资产收益率是杜邦财务分析体系的核心指标，反映企业所有者投入资本获利能力的强弱，能体现企业经营目标。同时，净资产收益率的高低影响因素主要有三个方面，销售净利率、总资产周转率、权益乘数，综合反映企业盈利能力、营运能力、偿债能力。所以，净资产收益率是企业财务活动效率的总体表现，是企业所有者、经营中都十分关心的重要财务指标。

第二，销售净利率是反映企业盈利能力强弱的重要指标。它反映了企业净利润与销售收入的对比关系，当销售收入一定的情况下，净利润的大小取决于成本费用总额的多少。因此，销售净利率的高低主要受到销售收入、成本费用的共同影响。要提高销售净利率，一方面扩大销售收入，另一方面降低成本费用。销售收入的扩大既可以提高销售净利率，又可以加快资产的周转速度。降低成本费用是提高销售净利率的一个重要因素，通过杜邦财务分析体系，可以判断企业各项成本费用控制是否合理，从而找出控制成本费用的有效方法。

第三，总资产周转率是反映企业营运能力强弱的重要指标。企业总资产由流动资产和非流动资产组成，流动资产体现企业的偿债能力和变现能力，具有收益性小、流动性强的特点。非流动资产则体现企业的经营规模、发展潜力，具有收益性高、流动性弱的特点。企业需要根据自身实际情况，确定合理的资产结构，保证在风险承受范围内提高资产的收益能力。

第四，权益乘数是反映企业偿债能力强弱的重要指标，它体现了企业的资本结构。权益乘数越高，表明企业负债利用率越高，给企业带来的财务杠杆利益越高，承担的风险也越高。权益乘数越低，表明企业负债利用率越低，财务杠杆利益越低，风险较大。因此，企业需要结合实际情况，确定合理的资本结构。在资产总额不变的条件下，适度负债经营，减少所有者权益份额，提高净资产收益率。

杜邦财务分析体系不仅可以了解企业总体财务状况，而且可以分析各主要指标变动的相互影响以及变动原因。同时，杜邦财务分析体系可以结合企业几期的财务数据，利用因素分析法研究各个具体指标变动对净资产收益率的影响程度。为决策者提高净资产收益率提供思路。

## 二、沃尔比重评分法

沃尔比重评分法是美国财务学家亚历山大·沃尔所创建的综合分析方法，1928年出版的《信用晴雨表研究》和《财务报表比率分析》中提出了信用能力指数的概念，设计了综合比率评价体系。该体系包括七个评价指标，设定了评价标准和权重，以此评价企业的财务状况。具体见表3.3所示。

**表3.3　沃尔比重评分表**

| 财务比率（$R_i$） | 标准比率（$Z_i$） | 权重（$W_i$） |
|---|---|---|
| 1. 流动比率 | 2 | 25% |
| 2. 净资产/负债 | 1.5 | 25% |
| 3. 资产/固定资产 | 2.5 | 15% |
| 4. 销售成本/存货 | 8 | 10% |
| 5. 销售额/应收账款 | 6 | 10% |
| 6. 销售额/固定资产 | 4 | 10% |
| 7. 销售额/净资产 | 3 | 5% |

沃尔比重评分法公式：$I=\sum_{i} W_i \times \frac{R_i}{Z_i}$　　(3-19)

式中：$W_i$——财务比率权重；

$R_i$——财务比率数值；

$Z_i$——财务比率标准比率。

沃尔比重评分法是以以上七个指标为分析体系，对企业综合财务状况进行评价。七个指标反映了企业偿债能力、营运能力与资产结构状况。沃尔认为，每个指标对企业财务状况的反映程度不同，因此对七个指标设定不同的权重，采用加权平均法来计算企业整体财务状况。权重是指各指标在总评分（总分 100）中所占的比重，标准比率是各指标的比较对象。具体评价时，将企业的实际指标分别与上述七个指标标准值进行比较，计算出每个指标的相对比率，再乘以对应权重，得到各项指标评价分数。最后，将各项指标分数求和，得到企业综合评价得分。一般认为，总评分接近 100 分说明企业的整体财务状况良好，总评分远远低于 100，说明企业的整体财务状况较差。

【例 3-1】某公司流动比率、净资产/负债、资产/固定资产、销售成本/存货、销售额/应收账款、销售额/固定资产、销售额/净资产指标分为 1.8、1.4、2.6、9、5.6、3.8、2。用沃尔比重评分对该公司进行综合评分为表 3.4 所示。

**表 3.4　沃尔比重评分计算表**

| 评价指标 | 权重(1) | 标准比率(2) | 实际比率(3) | 相对比率(4)=(3)/(2) | 实际得分(5)=(1)*(4) |
|---|---|---|---|---|---|
| 1. 流动比率 | 25% | 2 | 1.8 | 0.90 | 22.50% |
| 2. 净资产/负债 | 25% | 1.5 | 1.4 | 0.93 | 23.33% |
| 3. 资产/固定资产 | 15% | 2.5 | 2.6 | 1.04 | 15.60% |
| 4. 销售成本/存货 | 10% | 8 | 9 | 1.13 | 11.25% |
| 5. 销售额/应收账款 | 10% | 6 | 5.6 | 0.93 | 9.33% |
| 6. 销售额/固定资产 | 10% | 4 | 3.8 | 0.95 | 9.50% |
| 7. 销售额/净资产 | 5% | 3 | 2 | 0.67 | 3.33% |
| 合计 | 100% | | | | 94.85% |

通过沃尔比重评分法计算出，该企业实际总得分为 94.85，接近 100 分，说明该企业的整体财务状况良好。

沃尔比重评分法具有简单、易懂、可操作的优点。但是，该方法仍存在需要改进的地方。

第一，沃尔比重评分体系选择的评价指标缺乏理论依据。沃尔并没有证明为何综合评价选择这七个指标，而不是其他的财务指标。

第二，七个指标设置的权重和标准未做说明。沃尔只说明七个指标的权重是依据其重要程度设定，没有明确的科学依据。同时，各项指标的标准比率值是否应该区分不同行业而有所区别？

第三，总评分会受到指标异常的影响。例如，流动比率指标值非常高，对应流动比率评分很高，净资产/负债指标值很低，对应指标得分很低。而总分会因为这两个指标的一高一低相互抵消，进而无法客观评价企业综合财务状况。

## 三、综合绩效评价法

综合绩效评价是综合分析的一种，现主要使用国资委《中央企业综合绩效评价实施细则》中建立的评价体系。该体系主要包括定量评价与定性评价两大部分。

### （一）管理绩效定性评价

定性评价通常是邀请相关专家对企业八个管理指标进行评价、打分。包括战略管理、发展创新、经营决策、风险控制、基础管理、人力资源、行业影响、社会贡献等八个方面的指标，主要反映企业在一定经营期间所采取的各项管理措施及其管理成效。

（1）战略管理评价主要反映企业所制定战略规划的科学性，战略规划是否符合企业实际，员工对战略规划的认知程度，战略规划的保障措施及其执行力，以及战略规划的实施效果等方面的情况。

（2）发展创新评价主要反映企业在经营管理创新、工艺革新、技术改造、新产品开发、品牌培育、市场拓展、专利申请及核心技术研发等方面的措施及成效。

（3）经营决策评价主要反映企业在决策管理、决策程序、决策方法、决策执行、决策监督、责任追究等方面采取的措施及实施效果，重点反映企业是否存在重大经营决策失误。

（4）风险控制评价主要反映企业在财务风险、市场风险、技术风险、管理风险、信用风险和道德风险等方面的管理与控制措施及效果，包括风险控制标准、风险评估程序、风险防范与化解措施等。

（5）基础管理评价主要反映企业在制度建设、内部控制、重大事项管理、信息化建设、标准化管理等方面的情况，包括财务管理、对外投资、采购与销售、存货管理、质量管理、安全管理、法律事务等。

（6）人力资源评价主要反映企业人才结构、人才培养、人才引进、人才储备、人事调配、员工绩效管理、分配与激励、企业文化建设、员工工作热情等方面的情况。

（7）行业影响评价主要反映企业主管业务的市场占有率、对国民经济及区域经济的影响与带动力、主要产品的市场认可程度、是否具有核心竞争能力以及产业引导能力等方面的情况。

（8）社会贡献评价主要反映企业在资源节约、环境保护、吸纳就业、工资福利、安全生产、上缴税收、商业诚信、和谐社会建设等方面的贡献程度和社会责任的履行情况。

（二）财务绩效定量评价

企业财务综合绩效定量评价指标由反映企业盈利能力状况、资产质量状况、债务风险状况和经营增长状况等四个方面的八个基本指标以及十四个修正指标构成，用于综合评价企业财务会计报表所反映的经营绩效状况。

1. 企业盈利能力状况以净资产收益率、总资产报酬率两个基本指标和销售（营业）利润率、利润现金保障倍数、成本费用利润率、资本收益率四个修正指标进行评价，主要反映企业一定经营期间的投入产出水平和盈利质量。

2. 企业资产质量状况以总资产周转率、应收账款周转率两个基本指标和不良资产比率、流动资产周转率、资产现金回收率三个修正指标进行评价，主要反映企业所占用经济资源的利用效率、资产管理水平与资产的安全性。

3. 企业债务风险状况以资产负债率、已获利息倍数两个基本指标和速动比率、现金流动负债比率、带息负债比率、或有负债比率四个修正指标进行评价，主要反映企业的债务负担水平、偿债能力及其面临的债务风险。

4. 企业经营增长状况以销售（营业）增长率、资本保值增值率两个基本指标和销售（营业）利润增长率、总资产增长率、技术投入比率三个修正指标，主要反映企业的经营增长水平、资本增值状况及发展后劲。

各指标评价指标与权重如表 3.5 所示。

**表 3.5　企业绩效评价指标体系**

| 评价内容与权数 | | 财务绩效（70%） | | | | 管理绩效（30%） | |
|---|---|---|---|---|---|---|---|
| | | 基本指标 | 权数 | 修正指标 | 权数 | 评议指标 | 权数 |
| 盈利能力状况 | 34 | 净资产收益率 | 20 | 销售（营业）利润率 | 10 | 战略管理 | 18 |
| | | 总资产报酬率 | 14 | 盈余现金保障倍数 | 9 | 发展创新 | 15 |
| | | | | 成本费用利润率 | 8 | 经营决策 | 16 |
| | | | | 资本收益率 | 7 | 风险控制 | 13 |
| 资产质量状况 | 22 | 总资产周转率 | 10 | 不良资产比率 | 9 | 基础管理 | 14 |
| | | 应收账款周转率 | 12 | 流动资产比率 | 7 | 人力资源 | 8 |
| | | | | 资产现金回收率 | 6 | 行业影响 | 8 |
| 债务风险状况 | 22 | 资产负债率 | 12 | 速动比率 | 6 | 社会贡献 | 8 |
| | | 已获利息倍数 | 10 | 现金流动负债比率 | 6 | | |
| | | | | 带息负债比率 | 5 | | |
| | | | | 或有负债比率 | 5 | | |
| 经营增长状况 | 22 | 销售（营业）增长率 | 12 | 销售（营业）利润增长率 | 10 | | |
| | | 资本保值增值率 | 10 | 总资产增长率 | 7 | | |
| | | | | 技术投入比率 | 5 | | |

（三）综合绩效评价标准

综合绩效评价标准分为财务绩效定量评价标准和管理绩效定性评价标准。

1. 财务绩效定量评价标准

不同行业、不同规模企业的定量财务指标不具备可比性。因此，财务绩效定量评价标准应体现企业规模不同、行业不同之间的区别。《中央企业综合绩效评价》中定量评价标准是根据企业年度财务和经营管理统计数据，运用数理统计方法，分年度、分行业、分规模统一测算出的不同比较标准，按照不同行业、不同规模及指标类别，划分为优秀（A）、良好（B）、平均（C）、较低（D）、较差（E）五个档次，对应五档评价标准的标准系数分别为1.0、0.8、0.6、0.4、0.2，较差（E）以下为0。

2. 管理绩效定性评价标准

管理绩效定性评价标准分为优（A）、良（B）、中（C）、低（D）、差（E）五个档次。对应五档评价标准的标准系数分别为1.0、0.8、0.6、0.4、0.2，差（E）以下为0。

管理绩效定性评价标准具有行业普遍性和一般性，在进行评价时，应当根据不同行业的经营特点，灵活把握个别指标的标准尺度。对于定性评价标准没有列示，但对被评价企业经营绩效产生重要影响的因素，在评价时也应予考虑。

（四）财务绩效评价计分方法

1. 基本指标计分

财务绩效定量评价基本指标计分是按照功效系数法计分原理，将评价指标实际值对照行业评价标准值，按照规定的计分公式计算各项基本指标得分。计算公式为：

基本指标总得分＝$\sum$单项基本指标得分

单项基本指标得分＝本档基础分+调整分

本档基础分＝指标权数×本档标准系数

调整分＝功效系数×（上档基础分－本档基础分）

上档基础分＝指标权数×上档标准系数

功效系数＝（实际值－本档标准值）/（上档标准值－本档标准值）

本档标准值是指上下两档标准值居于较低等级一档。

2. 修正指标的计分

财务绩效定量评价修正指标的计分是在基本指标计分结果的基础上，运用功效系数法原理，分别计算盈利能力、资产质量、债务风险和经营增长四个部分的综合修正系数，再据此计算出修正后的分数。计算公式为：

修正后总得分＝$\sum$各部分修正后得分

各部分修正后得分＝各部分基本指标分数×该部分综合修正系数

某部分综合修正系数＝$\sum$该部分各项修正指标加权修正系数

某指标加权修正系数=（修正指标权数/该部分权数）×该指标单项修正系数

某指标单项修正系数=1.0+（本档标准系数+功效系数×0.2-该部分基本指标分析系数），单项修正系数控制修正幅度为0.7~1.3。

某部分基本指标分析系数=该部分基本指标得分/该部分权数

在计算修正指标单项修正系数过程中，对于一些特殊情况做如下处理：

（1）如果修正指标实际值达到优秀值以上，其单项修正系数计算公式如下：

单项修正系数 = 1.2+本档标准系数-该部分基本指标分析系数

（2）如果修正指标实际值处于较差值以下，其单项修正系数的计算公式如下：

单项修正系数 = 1.0-该部分基本指标分析系数

（3）如果资产负债率≥100%，指标得0分；其他情况按照规定的公式计分。

（4）如果盈余现金保障利润分子为正数，分母为负数，单项修正系数确定为1.1；如果分子为负数，分母为正数，单项修正系数确定为0.9；如果分子分母同为负数，单项修正系数确定为0.8。

（5）如果不良资产比率≥100%或分母为负数，单项修正系数确定为0.8。

（6）对于销售（营业）利润增长率指标，如果上年主营业务利润为负数，本年为正数，单项修正系数为1.1；如果上年主营业务利润为零，本年为正数，或者上年为负数本年为零，单项修正系数确定为1.0。

（7）如果个别指标难以确定行业标准，该指标单项修正系数确定为1.0。

3. 定性指标计分方法

根据国资委《中央企业综合绩效评价实施细则》规定，定性评价计分方法通常通过专家评议打分形式完成，聘请的专家应不少于7名；评议专家应当在充分了解企业管理绩效状况的基础上，对照评价参考标准，采取综合分析判断法，对企业管理绩效指标做出分析评议，评判各项指标所处的水平档次，并直接给出评价分数。计分公式为：

管理绩效定性评价指标分数 = $\sum$ 单项指标分数

单项指标分数 = （ $\sum$ 每位专家给定的单项指标分数 ）/专家人数

4. 绩效评价综合分数

在得出财务绩效定量评价分数和管理绩效定性评价分数后，应当按照规定的权重，耦合形成综合绩效评价分数。计算公式为：

企业综合绩效评价分数=绩效定量评价分数×70%+绩效定性评价分数×30%

在得出评价分数以后，应当计算年度之间的绩效改进度，以反映企业年度之间经营绩效的变化状况。计算公式为：

绩效改进度=本期绩效评价分数/基期绩效评价分数

绩效改进度大于1，说明经营绩效上升；绩效改进度小于1，说明经营绩效下滑。

### （五）企业综合绩效评价结果与评价报告

企业综合绩效评价结果以评价得分、评价类型和评价级别表示。

评价类型是根据评价分数对企业综合绩效所划分的水平档次，用文字和字母表示，分为优（A）、良（B）、中（C）、低（D）、差（E）五种类型。

评价级别是对每种类型再划分级次，以体现同一评价类型的不同差异，采用在字母后标注“+、-”号的方式表示。

企业综合绩效评价结果以85、70、50、40分作为类型判定的分数线。

1. 评价得分达到85分以上（含85分）的评价类型为优（A），在此基础上划分为三个级别，分别为：A++≥95分；95分 > A+ ≥ 90分；90分 > A ≥ 85分。

2. 评价得分达到70分以上（含70分）不足85分的评价类型为良（B），在此基础上划分为三个级别，分别为：85分>B+≥80分；80分>B≥75分，75分>B-≥70分。

3. 评价得分达到50分以上（含50分）不足70分的评价类型为中（C），在此基础上划分为两个级别，分别为：70分 > C ≥ 60分；60分 > C- ≥ 50分。

4. 评价得分在40分以上（含40分）不足50分的评价类型为低（D）。

5. 评价得分在40分以下的评价类型为差（E）。

## 思考题

1. 进行财务分析的目的有哪些？
2. 财务分析有哪些基本方法？
3. 短期偿债能力有哪些指标以及其公式？
4. 杜邦分析体系的核心指标以及其分解公式是什么？

# 第四章　筹资管理

## 第一节　筹资概述

### 一、筹资的含义及作用

筹资是指企业根据其生产经营、投资以及调整资金结构等需要，通过一定的渠道、选取适当的方式，获取所需资金的一种行为。资金是企业设立、生存和发展的物质基础，是企业开展生产经营活动的基本前提。筹资活动是企业一项重要的财务活动。如果说企业的财务活动是以现金收支为主的资金流转活动，那么筹资活动则是资金运转的起点。筹资管理是企业财务管理的一项基本内容。

企业筹资的具体动机多种多样，有的为购置新设备，有的为开发新产品，有的为并购其他企业，有的为资金周转与调度，等等。企业筹资动机有时是单一的，有时是复合的。归纳起来主要有三种动机：

（一）扩张性筹资动机

扩张性筹资动机，是指企业为扩大生产经营规模的需要，而产生的追加筹资动机。特别是处于成长期的、发展前景良好的企业，通常会产生这种筹资动机。比如，企业为开发生产适销对路的新产品，往往需要追加筹资。扩张性筹资动机会导致企业资产总额和资本总额的增加。

（二）调整性筹资动机

调整性筹资动机，是指企业因调整现有资本结构的需要，而产生的筹资动机。资本结构是指企业各种筹资构成及其比例关系，是企业各种筹资方式组合形成的。不同时期，企业由于筹资方式的不同组合，会形成不同的资本结构，随着情况的变化，现有资本结构可能不再合理，需要调整，进而产生筹资行为。比如，采取债转股等措施，使得资本结构趋于合理。

（三）混合性筹资动机

混合性筹资动机，是指企业既为了扩大规模，又为了调整资本结构而产生的筹资动机。在这种动机的驱使下，企业通过筹资，既可扩大资产、资本规模，又调整了资本结构。

## 二、筹资的分类

企业筹资的资金可以按不同的标准进行分类。

（一）按资金使用期限的长短分类

按所筹集资金的使用期限不同，可把企业筹集的资金分为短期资金和长期资金两种。

长期资金一般是指供企业使用期限在 1 年以上的资金。长期资金主要用于新产品的开发和推广、扩大企业的生产经营规模、设备和技术的改造更新等，一般需要几年甚至十几年才能收回。长期资金通常采取吸收直接投资、发行股票、发行债券、取得长期借款、融资租赁和内部积累等方式来筹集。

短期资金一般是指供企业 1 年以内使用的资金。短期资金主要用于企业的流动资产和日常资金周转，一般在短期内可收回。短期资金经常利用商业信用、短期借款等方式来筹集。

（二）按资金权益特征分类

按企业所取得资金的权益特性不同，可把企业筹集的资金分为所有者权益和负债两大类。

所有者权益是指企业所有者在企业资产中所享有的经济利益，其金额为资产减去负债后的余额，包括投资者投入企业的资本以及企业持续经营中形成的经营积累，如资本公积、盈余公积和未分配利润等。企业通过发行股票、吸收直接投资、留存收益等方式筹集的资金都属于企业的所有者权益。所有者权益不用归还本金，因而称为企业的自有资金或权益资金。企业采用自有资金的方式筹集资金，财务风险小，但付出的资本成本相对较高。

负债是指企业过去的交易事项形成的现时义务，履行该义务预期会导致经济利益流出企业。企业通过向金融机构借款、发行债券、融资租赁等方式筹集的资金属于企业的负债，到期要归还本金，因而又称为企业的借入资金或负债资金。借入资金因为要还本付息，所以一般承担较大的风险，但相对而言，付出的资本成本较低。

（三）按资金筹集是否以金融机构为媒介分类

按筹集资金是否以金融机构为媒介，可以分为直接筹资和间接筹资两种类型。

直接筹资，是指企业直接与资金供应者协商融通资本。直接筹资方式主要有吸收直接投资、发行股票、发行债券等。通过直接筹资，既可以筹集股权资金，也可以筹集债务资金。按法律规定，发行股票、债券等有价证券需要通过证券公司等中介机构进行，但证券公司只是起到承销的作用，资金拥有者并未向证券公司让渡资金使用权，因此发行股票、债券属于直接向社会筹资。

间接筹资，是指企业借助银行等金融机构融通资本。在间接筹资方式下，银行等金融机构发挥了中介的作用，预先集聚资金，资金拥有者首先向银行等金融机构让渡资金的使用权，然后由银行等金融机构将资金提供给企业。间接筹资的主要方式有向银行借款、融资租赁等。

（四）按资金来源范围分类

按资金的来源范围不同，可分为内部筹资和外部筹资两种类型。

内部筹资是指在企业内部，通过留存利润而形成的筹资来源。内部筹资一般无须花费筹资费用，其数额的大小主要取决于企业可分配利润的多少和利润分配政策（或股利政策）。

外部筹资是指企业向外部筹集资金而形成的筹资来源。处于初创期的企业，内部筹资的可能性是有限的；处于成长期的企业，内部筹资往往难以满足需要，于是企业就需要广泛地开展外部筹资，如发行股票、债券以及向银行借款等。企业向外部筹资大多需要花费一定的筹资费用。

## 三、企业的筹资渠道与筹资方式

（一）筹资渠道

筹资渠道是指筹措资金的来源方向与通道。我国目前的筹资渠道主要有以下几种：

1. 国家财政资金

国家财政资金是国有企业最主要的资金来源渠道，是国家对企业的直接投资。特别是国有独资企业，其资本全部由国家投资形成。我国现有的国有股份制企业，其股份总额中的国家股就是国家以各种方式向企业投入的资本。从产权关系上看，都属于国家投入的资金，产权归属国家所有。

2. 银行信贷资金

银行信贷资金，是银行对企业的各种贷款，是我国目前各类企业最为重要的资金来源。我国为企业提供资金的银行主要是商业银行和政策性银行。商业银行，是以盈利为主要目标的信用机构，它主要为企业提供各种商业贷款；政策性银行，是国务院直属的政策性金融机构，不以盈利为目的，以贯彻国家产业政策和区域性发展战略为基本职能，为特定企业提供政策性贷款。

3. 非银行金融机构资金

非银行金融机构主要是指信托投资公司、保险公司、租赁公司、证券公司、企业集团所属财务公司等。它们所提供的各种金融服务，既包括信贷资金投放，也包括物资的融通，还包括为企业承销证券等金融服务。

4. 其他企业资金

企业在生产经营过程中，往往有一部分暂时闲置的资金，企业为了一定的目的利用这部分资金，进行相互投资，或在购销活动中，通过商业信用方式形成企业间债权债务关系，这样，使得其他企业资金也成了企业资金的重要来源。

5. 民间资金

民间资金，是指企业职工和居民个人结余货币，作为“游离”于银行及非银行金融机构之外的个人资金，可用于对企业进行投资。随着证券市场的发展，民间资金已成为股份制企业的一条广阔的筹资渠道。

6. 企业内部资本

企业内部资本，是指企业内部形成的资金，也称留存收益。主要包括提取法定盈余公积、任意公积金和未分配利润等。其特点是无须企业通过一定的方式来筹集，而直接由内部自动生成或转移。企业内部资本是企业生产经营资金的重要补充来源。

筹资渠道体现了资金的来源与供应量。由于宏观经济体制、银行体制和金融市场发展速度等因素的影响，各种筹资渠道的资金供应量存在较大差别。因此，认识和了解各种筹资渠道及其特点，有助于企业拓宽和利用筹资渠道。

（二）筹资方式

筹资方式，是指企业筹集资金时，选用的具体形式。目前，我国企业筹资方式主要有以下几种：吸收直接投资、银行借款、发行普通股票、发行优先股票、发行债券、融资租赁等。

（三）筹资渠道与筹资方式的对应关系

筹资渠道解决的是企业的资金来源问题，筹资方式则解决通过何种方式取得资金的问题。企业筹资方式与筹资渠道之间存在一定的对应关系。一定的筹资方式可能只适用于某一特定的筹资渠道；而同一渠道的资金往往可采用不同方式取得。它们之间的对应关系，可用表 4.1 表示。

表 4.1　筹资渠道与筹资方式的对应关系

| | 吸收直接投资 | 发行股票 | 利用留存收益 | 银行借款 | 发行债券 | 融资租赁 |
|---|---|---|---|---|---|---|
| 国家财政资金 | √ | √ | | | | |
| 银行信贷资金 | | | | √ | | |
| 非银行金融机构资金 | √ | √ | | √ | √ | √ |
| 其他企业资金 | √ | √ | | | √ | √ |
| 民间资金 | √ | √ | | | √ | |
| 企业内部资本 | √ | | √ | | | |

## 四、企业筹集管理的基本原则

企业筹集资金时，需要在遵守国家相关法律法规的基础上，分析影响筹资的各种因素，权衡资金数量、成本、风险，筹资方式，筹资渠道等，以求最大限度地获取资金筹集的经济效益。一般来说，企业筹资管理时应把握以下原则：

### （一）合法筹资原则

不论企业采取哪种筹资方式和渠道，企业最终都是向社会获取资金，因此，企业的筹资活动不仅为自身的生产经营提供资金来源，同时也会影响投资者的经济利益，影响社会经济秩序。因此，企业的筹资活动必须遵循国家的相关法律法规，依法履行责任，合法筹资，维护各方的合法权益。

### （二）融资及时原则

企业筹集资金，应当根据资金需求的具体情况，合理预测确定资金需要的时间，合理安排资金的筹集时间，适时获取所需资金，这样，才能使得筹资与用资在时间上相衔接，既避免因过早筹集资金形成的资金闲置，又防止取得资金的时间滞后，错过资金投放的最佳时间。

### （三）规模适当原则

企业不同时期的资金需求量不同，财务人员应当合理预测资金的需要量，确定融资规模，使得筹资规模与资金需要量相匹配，这样，既避免因筹资不足，影响生产经营的正常进行，又要防止筹资过多，造成资金闲置。

### （四）来源合理原则

不同的资金来源渠道为企业提供了融资场所，它反映了资金的分布状况和供求关系，这不但决定了融资的难易程度，也对企业的收益和成本有不同的影响，因此，企业应认真研究资金来源渠道，合理选择资金来源。

### （五）力求降低资金成本、优化资金结构原则

在确定融资数量、融资时间、融资渠道的同时，企业还必须研究各种融资方式。企业融资必然需要付出一定的代价，不同融资方式条件下的资金成本和风险程度不同。为此，企业需要对各种融资方式进行分析、比较，选择经济、可行的融资方式，力求降低筹资成本，确定合理的资金结构，减少风险。

# 第二节 筹资需求预测

筹资需求预测，是指预测资金的需求量。资金需求量是筹资的数量依据。科学合理地预测资金的需求量，既能保证筹集的资金满足企业生产经营的需要，又不会造成资金多余而闲置。预测资金需要量的常用方法有销售百分比法和资金习性预测法。

## 一、销售百分比法

销售百分比法，是根据反映企业生产经营规模的销售因素与反映资金占用的资产因素之间的数量比例关系，预计企业的筹资需要量的预测方法。通常，企业生产经营规模扩大，销售数量越多，需要增加资产，这样必然会引起资金需求增加。销售百分比法首先假设某些资产与销售额存在稳定的百分比关系，根据销售与资产的比例关系预计资产额，根据资产额预计相应的负债和所有者权益，进而确定筹资需要量。

【例 4-1】耀华公司 2010 年 12 月 31 日的简要资产负债表如表 4.2 所示。已知，耀华公司 2010 年销售收入为 10 000 万元，公司还有剩余生产能力（即增加收入无须追加固定资产方面的投资）。销售净利率为 10%，利润留存率为 40%。2011 年销售额预计增长 20%，那么公司需要从外界筹集多少资金？

**表 4.2　耀华公司简要资产负债表**

2010 年 12 月 31 日　　单位：万元

| 资　产 | 金　额 | 负债与权益 | 金　额 |
|---|---|---|---|
| 货币资金 | 500 | 短期借款 | 2 500 |
| 应收账款 | 1 500 | 应付账款 | 1 000 |
| 存　　货 | 3 000 | 预提费用 | 500 |
| 固定资产 | 3 000 | 应付债券 | 1 000 |
| | | 实收资本 | 2 000 |
| | | 留存收益 | 1 000 |
| 合　计 | 8 000 | 合　计 | 8 000 |

首先，确定资产负债表中随销售变动而变动的项目及其关系百分比。本例中，资产方面，由于较多的销售量，需要占用较多的存货，发生较多的应收账款，现金需求也越多，而固定资产不需要增加投资；负债与所有者权益方面，应付账款会随销售的增加而增加，但其余权益项目不会自动增加。如果利润不完全分配出去，留存收益也会适当增加。预计随销售增加而自动增加的项目列示表 4.3 中。表中所示：N 表示该项目不随销售的变化而变化；表中百分数由该项目与销售收入之比求得。

**表 4.3　耀华公司销售百分率表**

| 资　产 | 占销售收入（%） | 负债与权益 | 占销售收入（%） |
|---|---|---|---|
| 货币资金 | 5 | 短期借款 | N |
| 应收账款 | 15 | 应付账款 | 10 |
| 存　　货 | 30 | 预提费用 | 5 |
| 固定资产 | N | 应付债券 | N |
| | | 实收资本 | N |
| | | 留存收益 | N |
| 合　计 | 50 | 合　计 | 15 |

其次，确定需要增加的筹资数量。从表 4.3 中可以看出，销售收入每增加 100 元，会增加 50 元的资金占用，同时增加 15 元的资金来源，还剩 35 元的资金需求。在本例中，预计销售额增长 20%，即增加 2 000 万元，可预测将增加 700 万元的资金需求。又已知，销售净利率为 10%，利润留存率为 40%，即 2011 年的净利润为 1 200 万元，将有 480 万元被企业留存下来，因此，企业还需要从外界融通的资金为 220 元。上述预测外部融资需求量的过程，可用下列公式表示：

$$外部融资需求量=\frac{A}{S_1}\times\Delta S-\frac{B}{S_1}\times\Delta S-P\times E\times S_2 \qquad (4-1)$$

式中：A 为随销售而变化的资产（敏感性资产）；B 为随销售而变化的负债（敏感性负债）；$S_1$ 为基期销售额；$S_2$ 为预测期销售额；$\Delta S$ 为销售变动额；P 为销售净利率；E 为利润留存率；$A/S_1$ 为敏感资产与销售额的关系百分比；$B/S_1$ 为敏感负债与销售额的关系百分比。

根据耀华公司的资料，可求得 2011 年对外融资的需求量为：

外部融资需求量 = 50%×2 000－15%×2 000－10%×40%×12 000 = 220（万元）

销售百分比法是一种简单实用的方法，使用成本低；但它假定资产、负债等与销售额的正比例关系，经常不符合事实，使得其适用范围受到限制。

## 二、资金习性预测法

资金习性预测法，是指根据资金习性预测未来资金需要量的一种方法。所谓资金习性，是指资金的变动同产销量变动之间的依存关系。按照资金同产销量之间的依存关系，可以把资金区分为不变资金、变动资金和半变动资金。

不变资金是指在一定的产销量范围内，不受产销量变动的影响而保持固定不变的那部分资金。这部分资金包括：为维持营业而占用的最低数额的现金，原材料的保险储备，必要的成品储备，厂房、机器设备等固定资产占用的资金。

变动资金是指随产销量的变动而同比例变动的那部分资金，一般包括直接构成产品实体的原材料、外购件等占用的资金。另外，最低储备以外的现金、存货、应收账款等也具有变动资金的性质。

半变动资金是指虽然受产销量变化的影响，但不成同比例变动的资金，如一些辅助材料上占用的资金。半变动资金可采用一定的方法划分为不变资金和变动资金两部分。

进行资金习性分析，把企业的总资金划分为变动资金和不变资金，从数量上了解资金同销售之间的规律性，然后再进行资金需求量的预测。下面主要介绍资金习性预测法中的一种方法，即根据资金占用总额与产销量的关系来预测资金需求量的方法。

根据资金占用总额与产销量的关系预测资金需求量的方法原理是，把资金分为不变和变动两部分。首先，假定资金占用与产销量之间存在线性关系，建立数学模型：Y = a+bX。式中，自变量 X 为产销量，因变量 Y 为资金占用，a 为不变资金，b 为单位产销量所需变动资金。然后，根据历史上企业资金占用总额与产销量之间的关系，用回归直线方程确定模型参数，最后，结合预计销售量，来预测资金需求量。

【例 4-2】某企业历年产销量和资金变化情况如表 4.4 所示，预计 20×9 年销售量为 1 500 万件。试根据资金占用与产销量的关系预测 20×9 年的资金需要量。

**表 4.4　企业产销量与资金占用的历史资料表**

| 年　　度 | 产销量（X）（万件） | 资金占用（Y）（万元） |
|---|---|---|
| 20×3 年 | 1 200 | 1 000 |
| 20×4 年 | 1 100 | 950 |
| 20×5 年 | 1 000 | 900 |
| 20×6 年 | 1 200 | 1 000 |
| 20×7 年 | 1 300 | 1 050 |
| 20×8 年 | 1 400 | 1 100 |

首先，设资金占用与产销量之间关系式为：Y = a+bX。其中，自变量 X 为产销量，因变量 Y 为资金占用。

其次，根据历史数据确定模型中的参数 a 和 b。用回归直线方程确定参数时，需要根据表 4.4 的资料，计算整理出表 4.5 的数据。

**表 4.5　回归方程数据计算表**

| 年　度 | 产销量（X）（万件） | 资金占用（Y）（万元） | XY | $X^2$ |
|---|---|---|---|---|
| 20×3 年 | 1 200 | 1 000 | 1 200 000 | 1 440 000 |
| 20×4 年 | 1 100 | 950 | 1 045 000 | 1 210 000 |
| 20×5 年 | 1 000 | 900 | 900 000 | 1 000 000 |
| 20×6 年 | 1 200 | 1 000 | 1 200 000 | 1 440 000 |
| 20×7 年 | 1 300 | 1 050 | 1 365 000 | 1 690 000 |
| 20×8 年 | 1 400 | 1 100 | 1 540 000 | 1 960 000 |
| 合计 n = 6 | $\sum X = 7\,200$ | $\sum Y_i = 6\,000$ | $\sum XY = 7\,250\,000$ | $\sum X^2 = 8\,740\,00$ |

将表 4.5 的数据代入下列公式，求出 a 和 b。

$$b = \frac{n\sum XY - \sum X \sum Y}{n\sum X^2 - (\sum X)^2} = \frac{6 \times 7\,250\,000 - 7\,200 \times 6\,000}{6 \times 8\,740\,000 - 7\,200^2} = 0.5$$

$a=\sum Y-b\sum X=6\ 000-0.5\times 7\ 200=400$

得到预测模型为：Y = 400+0.5X

最后，将把20×9年预计销售量1 500万件代入上式，得出20×9年资金需要量为：400+0.5×1 500 = 1 150（万元）

进行资金习性分析，应用回归直线方程预测资金需求量的方法应当注意：① 资金需要量与销售业务量之间线性关系的假定应符合实际情况，并预期未来这种关系将保持下去；② 确定a、b数值，所利用的连续若干年的历史资料，一般要有3年以上的资料。

## 第三节　股权筹资方式

股权资本是企业筹集资金的一种重要来源，一般有吸收直接投资、发行普通股和利用留存收益三种形式，涉及企业的注册资本制度。因此，本节首先介绍企业的注册资本制度，然后讲述股权筹资。

### 一、注册资本制度

注册资本制度是国家就企业资本金的筹集、管理以及所有者的责权利等方面所做的法律规范。注册资本是企业法人资格存在的物质条件，是股东对企业承担有限责任的界限，也是股东行使股权的依据和标准。具体来说，注册资本是指企业在工商行政管理部门登记注册的资金总额，是企业权益资本的主要部分，是企业长期稳定拥有的基本资金。注册资本在不同类型的企业中表现形式有所不同，股份有限公司的资本金被称为股本，股份有限公司以外的一般企业的资本金被称为实收资本。

#### （一）资本金的本质特征

从性质上看，资本金是投资者创建企业所投入的资本，是原始启动资金；从功能上看，资本金是投资者用以享有权益和承担责任的资金，有限责任公司和股份有限公司以其资本金为限对所负债务承担有限责任；从法律地位来看，资本金要在工商行政管理部门办理注册登记，投资者只能按所投入的资本金而不是所投入的实际资本数额享有权益和承担责任，已注册的资本金如果追加或减少，必须办理变更登记；从时效来看，除了企业清算、减资、转让回购股权等特殊情形外，投资者不得随意从企业收回资本金，企业可以无限期地占用投资者的出资。

#### （二）注册资本制度的模式

根据各国的情况看，公司注册资本制度的模式有三种：一是实收资本制，在企业成立时一次筹足资本金总额，实收资本与注册资本数额一致，否则企业不能成立；二是授权资本制，在企业成立时不一定一次筹足资本金总额，只要筹集了第一期资本，企业即可成立，其余部分由董事会在企业成立后进行筹集，企业成立时的实收资本与注册资本可能不相一致；三是折中资本制，在企业成立时不一定一次筹足资本金总额，类似于授权资本制，但规定了首期出资的数额或比例及最后一期缴清资本的期限。

《中华人民共和国公司法》(以下简称《公司法》)(2014 年 3 月 1 日起施行）有关注册资本的规定。(1) 有限责任公司的注册资本。第二十六条规定，有限责任公司的注册资本为在公司登记机关登记的全体股东认缴的出资额。法律、行政法规以及国务院决定对有限责任公司注册资本实缴、注册资本最低限额另有规定的，从其规定。(2) 股份有限公司的注册资本。第八十条规定，股份有限公司采取发起设立方式设立的，注册资本为在公司登记机关登记的全体发起人认购的股本总额。在发起人认购的股份缴足前，不得向他人募集股份。股份有限公司采取募集方式设立的，注册资本为在公司登记机关登记的实收股本总额。法律、行政法规以及国务院决定对股份有限公司注册资本实缴、注册资本最低限额另有规定的，从其规定。

明细来看，本次公司法修改主要涉及三个方面。

新的《公司法》(2014 年 3 月 1 日起施行）与以往《公司法》相比较，(1) 将注册资本实缴登记制改为认缴登记制。采取公司股东（发起人）自主约定认缴出资额、出资方式、出资期限等，并记载于公司章程的方式。(2) 放宽了注册资本登记条件。除对公司注册资本最低限额有另行规定的以外，不再限制公司设立时股东（发起人）的首次出资比例以及货币出资比例。(3) 简化了登记事项和登记文件。有限责任公司股东认缴出资额、公司实收资本不再作为登记事项。公司登记时，不需要提交验资报告。由此看出，这降低了成立公司的门槛，使更多的货币在市场中流通，有利于活跃我国市场经济，适应了当前经济发展的趋势，对我国社会经济的发展、提高就业都有重大作用。

（三）资本金的管理原则

企业资本金的管理，应当遵循资本保全这一基本原则。具体来说，可分为资本确定、资本充实和资本维持三部分内容。

1. 资本确定原则

资本确定是指企业设立时资本金数额的确定。企业设立时，必须明确规定企业的资本总额以及各投资者认缴的数额。这是保护债权人利益、明晰企业产权的根本需要。

2. 资本充实原则

资本充实是指资本金的筹集应当及时、足额。企业筹集资本金的数额、方式、期限均要在投资合同或协议中约定，并在企业章程中加以规定，以确保企业能够及时、足额筹得资本金。

3. 资本维持原则

资本维持指企业在持续经营期间有义务保持资本金的完整性。企业除由股东大会或投资者会议做出增减资本决议并按法定程序办理者外，不得任意增减资本总额。

## 二、吸收直接投资

吸收直接投资是指企业以协议等形式直接吸收国家、法人、个人和外商等投入资金的一种筹资方式。它不以股票为媒介，适用于非股份制企业。吸收直接投资实际出资额，注册资本部分形成实收资本，超过注册资本的部分属于资本溢价，形成资本公积。

### （一）吸收直接投资的出资方式

投资者的出资形式可以是筹集现金投资和筹集非现金投资。

1. 筹集现金投资

筹集现金投资是企业吸收直接投资所乐于采用的形式。企业有了现金，便可以获取其他资产、支付各种费用，满足企业创建时的开支和随后的日常周转需要。企业一般争取投资者以现金方式出资。各国法规大多对现金出资比例做出规定。

2. 筹集非现金投资

筹集非现金投资主要两类形式：一是筹集实物资产投资，二是筹集无形资产投资。

（1）筹集实物资产投资

筹集实物资产投资是指投资者以厂房、建筑物、设备等固定资产和原材料、产品等流动资产作价的投资。

实物资产投资应符合以下条件：① 适合企业生产、经营、研发等活动的需要；② 技术性能良好；③作价公平合理。实物资产的作价，可以由出自各方协商确定，也可以聘请专业资产评估机构评估确定。

（2）筹集无形资产投资

筹集无形资产投资是指投资者以土地使用权、商标权、专利权、非专利技术等无形资产作价的投资。

以土地使用权出资应符合以下条件：①适合企业科研、生产、经营、研发等活动的需要；② 地理、交通条件适宜；③作价公平合理。以商标权、专利权、非专利技术等无形资产出资应符合以下条件：①有助企业研究、开发和生产出新的高科技产品；②有助于企业提高生产效率，改进产品质量；③有助于企业降低生产消耗、能源消耗等各种消耗；④作价公平合理。吸收无形资产出资的风险较大，特别是技术类无形资产，具有强烈的时效性，可能会因其老化落后而导致实际价值减少甚至完全丧失。

### （二）吸收直接投资的一般程序

企业吸收直接投资，一般应依照如下程序进行：

1. 确定筹资数量

企业因设立或扩大规模采用吸收直接投资时，应当注意其资本筹集规模与投资规模的关系，从总量上协调两者关系，以避免因吸收直接投资规模过大而造成资金闲置，或者因规模不足而影响生产经营效益。

2. 正确选择出资形式

采用何种具体形式进行吸收直接投资，需要企业与投资者双方协商确定。企业应尽可能吸收现金投资，如果投资方确有先进而适合需要的实物资产和无形资产，亦可采取非现金投资方式，并对非现金资产按公平合理的原则协商定价。

3. 签署投资协议

当出资数额、资产作价、出资时间等确定后，双方须签署投资的协议或合同，以明确双方的权利和责任。

4. 取得资本来源

签署投资协议后，企业应按规定或计划取得资本来源。如果采取现金投资的，通常有拨款计划，确定拨款期限、每期数额及划拨方式，企业可按计划取得现金。如果采用非现金投资的，应结合具体情况，采用适当办法，核实财产，办理产权的转移手续取得资产。

（三）吸收直接投资的优缺点

吸收直接投资是我国企业筹资中最早采用的一种方式。它既有优点，也有不足。

1. 吸收直接投资的优点

（1）有利于提高企业对外负债能力。吸收直接投资所筹集的资金属于自有资金，与债务资金相比，它能增强企业的资信和借款能力。

（2）有利于尽快形成企业生产经营能力。吸收直接投资不仅可以筹取现金，而且能直接获取所需的先进设备和先进技术，能尽快形成企业生产经营能力。

（3）有利于降低财务风险。吸收直接投资的手续相对比较简便，筹资费用较低。

2. 吸收直接投资的缺点

（1）资金成本较高。当企业经营较好，盈利较多时，投资者往往要求将大部分盈余作为红利分配。

（2）不利于产权交易。吸收直接投资由于没有以证券为媒介，产权关系有时不够明晰，也不便于产权的交易。

## 三、普通股筹资

发行股票是股份公司筹集权益资金最常用的方式。

（一）股票的含义和种类

股票是股份公司为筹集权益资金而发行的有价证券，是持股人拥有公司股份的凭证，它代表持股人对公司拥有的所有权。股票持有人即为股东，股东作为出资人按投入的资本额享有所有者的资产收益、公司重大决策和选择管理者的权益，并承担相应责任。

股份有限公司可根据筹资者和投资者的需要，发行各种不同股票。股票种类很多，可按不同的标准进行分类。

1. 按股东的权利和义务，可分为普通股与优先股。

（1）普通股

它是股票中最普通的一种形式，是构成公司权益资本的最基础部分。普通股没有固定股利，股利分配随利润变动而变动，并受公司股利分配政策的影响。

有关的法律、法规和股份公司章程赋予普通股股东的权利有以下几方面：

①股票表决权。普通股股东可出席或委托代理人出席股东大会，在董事会成员的选举和公司其他重大事项的表决中进行投票。这是普通股股东参与公司管理的基本形式。

②股票出售或转让权。普通股股东可在法律、法规和公司章程所规定的条件下转让所拥有的股份。一般而言，普通股股本一经形成，不能随意抽回，但当普通股股东对所获得的收益不满或需要现金时，可在证券市场上出售或转让其股票。

③优先认股权。股份公司在发行新股时，都会给普通股东以优先认购的权利。这种优先认购权使现有股东在一定时间内以低于市价的价格购买新股票。优先认股权能使现有股东保持其在股份公司股本中的份额，以保证普通股股东在公司发行新股时，对公司的控制权不发生改变。

④分享盈余权。分享盈余也是普通股股东的一项基本权利。盈余的分配方案由股东大会决定，每一个会计年度由董事会根据企业的赢利数额和财务状况来决定分发股利的多少并经股东大会投票表决。

⑤剩余财产的要求权。当公司解散、清算时，普通股股东对剩余财产有要求权。

⑥对公司账目及公司事务的查询权以及对管理当局越权行为的阻止权。普通股股东在每个会计年度终了均可委托注册会计师对公司账目进行审查，通过注册会计师出具的审计报告了解公司的财务状况、经营业绩。当管理当局在经营活动中有超过职权范围的行为发生时，普通股股东有权阻止越权行为的发生。

（2）优先股

它是股份有限公司发行的具有一定优先权的股票。优先股股东享有的权利主要包括以下几方面：

①股利的优先分配权。优先股股利一般是固定的，并且在普通股分配股利前支付。有些优先股股利还可累积支付。

②剩余财产优先分配权。在公司破产清算时，优先股股东对公司剩余财产的分配权在普通股股东之前，因此优先股的发行可以吸引部分保守者的投资。但是优先股股东不具有公司经营管理权，不具备股东大会的表决权，除涉及自身利益的重大决策外，一般无权参加股东大会。

2. 按股票票面是否标明票面金额，可分为面值股票和无面值股票。

（1）面值股票是在股票上标有一定金额的股票。持有这种股票的股东，对公司享有的权利和承担义务的多少，以其持有的股票额占公司发行在外股票总面值的比例而定。

（2）无面值股票是不在票面上标出金额，只载明所占公司股本总额比例或股份数的股票。无面值股票的价值随公司财产的增减而变动，而股东对公司享有的权利和承担义务的大小，直接依股票标明的比例而定。目前，我国《公司法》不承认无面值股票，规定股票应记载股票面额，且其发行价格不能低于票面金额。

3. 按投资主体的不同，可分为国家股、法人股、个人股和外资股

（1）国家股是指有权代表国家投资的部门或机构以国有资产向公司投资而成的股份。

（2）法人股是指企业法人依法以其可以支配的财产向公司投资而形成的股份，或具有法人资格的事业单位和社会团体以国家允许用于经营的资产向公司投资而形成的股份。

（3）个人股是社会个人或公司内部职工以其个人合法财产投入公司形成的股份。

（4）外资股是我国港、澳、台地区投资者或外国投资者购买企业发行的人民币特种股票而形成的股份。

4. 按股票票面有无记名，可分为记名股票和无记名股票

（1）记名股票是股票票面上记载股东的姓名或名称的股票，股东姓名或名称要记入公司的股东手册。我国《公司法》规定：公司向发起人、国家授权投资的机构、法人发行的股票，应为记名股票；向社会公众发行的股票可以是记名股票，也可以无记名股票。记名股票的转让有严格的法律程序，需要办理过户手续。

（2）无记名股票是在股票票面上不记载股东的姓名或名称的股票。股东姓名或名称也不记入公司的股东名册，持有人即为股份的所有者。公司对社会公众发行的股票可以为无记名股票，无记名股票的转让和继承自由、方便，无须办理过户手续。

5. 按发行对象和上市地区分类，可将股票分 A 股、B 股、H 股和 N 股等

（1）A 股是供我国大陆地区个人或法人买卖的，以人民币标明票面金额并以人民币认购和交易的股票。

（2）B 股、H 股和 N 股是供外国和我国港、澳、台地区投资者投资或买卖的以人民币标明面额但以外币认购和交易的股票。B 股在上海、深圳上市，H 股在香港上市，N 股在纽约上市。

6. 按发行时间的先后顺序，可分为始发股和增发股

（1）始发股是公司设立时发行的股票。

（2）增发股是公司增发时发行的股票。

始发股和增发股的发行条件、发行目的、发行价格都不尽相同，但股东的权利

和义务是一样的。

（二）普通股股东的权利

普通股股东最基本的权利是按投入公司的股份额，依法享有公司收益获取权、公司重大决策参与权和选择公司管理者的权利，并以其所持股份为限对公司承担责任。

（1）公司管理权。股东对公司的管理权主要体现在重大决策参与权、经营者选择权、财务监控权、公司经营的建议和质询权、股东大会召集权等方面。

（2）收益分享权。股东有权通过股利方式获取公司的税后利润，利润分配方案由董事会提出并经过股东大会批准。

（3）股份转让权。股东有权将其所持有的股票出售或转让。

（4）优先认股权。原有股东拥有优先认购本公司增发股票的权利。

（5）剩余财产要求权。当公司解散、清算时，股东有对清偿债务、清偿优先股股东以后的剩余财产索取的权利。

（三）普通股的初次发行

股份有限公司在设立时要发行股票，即初次发行。股票的发行实行公开、公正、公平的原则，必须同股同权、同股同利。同次发行的股票，每股的发行条件和价格应当相同。发行股票应接受证券监督管理机构的管理和监督。具体应执行的管理规定主要包括股票发行条件发行程序和方式、销售方式等。

1. 股票发行的条件

按国际惯例，公开发行股票，必须具备一定的条件，取得发行资格，并在办理必要手续后方可发行。我国有关股票发行的条件规定如下：① 其持续经营时间应当在 3 年以上，生产经营符合国家产业政策。② 其发行的普通股限于一种，同股同权。③ 发起人认购的股本数额不少于公司拟发行的股本总额的 35%。④ 发行前股本总额不少于人民币 3 000 万元。⑤ 向社会公开发行的部分不少于公司拟发行的股本总额的 25%；公司拟发行的股本总额超过人民币 4 亿元的，向社会公众发行部分的比例最低不得少于公司拟发行的股本总额的 10%。⑥ 发起人在近 3 年内没有重大违法行为。⑦ 证监会规定的其他条件。

2. 股票初次发行的程序

①提出募集股份的申请。

②公告招股说明书，制作认股书，签订承销协议和代收股款协议。

③招认股份，缴纳股款。

④召开创立大会，选举董事会、监事会。

⑤办理公司设立登记，交割股票。

3. 股票的发行方式

股票的发行方式是指公司通过何种途径发行股票。一般来说，股票的发行方式可分为以下两种：

（1）公开间接发行。公开间接发行是指公司通过中介机构向社会公众公开发行股票。我国《证券法》规定公司通过募集设立方式向社会公众公开发行新股时，须由证券经营机构承销，即属于公开间接发行。这种发行方式的发行范围广、对象多，易于募足资金；同时股票的流动性好，变现性强。公开间接发行有助于提高公司的知名度和影响力，但该方式程序烦琐，发行成本较高。

（2）不公开直接发行。不公开直接发行是指公司不经中介机构承销，直接向少数特定的对象发行股票。我国股份公司的发起设立方式即属该种方式。这种发行方式弹性较大，发行成本低，但发行范围小，股票变现性差。

4. 股票的销售方式

股票的销售方式，指的是股份有限公司向社会公开发行股票时所采取的股票销售方式。股票销售方式有两类：自销和承销。

（1）自销方式。自销方式是指发行公司自己直接将股票销售给认购者。这种销售方式可由发行公司直接控制发行过程，实现发行意图，节省发行费用；但往往筹资时间较长，发行公司要承担全部发行风险，并需要发行公司具有较高的知名度、信誉和实力。

（2）承销方式。承销方式是指发行公司将股票销售业务委托证券经营机构代理。这种销售方式是发行股票所普遍采用的。我国《公司法》规定股份有限公司向社会公开发行股票，必须与依法设立的证券经营机构签订承销协议，由证券经营机构承销。

承销方式又分为包销和代销两种具体办法。所谓包销，是根据承销协议商定的价格，证券经营机构一次性全部购进发行公司公开募集的全部股份，然后以较高的价格出售给社会上的认购者。对发行公司来说，包销的办法可及时募足资本，免于承担发行失败的风险（股款未募足的风险由承销商承担），但股票以较低的价格销售给承销商会损失部分溢价。所谓代销，是证券经营机构仅替发行公司代售股票，并由此获取一定佣金，但不承担股款未募足的风险。

（四）普通股发行定价

股票的发行价格是股票发行时所使用的价格，也就是投资者认购股票时所支付的价格。它通常由股票面额、股票市场行情及其他有关因素决定。以募集设立公司首次发行股票时，发行价格由发起人决定；增资发行新股时，发行价格应由股东大会做出决议。

股票的发行价格可以和股票的面额一致，但多数情况下不一致。发行价格通常有等价、时价、中间价三种。

（1）等价，也称平价发行，就是以股票票面面值作为发行价格的一种发行方式。等价发行多在新股发行时采用，对公司而言，较容易推销股票，但不能获得溢价收入。

（2）时价，也称市价发行，就是以公司原发行股票的现行市场价格为基准确定股票发行价格。公司增资扩股时多采用这种方式。由于时价考虑到现行市场价值，对投资者有较大吸引力。

（3）中间价，就是以公司股票等价与时价的中间值为基础确定股票发行价格。

以中间价和时价发行都可能是溢价发行，也可能是折价发行。我国《公司法》不允许折价发行。在实际工作中股票发行价额的确定方法主要有时盈利率法、净资产倍率法和现金流量折现法。

1. 市盈率法

市盈率法是以公司股票的市盈率为依据确定发行价格的一种方法。市盈率是指股票市场价格与公司盈利的比率，计算公式为：

市盈率=每股市价÷每股净收益

采用市盈率法确定股票发行价格的步骤为：①根据注册会计师审核后的盈利预测出发行公司的每股收益。即：每股收益=净利润÷发行前总股数；②根据二级市场、发行公司及其所处行业的情况拟定发行市盈率；③根据拟定的发行市盈率与预测的每股收益的乘积决定发行价。即，发行价格=每股收益×发行市盈率。

2. 净资产倍率法

净资产倍率法是指通过资产评估和相关会计手段确定发行公司拟募得每股净资产值，然后根据证券市场的状况将每股净资产值乘以一定的倍率，以此确定股票的发行价格的方法。即，发行价格=每股净资产值×溢价倍数。

3. 现金流量折现法

现金流量折现法是市场可接受的会计手段预测公司未来若干年的净现金流量，再按市场公允的折现率，计算出公司的净现值，然后根据净现值除以股份数得到每股净现值，依此来确定股票发行价格。

（五）股权再融资

股权再融资是指股份有限公司已经上市后，通过证券交易所在证券市场上对社会公开发行股票的行为。再融资既能是其能够持续发展的重要动力源泉之一，也是发挥证券市场资源分配功能的基本方式。股权再融资的方式包括增发和配股。配股是指上市公司向原有股东配售发行股票的再融资方式。增发是指上市公司向社会公众发售股票的再融资方式。增发又包括公开增发和非公开增发（也称定向增发）。

公开增发于首次公开发行一样，没有特定的发行对象，其发行范围广，发行对象多，易于足额筹集资本，同时还有利于提高公司的知名度。但审批手续复杂严格，发行成本高。非公开增发的对象主要针对机构投资者与大股东及关联方。机构投资者包括财务其中财务投资者通常以获利为目的，短期持有股票实时套现，一般不参与公司的重大战略决策。战略投资者通常与发行人有合作关系或意向，往往与发行公司业务联系紧密，并欲长期持有发行公司的股票。大股东及关联方是上市公司的控股股东或关联方。非公开增发一般有助于上市公司与控股股东进行股份与资产置换，同时进一步提高控股股东对上市公司的所有权。

### （六）普通股筹资的优缺点

1. 股票筹资的优点

发行普通股票是公司筹集资金的一种基本方式，其优点主要有以下几方面：

（1）没有固定的股利负担。公司有盈余，并认为适合分配股利，就可以分给股东；公司盈余较少，或虽有盈余但资金短缺或有更有利的投资机会，就可以少支付或不支付股利。

（2）没有固定到期日，不用偿还。利用普通股筹集的是永久性的资金，除非公司清算才需偿还。它对保证企业最低的资金需求有重要意义。

（3）筹资风险小。由于普通股没有固定到期日，不用支付规定的利息，此种筹资方式实际上不存在不能偿付的风险，因此风险最小。

（4）增加公司的信誉。普通股股本与留存收益构成公司所借入一切债务的基础。有了较多的自有资金，就可为债权人提供较大的损失保障，因而，普通股筹资既可以提高公司的信用价值，同时也为使用更多的债务资金提供了强有力的支持。

（5）普通股筹资的限制较少。利用优先股或债券筹资，通常有许多限制，这些限制往往影响公司经营的灵活性，而利用普通股筹资则没有这种限制。

2. 股票筹资的缺点

（1）资金成本较高。因为投资者投资于普通股，风险较高，其要求的投资报酬率也相应地较高，并且公司支付普通股股利时要用税后利润支付，没有抵税的作用。另外，普通股的发行费用一般也高于其他证券的发行费用。因此，普通股筹资的成本要高于负债资金。

（2）容易分散控制权。利用普通股筹资，出售了新的股票，引进了新的股东，容易导致公司控制权的分散。此外，新股东分享公司未发行新股前积累的盈余，会降低普通股的每股净收益，从而可能引起股价的下跌。

（3）发行普通股筹资，加大了公司被收购的风险。

## 四、留存收益

### （一）留存收益的性质

从性质上看，企业通过合法有效地经营所实现的税后净利润，都属于企业的所有者。企业将本年度的利润部分甚至全部留存下来的原因很多，主要包括：第一，收益的确认和计量是建立在权责发生制基础上的，企业有利润，但企业不一定有相应的现金净流量增加，因而企业不一定有足够的现金将利润全部或部分派给所有者。第二，法律法规从保护债权人利益和要求企业可持续发展等角度出发，限制企业将利润全部分配出去。《公司法》规定，企业每年的税后利润，必须提取10%的法定盈余公积金。第三，企业基于自身扩大再生产和筹资的需求，也会将一部分利润留存下来。

（二）留存收益的筹资途径

1. 提取盈余公积金

盈余公积金，是指有指定用途的留存净利润。盈余公积金是从当期企业净利润中提取的积累资金，其提取基数是本年度的净利润。盈余公积金主要用于企业未来的经营发展，经投资者审议后也可以用于转增股本（实收资本）和弥补以前年度经营亏损，但不得用于以后年度的对外利润分配。

2. 未分配利润

未分配利润，是指未限定用途的留存净利润。未分配利润有两层含义：第一，这部分净利润本年没有分配给公司的股东投资者；第二，这部分净利润未指定用途，可以用于企业未来的经营发展、转增资本（实收资本）、弥补以前年度的经营亏损及以后年度的利润分配。

（三）留存收益筹资的优缺点

1. 利用留存收益筹资的优点

（1）不用发生筹资费用。企业从外界筹集长期资本，与普通股筹资相比较，留存收益筹资不需要发生筹资费用，资本成本较低。

（2）维持公司的控制权分布。利用留存收益筹资，不用对外发行新股或吸收新投资者，由此增加的权益资本不会改变公司的股权结构，不会稀释原有股东的控制权。

2. 利用留存收益筹资的缺点

筹资数额有限。留存收益的最大数额是企业到期的净利润和以前年度未分配利润之和，不像外部筹资一次性可以筹集大量资金。如果企业发生亏损，那么当年就没有利润留存。另外，股东和投资者从自身期望出发，往往希望企业每年发放一定的利润，保持一定的利润分配比例。

## 五、股权筹资的优缺点

（一）股权筹资的优点

1. 股权筹资是企业稳定的资本基础

股权资本没有固定的到期日，无须偿还，是企业的永久性资本，除非企业清算时才有可能予以偿还。这对于保障企业对资本的最低需求，促进企业长期持续稳定经营具有重要意义。

2. 股权筹资是企业良好的信誉基础

股权资本作为企业最基本的资本，代表了公司的资本实力，是企业与其他单位组织开展经营业务，进行业务活动的信誉基础。同时，股权资本也是其他方式筹资的基础，尤其可为债务筹资，包括银行借款、发行公司债券等提供信用保障。

3. 企业财务风险较小

股权资本不用在企业正常运营期内偿还，不存在还本付息的财务风险。相对于债务资本而言，股权资本筹资限制少，资本使用上也无特别限制。另外，企业可以根据其经营状况和业绩的好坏，决定向投资者支付报酬的多少，资本成本负担比较灵活。

（二）股权筹资的缺点

1. 资本成本负担较重

尽管股权资本的资本成本负担比较灵活，但一般而言，股权筹资的资本成本要高于债务筹资。这主要是由于投资者投资于股权特别是投资于股票的风险较高，投资者或股东相应要求得到较高的报酬率。企业长期不派发利润和股利，将会影响企业的市场价值。从企业成本开支的角度来看，股利、红利从税后利润中支付，而使用债务资本的资本成本允许税前扣除。此外，普通股的发行、上市等方面的费用也十分庞大。

2. 容易分散企业的控制权

利用股权筹资，由于引进了新的投资者或出售了新的股票，必然会导致企业控制权结构的改变，分散了企业的控制权。控制权的频繁迭变，势必要影响企业管理层的人事变动和决策效率，影响企业的正常经营。

3. 信息沟通与披露成本较大

投资者或股东作为企业的所有者，有了解企业经营业务、财务状况、经营成果等的权利。企业需要通过各种渠道和方式加强与投资者的关系管理，保障投资者的权益。特别是上市公司，其股东众多而分散，只能通过公司的公开信息披露了解公司状况，这就需要公司花更多的精力，有些还需要设置专门的部门，用于公司的信息披露和投资者关系管理。

## 第四节　债务筹资

债务筹资主要是企业通过向银行借款、发行债券和融资租赁等方式筹集资金。本节介绍长期借款，其主要形式包括银行借款、公司债券、发行债券和融资租赁三种长期债务性筹资方式。

### 一、银行借款

银行借款是企业根据借款合同从银行等金融机构借入的、需要还本付息的款项。

（一）银行借款的种类

按不同的分类标准，银行借款可分为以下种类：

1. 按借款期限，可分为短期借款和长期借款两类。

（1）短期借款，是指企业向银行借入的偿还期限在 1 年以内的各种借款，其用途主要是用来满足企业生产周转的需要以及因季节性或临时性的原因所引起的企业对资金的紧急需要，包括生产周转借款、临时借款和结算借款等。

（2）长期借款，是指企业向银行借入的偿还期限在1年以上的各种借款，主要是为了满足企业购建固定资产、进行更新改造、技术开发等用途的需要，包括固定资产投资借款、更新改造借款、科技开发和新产品试制借款等。这节主要介绍长期借款。

2. 按提供贷款的机构，可分为政策性银行贷款、商业银行贷款和其他金融机构贷款。

（1）政策性银行贷款，一般是指执行国家政策性贷款业务的银行向企业发放的贷款。如国家开发银行为满足企业承建国家重点建设项目的资金需要提供贷款；进出口信贷银行为大型设备的进出口提供买方或卖方信贷。

（2）商业银行贷款，是指由各商业银行向工商企业提供的贷款。这类贷款主要为满足企业生产经营的资金需要。

（3）其他金融机构贷款，如从信托投资公司取得实物或货币形式的信托投资贷款，从财务公司取得的各种中长期贷款，从保险公司取得的贷款等。其他金融机构的贷款一般较商业银行贷款的期限要长，要求的利率较高，对借款企业的信用要求和担保的选择比较严格。

3. 按借款是否需要担保，可分为信用借款和担保借款两类。

（1）信用借款，是指以借款人的信誉为依据而获得的借款，企业取得这种借款，无须以资产做抵押。

（2）担保借款，是指以一定的财产做抵押或以一定的保证人做担保为条件所取得的借款。通常作为抵押的财产有房屋、建筑物、机器设备、原材料、股票、债券等。

（二）银行借款的程序

企业利用银行借款筹集资金，必须按规定的程序办理。根据我国贷款通则，银行贷款的程序大致分为以下几个步骤：

1. 企业提出借款申请。企业要填写以借款用途、借款金额、偿还能力以及还款方式等为主要内容的《借款申请书》，并提供相关资料。

2. 贷款审批。贷款银行一般都建立了审贷分离、分级审批的贷款管理制度。

3. 签订借款合同。借款合同主要包括以下四个方面内容：① 基本条款。主要强调双方的权利和义务，具体包括借款数额、借款方式、款项发放时间、还款期限、还款方式、利息支付方式、利息率等。② 保证条款。包括借款按规定的用途使用、有关的物资保证、抵押财产、担保人及其责任等内容。③ 违约条款。④ 其他附属条款。

4. 企业取得借款。

（三）银行借款的信用条件

按照国际惯例做法，银行发放贷款时，往往涉及一些信用条件，主要包括授信额度、周转授信协议、补偿性余额。

1. 授信额度

授信额度是银行对借款企业规定的借款最高限额。一般来说，企业在授信额度内，可随时按需要向银行申请借款。例如，在正式协议下，约定某企业的授信额度为 1 000 万元，该企业已借用 800 万元，并且尚未偿还，该企业认可申请 200 万元，银行将予以保证。但在非正式协议下，银行不承担按授信额度保证贷款的法律义务。

2. 周转授信协议

周转授信协议是银行从法律上承诺向企业提供不超过某一最高限额的贷款协定。在协定的有效期内，只要企业借款总额未超过最高限额，银行必须满足企业任何时候提出的借款要求。银行对周转信用额度附有法律义务，按周转协定，银行由此向企业收取一定承诺费用。

【例 4-3】某企业与银行商定的周转信贷额为 4 000 万元，承诺费用率为 0.5%，借款企业年度内使用了 3 000 万元，余额 1 000 万元，则借款企业应向银行支付承诺费的金额为：

$$承诺费=1\ 000\times 0.5\%=5\ （万元）$$

3. 补偿性余额

补偿性余额是银行通常要求借款企业在银行中保持按贷款限额或实际借用额的一定百分比（通常为 10%~20%）的最低存款余额。补偿性余额有助于银行降低贷款风险。但对借款企业来说，补偿性余额则提高了借款的实际利率，加重了企业的利息负担。

【例 4-4】某企业按年利率 8%向银行借款 10 万元，银行要求维持贷款限额 20%的补偿性余额，那么企业实际可用的借款只有 8 万元，该项借款的实际利率为：

$$(10\times 8\%)\div[10\times(1-20\%)]=10\%$$

（四）银行借款筹资的优缺点

1. 银行借款筹资的优点

（1）筹资效率高。发行各种证券筹集长期资金所需时间一般较长，因为做好证券发行的准备，如印刷证券、申请批准等，以及证券的发行都需要一定的时间。而银行借款与发行证券相比，一般所需时间较短，可以迅速地获取资金。

（2）筹资成本低。就目前我国情况看，利用银行借款所支付的利息比发行债券所支付的利息低，另外，也无须支付大量的发行费用。

（3）筹资弹性大。借款企业可以按需要随时借款，在现金充裕时及早偿还，便于企业灵活安排。

（4）易于企业保守财务秘密。向银行办理借款，可以避免向公众提供公开的财务信息，保守企业财务秘密。

2. 银行借款筹资的缺点

（1）筹资风险较大。企业举借长期借款，必须定期还本付息，在经营不利的情况下，可能会产生不能偿付的风险，甚至会导致破产。

（2）限制条款多。企业与银行签订的借款合同中，一般都有一些限制条款，这些条款可能会限制企业的经营活动。

（3）筹资数额有限。银行一般不愿意借出巨额的长期借款。因此，利用银行借款筹资数额都有一定的上限。

（4）实际利率较高。尤其在补偿性余额和附加条款时尤其如此。

## 二、发行债券

公司债券是指公司依照法定程序发行的、约定在一定期限还本付息的有价证券。发行公司债券通常是为企业大型投资项目筹集资金。债券票面一般需记载票面面值、票面利率、债券期限、付息日四项内容。

（一）债券的种类

债券可以从不同的角度进行分类，可分为以下种类：

1. 按是否记名，将其分为记名债券与无记名债券

（1）记名债券，是指在债券票面上记录债券持有人姓名或名称，并在发行单位或代理机构进行登记的债券。此类债券，发行者只对票面上注明并在公司登记簿中登记的持有人支付本息，所以转让债券时，必须办理相应的过户手续。此种债券较为安全，故发行价格较无记名债券要高。

（2）无记名债券。无记名债券是指不需要在债券的票面上记录持有人姓名或名称，也不需在发行单位或代理机构登记造册的债券。此种债券可随意转让，不需办理过户手续。持券人即为领取债券利息和本金的权利人。故此种债券安全性较差，但其转让方便，且节省费用。

2. 按有无抵押担保分类，可将债券分为信用债券和抵押债券

（1）信用债券。信用债券又称无担保债券，是仅凭债券发行者的信用发行的、没有抵押品作担保的债券。通常只有信誉良好、实力较强的公司才能发行这种债券，一般利率略高于抵押债券。

（2）抵押债券。抵押债券又称担保债券，是指以特定财产作抵押而发行的债券。抵押债券按抵押物品的不同，又可分为动产抵押债券、不动产抵押债券、设备抵押债券和信托抵押债券。

3. 按债券率是否变动，可将其分为浮动利率债券和固定利率债券

（1）浮动利率债券。浮动利率债券是指利息率随着基本利率（一般是国库券利率或银行同业拆放利率）变动而变动的债券。

（2）固定利率债券。固定利率债券是指利息率在发行时即已确定并载于债券

券面。

4. 按债券能否转换为股票，可将其分为可转换债券和不可转换债券

若公司债券能转换为本公司股票，为可转换债券；反之，为不可转换债券。一般来讲，可转换债券的利率要低些。

5. 按是否参与公司盈余分配，可将其分为参与债券与非参与债券

（1）参与债券的持有人除可享有到期还本付息的权利外，还享有参与公司盈余分配的权利。

（2）非参与债券的持有人参与盈余分配的权利。大多数公司债券为非参与债券。

（二）债券的基本要素

1. 债券面值

债券面值包括两个基本内容：一是币种；二是票面金额。面值的币种可用本位币，也可用外币，这取决于发行者的需要和债券的种类。债券的票面金额是债务到期时偿还债务的金额。面额印在债券上，固定不变，到期必须足额偿还。

2. 债券的期限

债券都有明确的到期日，债券从发行之日起，至到期日之间的时间称为债券的期限。在债券期限内，公司必须分期或到期一次支付利息，债券到期时，必须偿还本金，当然，也可按规定分批偿还或提前一次偿还。

3. 利率与利息

债券票面利率也称名义利率，是指债券发行时票面上注明的利率。债券的票面利率一般是年利率，面值与票面利率相乘可得年利息。

4. 债券的价格

理论上，债券的面值就应是它的价格，但由于市场供求关系、利息率的变化等，债券的市场价格常常脱离它的面值。也就是说，债券的面值是固定的，它的价格却是经常变化的。发行者计息还本，根据的是债券的面值，而不是它的价格。

（三）债券的发行资格与条件

公司发行债券，必须具备规定的发行资格与条件。

1. 发行债券的资格

我国《公司法》规定，股份有限公司、国有独资公司和两个以上的国有企业或者其他两个以上的国有投资主体投资设立的有限责任公司，有资格发行公司债券。

2. 发行债券的条件

《中华人民共和国证券法》（以下简称《证券法》）还规定，有资格发行公司债券的公司，必须具备以下条件：（1）股份有限公司的净资产额不低于人民币 3 000 万元，有限责任公司的净资产额不低于人民币 6 000 万元。（2）累计债券总额不超过公司净资产额的 40%。（3）最近 3 年平均可分配利润足以支付公司债券 1 年的利息。（4）所筹集资金的投向符合国家产业政策。（5）债券的利率不得超过国务院限

定的水平。（6）国务院规定的其他条件。

另外，发行公司债券所筹集的资金，必须符合审批机关审批的用途，不得用于弥补亏损和非生产性支出。

发行公司凡有下列情形之一的，不得再次发行公司债券：

（1）前一次发行的债券尚未募足的。

（2）对已发行的公司债券或者其债券有违约或者延迟支付的事宜，且仍处于持续状态的。

（3）违反有关规定，改变公开发行公司债券所募资金的用途。

（4）最近36个月内公司财务会计文件存在虚假记载，或公司存在其他重大违法行为。

（5）本次发行申请文件存在虚假记载、误导性陈述或者重大遗漏。

（6）严重损害投资者合法权益和社会公共利益的其他情形。

3. 公司债券的发行程序

（1）做出发行债券的决议或决定。

（2）提出发行债券的申请与批准。

（3）公告公司债券募集办法。

（4）委托证券机构发售，募集款项。

（5）交割。

（四）公司债券的发行价格

债券的发行价格是发行公司发行债券时所使用的价格，即投资者认购所实际支付的价格。公司债券的发行价格是依债券面额、票面利率、市场利率和债券期限等因素决定的。理论上，公司债券的发行价格通常有三种：平价、溢价和折价。

（1）平价，是指以债券的票面金额为发行价格。

（2）溢价，是指以高出债券票面金额的价格为发行价格。

（3）折价，是指以低于债券票面金额的价格为发行价格。

如市场利率高于票面利率，则债券需折价发行；如市场利率低于债券票面利率，则债券要溢价发行；如市场利率等于票面利率，则债券等价发行。债券之所以存在溢价发行和折价发行，是因为资金市场上的利息率是经常变化的，而债券一经发行，就不能调整其票面利率。

【例4-5】某公司2005年11月1日决定发行债券，债券面值1 000元，票面利率5%，期限3年，分期付息到期还本，在2006年1月1日正式发行债券：

如果发行时市场利率变为6%，则债券折价发行；

如果发行时市场利率变为4%，则债券溢价发行；

如果发行时市场利率仍为5%，则债券平价发行。

债券的发行价格，从资金时间价值考虑，分期付息债券价格主要由两部分组成：①债券到期时本金（债券面值）的现值；②债券各期利息的年金现值。其计算公式为（各期期末付息一次）：

债券发行价格=F×（P/F，i，n）+I×（P/A，i，n）　　（4-2）

式中，F 表示债券面额（本金）；I 表示债券利息；i 表示债券发售时的市场利率；n 表示债券期限。

【例 4-6】某公司发行面值为 2 000 元，票面年利率为 10%，期限为 10 年，每年年末付息的债券。在公司决定发行债券时，认为 10%的利率是合理的。如果到债券正式发行时，市场上的利率发生变化，那么就要调整债券的发行价格。现按以下三种情况分别讨论。

（1）资金市场上的利率保持不变，东北公司的债券利率为 10%仍然合理，则可采用等价发行。债券的发行价格为：

2 000×（P/F，10%，10）+2 000×10%×（P/A，10%，10）= 2 000×0. 385 5+200×6. 144 6 ≈ 2 000（元）

（2）资金市场上的利率有较大幅度的上升，达到 15%，应采用折价发行。发行价格为：

2 000×（P/F，15%，10）+2 000×10%×（P/A，15%，10）= 2 000×0. 247 2+200×5. 018 8 ≈ 1 498（元）

也就是说，只有按 1 498 元的价格出售，投资者才会购买此债券，并获得 15%的报酬。

（3）资金市场上的利率有较大幅度的下降，达到 5%，则可采用溢价发行。发行价格为：

2 000×（P/F，5%，10）+2 000×10%×（P/A，5%，10）= 2 000×0. 613 9+200×7. 721 7 ≈ 2 772（元）

也就是说，投资者把 2 772 元的资金投资于东北公司面值为 1 000 元的债券，便可获得 5%的报酬。

（五）债券的信用评级

公司发行债券通常需要债券评信机构评定信用等级。债券的信用等级反映了债券的质量优劣，以及债券还本付息能力的强弱和投资风险的高低。债券的信用等级对于发行公司和债券投资者都有重要意义。对发行公司来说，债券的信用等级影响着债券的利率以及债务成本有着直接影响。一般来说，信用等级越高，能以较低的利率发行，借以降低筹资成本；信用等级越低，需以较高的利率发行，进而筹资成本较高。对于债券投资者来说，信用等级较高的债券，较易得到投资者的信任；信用较低的债权，投资者一般会比较谨慎选择。

国际上流行的债券信用等级是 3 等 9 级。AAA 级最高级，AA 级为高级，A 级为上中级，BBB 级为中级，BB 级为中下级，B 级为投机级，CCC 级为完全投机级，CC 级为最大投机级，C 级为最低级。

（六）债券筹资的优缺点

1. 债券筹资的优点

（1）资金成本低。与股票筹资方式相比，债券筹资的成本低。一方面由于债券利率一般低于股息率；另一方面债券利息具有抵税作用，使企业实际利息负担减轻。

（2）保证股票控制权。债券持有人无权参与企业的经营管理，因而不会分散股东的控制权。

（3）可利用财务杠杆利益。由于债券筹资只支付固定的利息费用，在经营状况好时，能够为企业带来财务杠杆利益，增加股东和公司的财富。

（4）调整资金结构。当企业发行可转换债券或可提前收回债券时，能够增强筹资弹性，便于公司主动合理地调整资金结构。

2. 债券筹资的缺点

（1）财务风险较高。由于债券须到期偿还，并支付固定的利息费用，在企业经营不景气时，会加重财务负担，增大财务风险，有时甚至导致破产。

（2）限制条件多。对债券的发行，国家有严格的规定，这些规定限制了企业对债券筹资方式的使用，甚至会影响未来的筹资能力。

## 三、融资租赁

租赁，是指通过签订资产出让合同的方式，使用资产的一方（承租人）通过支付租金，向出让资产的一方（出租人）取得资产使用权的一种交易行为。在这项交易中，承租方通过得到所需资产的使用权，完成了筹集资金的行为。

（一）经营租赁和融资租赁

租赁分为经营租赁和融资租赁。

经营租赁是由租赁公司向承租企业在短期内提供设备，并提供维修、保养、人员培训等的服务性业务，又称服务性租赁。经营租赁通常为短期租赁。承租企业采用经营租赁的目的不是融通资本，而是获得设备的短期使用以及出租人提供的专门技术服务。经营租赁的特点主要是：①出租的设备一般由租赁公司根据市场需要选定，然后再寻找承租企业。②租赁期较短，短于资产的有效使用期，在合理的限制条件内承租企业可以中途解约。③租赁设备的维修、保养由租赁公司负责。④租赁期满或合同中止以后，出租资产由租赁公司收回。经营租赁比较适用于租用技术过时较快的生产设备。

融资租赁是由租赁公司按承租企业要求出资购买设备，在较长的合同期内提供给承租单位使用的融资信用业务。承租企业采用融资租赁的目的主要是融通资本，融资租赁集融资与融物于一身。融资租赁的主要特点是：①出租的设备由承租企业提出要求购买，或者由承租企业直接从制造商或销售商那里选定。②租赁期较长，接近于资产的有效使用期，在租赁期间双方无权取消合同。③由承租企业负责设备的维修、保养。④租赁期满，按事先约定的方法处理设备，包括退还租赁公司，或继续租赁，或企业留购 。

（二）融资租赁的程序

1. 融资租赁的基本程序

（1）选择租赁公司，提出委托申请。当企业决定采用融资租赁方式以获取某项设备时，需要了解各个租赁公司的资信情况、融资条件和租赁费用率等，分析比较选定一家作为出租单位。然后，向租赁公司申请办理融资租赁。

（2）签订购货协议。由承租企业和租赁公司中的一方或双方，与选定的设备供应厂商进行购买设备的技术谈判和商务谈判，在此基础上与设备供应厂商签订购货协议。

（3）签订租赁合同。承租企业与租赁公司签订租赁设备的合同，如需要进口设备，还应办理设备进口手续。租赁合同是租赁业务的重要文件，具有法律效力。融资租赁合同的内容可分为一般条款和特殊条款两部分。

（4）交货验收。设备供应厂商将设备发运到指定地点，承租企业要办理验收手续。验收合格后签发交货及验收证书交给租赁公司，作为其支付货款的依据。

（5）定期交付租金。承租企业按租赁合同规定，分期交纳租金，这也就是承租企业对所筹资金的分期还款。

（6）合同期满处理设备。承租企业根据合同约定，对设备续租、退租或留购。

（三）融资租赁的基本形式

（1）直接租赁。直接租赁是融资租赁的主要形式，承租方提出租赁申请时，出租方按照承租方的要求选购，然后再出租给承租方。

（2）售后回租。售后回租是指承租方由于急需资金等各种原因，将自己资产售给出租方，然后以租赁的形式从出租方原封不动地租回资产的使用权。在这种租赁合同中，除资产所有者的名义改变之外，其余情况均无变化。

（3）杠杆租赁。杠杆租赁是指涉及承租人、出租人和资金出借人三方的融资租赁业务。一般来说，当所涉及的资产价值昂贵时，出租方自己只投入部分资金，通常为资产价值的20%~40%，其余资金则通过将该资产抵押担保的方式，向第三方（通常为银行）申请贷款解决。然后租赁公司将购进的设备出租给承租方，用收取的租金偿还贷款，该资产的所有权属于出租方。出租人既是债权人也是债务人，如果出租人到期不能按期偿还借款，资产所有权则转移给资金的出借者。

（四）融资租赁租金的计算

1. 租金的构成

融资租赁每期租金的多少，取决于以下几项因素：①租赁设备的购置成本及预计残值，购置成本包括设备买价、运杂费、保险费等。②利息，指租赁公司为承租企业购置设备垫付资金所应支付的利息。③租赁手续费，指租赁公司承办租赁设备所发生的业务费用以及一定的盈利。④租赁期限和租金的支付方式。一般而言，租期会影响租金总额，进而影响每期租金的数额；支付次数越多，每次支付数额越小。

2. 租金的支付方式

租金的支付方式有以下几种分类方式：①按支付间隔期长短，分为年付、半年付、季付和月付等方式。②按在期初和期末支付，分为先付和后付。③按每次支付是否等额，分为等额支付和不等额支付。实务中，承租企业与租赁公司商定的租金支付方式，大多为后付等额年金。

3. 租金的计算

我国融资租赁实务中，租金的计算大多采用等额年金法。等额年金法下，通常要根据利率和租赁手续费用率确定一个租费用率，作为折现率。

【例 4-7】某企业于 2007 年 1 月 1 日从租赁公司租入一套设备，价值 60 万元，租期 6 年，租赁期满时预计残值 5 万元，归租赁公司。年利率 10%。租金每年年末支付一次。则：

每年租金 = [600 000−50 000×(P/F, 10%, 6)]/(P/A, 10%, 6)

= [600 000−50 000×0.564 ]/4.355= 131 297（元）

【例 4-8】根据上例的资料，假定设备残值归属承租公司，其余资料同上。则：

每年租金 = 600 000/(P/A, 10%, 6)= 600 000/4.355 = 137 773（元）

（五）融资租赁的优缺点

1. 融资租赁筹资的优点有：

（1）能迅速获得所需资产。融资租赁集融资与融物于一身，可使企业尽快形成生产经营能力。

（2）限制条件较少。企业运用股票、债券、长期借款等筹资方式，都受到相当多的资格条件的限制，如足够的抵押品、银行贷款的信用标准、发行债券的政府管制等。相比之下，租赁筹资的限制条件很少。

（3）免遭设备陈旧过时的风险。随着科学技术的不断进步，设备陈旧过时的风险很高，而多数租赁协议规定此种风险由出租人承担，承租企业可免受这种风险。

（4）财务风险小，财务优势明显。融资租赁与购买的一次性支出相比，能够避免一次性支付的负担，而且租金支出是未来的、分期的，企业无须一次筹集大量资金偿还。

2. 融资租赁筹资的缺点是资本成本高

其租金通常比举借银行借款或发行债券所负担的利息高得多，租金总额通常要高于设备价值的 30%。尽管与借款方式比，融资租赁能够避免到期一次性集中偿还的财务压力，但高额的固定租金也给各期的经营带来了负担。

## 四、债务筹资的优缺点

（一）债务筹资的优点

1. 筹资速度较快。与股权筹资比，债务筹资不需要经过复杂的审批手续和证券发行程序，如银行借款、融资租赁等，企业可以迅速地获得资金。

2. 筹资弹性大。发行股票等股权筹资，一方面需要经过严格的政府审批；另一方面从企业的角度出发，由于股权不能退还，股权资本在未来永久性地给企业带来了资本成本的负担。利用债务筹资，可以根据企业的经营情况和财务状况，灵活商定债务条件，控制筹资数量，安排取得资金的时间。

3. 资本成本负担较轻。一般来说，债务筹资的资本成本要低于股权筹资。其一是取得资金的手续费用等筹资费用较低；其二是利息、租金等用资费用比股权资本要低；其三是利息等资本成本可以在税前支付。

4. 可以利用财务杠杆。债务筹资不改变公司的控制权，因而股东不会出于控制权稀释原因反对负债。债权人从企业那里只能获得固定的利息或租金，不能参加公司剩余收益的分配。当企业的资本报酬率高于债务利率时，会增加普通股股东的每股收益，提高净资产报酬率，提升企业价值。

5. 稳定公司的控制权。债权人无权参加企业的经营管理，利用债务筹资不会改变和分散股东对公司的控制权。

（二）债务筹资的缺点

1. 不能形成企业稳定的资本基础。债务资本有固定的到期日，到期需要偿还，只能作为企业的补充性资本来源。再加上举借债务往往需要进行信用评级，没有信用基础的企业和新创企业，往往难以取得足够的债务资本。现有债务资本在企业的资本结构中达到一定比例后，往往由于财务风险升高而不容易再取得新的债务资金。

2. 财务风险较大。债务资本有固定的到期日，有固定的利息负担，抵押、质押等担保方式取得的债务，资本使用上可能会有特别的限制。这些都要求企业必须有一定的偿债能力，要保持资产流动性及其资产报酬水平，作为债务清偿的保障，对企业的财务状况提出了更高的要求，否则会给企业带来财务危机，甚至导致企业破产。

3. 筹资数额有限。债务筹资的数额往往受到贷款机构资本实力的制约，不可能像发行股票那样一次筹集到大笔资本，无法满足公司大规模筹资的需要。

## 思考题

1. 企业筹资的渠道有哪些？
2. 企业进行筹资管理的基本原则有哪些？
3. 企业筹资需求预测的方法有哪几种？
4. 什么是销售百分比法？如何用其计算外部融资需求额？
5. 普通股筹资的优缺点有哪些？
6. 债务筹资的优缺点有哪些？

# 第五章　资本成本与资本结构

企业的筹资管理，不仅涉及合理选择筹资方式，还涉及科学安排资本结构。资本结构优化是企业筹资管理的基本目标，也会对企业的生产经营安排产生制约性的影响。资本成本是资本结构优化的标准，不同性质的资本所具有的资本成本特性，带来了杠杆效应。

## 第一节　资本成本

筹资是企业进行投资和运营得以顺利开展的前提条件，天下没有免费的午餐，企业无论采用何种方式筹集资本都要支付成本，通过不同渠道、不同方式取得的资本其成本也各不相同。

### 一、资本成本概述

（一）资本成本概念

资本成本是指企业取得和使用资本时所付出的代价。为使企业价值最大化，除了要降低企业的生产和经营成本，其使用资本的成本也要达到最小。

资本成本包括筹资费用和用资费用。其中，企业在资金筹措过程中所发生的各种费用，称为筹资费用，主要指发行债券、股票等的费用，向非银行金融机构借款的手续费等。企业因占用资本而向资本提供者支付的代价，主要包括利息、股息、红利等，成为用资费用。

（二）资本成本的作用

1. 资本成本是选择筹资方式的依据

资本成本的高低是比较、评价不同筹资方式的依据。当风险、筹资难易程度、控制权稀释等因素相同时，企业筹资应选择资本成本最低的方式。

2. 资本成本是评价投资方案，进行投资决策的重要标准

资本成本的高低也关系着企业现金流出量的高低。一般而言，一个投资项目只有在投资收益率高于资本成本时，经济上才是合理的。相反，如果投资收益率低于资本成本，该投资项目无利可图。资本成本率是企业用以确定项目要求达到的最低投资报酬率。

3. 资本成本是评价企业经营业绩的重要依据

资本成本是投资者要求达到的最低投资收益率，如果企业利润率高于资本成本，可以认为经营是有利可图；相反，如利润率低于资本成本，则可认为企业经营不佳，需要改善经营管理。

（三）资本成本的性质

在筹资活动中，由于资本所有权与资本使用权分离，资本成本便是对这一结果的反映。资金出借方让渡了资本使用权，必须要求获得一定的补偿，资本成本表现为让渡资本使用权所带来的投资报酬；筹资方取得了资本使用权，就需要支付一定的使用费，资本成本表现为取得资本使用权所付出的代价。

资本成本同时也是企业经营成本的构成。企业经营活动所产生的资金耗费与其他资源耗费一样，需要获得补偿，这一补偿由投资活动所取得的投资收益予以弥补，因此，资本成本也就成了投资项目的取舍标准。

资本成本的本质是机会成本。财务活动中资本是稀缺资源，将资本投入某个企业或投入某个项目，则意味着放弃了其他企业或其他项目，而被放弃的潜在收益则成了这个企业或项目使用资本的机会成本。

（四）资本成本的影响因素

1. 内部因素

（1）筹资期限。筹资期限越长，资本所有者让渡资本使用权的时间越长，不可预计因素就越多，因此，资本所有者要求的回报就越高，导致资本成本上升。

（2）企业的信用等级。企业信用等级越高，越容易筹集到资金，资本成本越低。

（3）抵押担保。资本出借者要求的抵押产品价值越高，企业资本成本越高。

（4）资本结构。企业资本结构中权益资本比重越高，资本成本越高。

（5）股利政策。若企业实行高现金股利政策，盈余中大量现金用于分配股利，那么企业所需要的外部筹资金额就越多，资本成本越高。

2. 外部因素

（1）总体经济环境

总体经济环境反映了整个经济中资本的需求和供给，以及预期的通货膨胀。总

体经济环境变化的影响，反映在无风险报酬率上，如果整个社会经济的资金供给和需求相对均衡且通货膨胀水平低，资金所有者投资的风险小，预期报酬率低，筹资的资本成本相应就比较低。

（2）资本市场

资本市场条件和效率影响证券投资风险，表现为资本市场上的证券的市场流动性。证券的流动性高，投资者买进或卖出该种证券相对容易，投资风险较低，那么投资者所要求的回报就相对较低，因此资本成本就相对较低。如果资本市场缺乏效率，证券的市场流动性低，投资者投资风险大，要求的预期报酬率高，那么通过资本市场筹集的资本其资本成本就比较高。

（3）企业经营状况和财务状况

企业内部经营风险会导致企业经营利润率的不确定性。企业财务风险会导致违约风险的增加，以及税后收益的波动加大。两者共同构成企业总体风险，如果企业经营风险高，财务风险大，则企业总体风险水平高，投资者要求的预期报酬率高，企业筹资的资本成本相应就大。

## 二、个别资本成本的计量

个别资本成本是指使用单一长期资本的成本，包括长期借款成本、公司债券成本、普通股成本、优先股成本和留存收益成本，其中前两种为债务资本成本，后三类为权益资本成本。

（一）资本成本基本模式

根据在计算资本成本过程中是否考虑时间价值的影响，可将资本成本分为静态资本成本和动态资本成本。

1. 静态资本成本

为了便于分析比较，资本成本通常不考虑时间价值的影响，用相对数即资本成本率表达。计算时，将初期的筹资费用作为筹资金额的一项扣除，扣除筹资费用后的筹资额称为筹资净额，计算公式是：

$$资本成本率=\frac{年资金用资费用}{筹资净额}=\frac{年资金用资费用}{筹资总额-筹资费用} \quad (5-1)$$

2. 动态资本成本

由于企业筹措的长期资本一般金额大、时间超过一年，更准确和科学的资本成本计算方式是采用折现模式，即将债务未来还本付息或股权未来股利的折现值与目前筹资净额相等时的折现率作为资本成本率。

$$筹资净额现值-未来资本清偿现金流量现值=0 \quad (5-2)$$

资本成本＝现金流量折现率

（二）长期借款资本成本

长期借款资本成本包括借款利息和借款手续费用。利息费用税前支付，可以起抵税作用，因此长期借款资本成本主要为税后成本。

1. 静态资本成本

$$长期借款资本成本=\frac{年利率\times（1-所得税率）}{1-筹资费用率}\times 100\% \quad (5-3)$$

$$K_1=\frac{I（1-T）}{L（1-F）}\times 100\%=\frac{i（1-T）}{1-F}\times 100\%$$

其中：$K_1$—长期借款资本成本；

I—长期借款年利息；

T—所得税率；

L—长期借款筹资额（借款本金）；

F—长期借款筹资费用率（当筹资费用率很低时，可忽略不计）；

i—长期借款年利率。

【例 5-1】某企业取得 5 年期长期借款 500 万元，年利率 12%，每年付息一次，到期一次还本，筹资费用率 1%，企业所得税率 25%。该项长期借款的资本成本为：

$$K=\frac{500\times 12\%\times（1-25\%）}{500\times（1-1\%）}\times 100\%=9.09\%$$

或

$$K=\frac{12\%\times（1-25\%）}{1-1\%}\times 100\%=9.09\%$$

2. 动态资本成本

$$L(1-F)=\sum_{t=1}^{n}\frac{I\times(1-T)}{(1+K_1)^n}+\frac{P}{(1+K_1)^n} \quad (5-4)$$

其中：$K_1$——长期借款资本成本；

I——长期借款年利息；

T——所得税率；

L——长期借款筹资额；

F——长期借款筹资费用率（当筹资费用率很低时，可忽略不计）；

P——第 n 年应偿还的本金。

【例 5-2】沿用例 5-1 资料，该项长期借款的资本成本为：

$$500\times(1-1\%)=\sum_{t=1}^{5}\frac{500\times 12\%\times(1-25\%)}{(1+K)^5}+\frac{500}{(1+K)^5}$$

利用插值法，求得 K 值，该指标便是资产成本，其中：

假设贴现率为 10%，查“年金现值系数表”和“复利现值系数表”，代入上述公式有：

500×12%×(1-25%)×(P/A,10%,5)+500×(P/F,10%,5)= 481.036（万元）

假设贴现率为 9%，查“年金现值系数表”和“复利现值系数表”，代入上述公式有：

$500\times12\%\times(1-25\%)\times(P/A,9\%,5)+500\times(P/F,9\%,5)=499.9865$（万元）

利用插值法计算税后资本成本：

$$9\%+\frac{(499.9865-495)}{(499.9865-481.036)}\times(10\%-9\%)=9.26\%$$

（三）债券资本成本

公司债券资本成本包括债券利息和借款发行费用。债券可以溢价发行，也可以折价发行，其资本成本率按一般模式计算为：

1. 静态资本成本

$$债券资本成本=\frac{年利率\times（1-所得税率）}{1-筹资费用率}\times100\% \qquad (5-5)$$

$$K_2=\frac{I(1-T)}{B(1-F)}\times100\%=\frac{r(1-T)}{1-F}\times100\%$$

其中：$K_2$——债券资本成本；

I——债券年利息；

T——所得税率；

B——债券筹资额（借款本金）；

F——债券筹资费用率（当筹资费用率很低时，可忽略不计）；

r——债券票面利率。

【例 5-3】某企业取得 10 年期长期借款 500 万元，票面利率 12%，每年付息一次，到期一次还本，筹资费用率 5%，企业所得税率 25%。该债券的资本成本为：

$$K=\frac{500\times12\%\times(1-25\%)}{500\times(1-5\%)}\times100\%=9.47\%$$

或

$$K=\frac{12\%\times(1-25\%)}{1-5\%}\times100\%=9.47\%$$

2. 动态资本成本

$$B(1-F)=\sum_{t=1}^{n}\frac{I\times(1-T)}{(1+K_2)^n}+\frac{P}{(1+K_2)^n}$$

其中：$K_2$——债券资本成本；

I——债券年利息；

T——所得税率；

B——债券筹资额；

F——债券筹资费用率（当筹资费用率很低时，可忽略不计）；

r——债券票面利率。

【例 5-4】沿用例 5-3 资料，该项长期借款的资本成本为：

$$500\times(1-5\%)=\sum_{t=1}^{5}\frac{500\times12\%(1-25\%)}{(1+K)^{10}}+\frac{500}{(1+K)^{10}}$$

利用插值法，求得K值，该指标便是资产成本，其中：

假设贴现率为10%，查"年金现值系数表"和"复利现值系数表"，代入上述公式有：

$500\times12\%\times(1-25\%)\times(P/A,12\%,10)+500\times(P/F,12\%,10)=469.257$（万元）

假设贴现率为9%，查"年金现值系数表"和"复利现值系数表"，代入上述公式有：

$500\times12\%\times(1-25\%)\times(P/A,9\%,10)+500\times(P/F,9\%,10)=499.9965$（万元）

利用插值法计算税后资本成本：

$$9\%+\frac{(499.9965-475)}{(499.9965-469.257)}\times(10\%-9\%)=9.72\%$$

（四）优先股资本成本

企业发行优先股股票筹资，同发行长期债券筹资一样，也需支付筹资费用，如注册费、代销费等。优先股的股息率在事先确定，且定期支付股息。但优先股与债券不同的是，优先股的股息是以税后净利润支付的，企业不会因此而少缴所得税。因此，优先股资本成本的计算公式为：

$$K=\frac{D_P}{P(1-F)} \tag{5-6}$$

其中：K——优先股成本；

$D_P$——优先股年股息；

P——优先股股总额；

F——优先股筹资费用率。

【例5-5】某公司发行优先股股票200万元，筹资费用率3%，年股息率为15%，则优先股成本为：

$$K=\frac{200\times15\%}{200\times(1-3\%)}=100\%=15.46\%$$

（五）普通股资本成本

普通股资本成本主要是向股东支付的各期股利。由于各期股利并不一定固定，随企业各期收益波动，因此普通股的资本成本只能按贴现模式计算，并假定各期股利的变化具有一定的规律性。如果是上市公司普通股，其资本成本还可以根据该公司的股票收益率与市场收益率的相关性，按资本资产定价模型法估计。

1. 股利增长模型。假定股票市场价格与价值相等。某股票本期支付的股利为$D_0$，未来各期股利按g速度增长。目前股票市场价格为P，则普通股资本成本为：

$$K=\frac{Do(1+g)}{P(1-F)}+g=\frac{D_1}{P(1-F)}+g \tag{5-7}$$

其中：K——普通股成本；

$D_0$——普通年股利；

P——普通股金总额；

F——普通股筹资费用率；

$D_1$——最近一期股利。

【例 5-6】某公司普通股市价 25 元，筹资费用率 2%，本年发放现金股利每股 0.5 元，预期股利年增长率为 10%。则，该普通股的成本为：

$$K=\frac{0.5\times(1+10\%)}{25\times(1-3\%)}+10\%=12.27\%$$

2. 资本资产定价模型法。假定资本市场有效，股票市场价格与价值相等。假定无风险报酬率为 $R_f$，市场平均报酬率为 $R_m$，某股票贝塔系数为 β，则普通股资本成本为：

$$K=R_f+\beta(R_m-R_f) \tag{5-8}$$

【例 5-7】某公司普通股 β 系数为 2.5，无风险收益率为 5%，市场平均报酬率 12%，则该普通股资本成本率为：

$$K=5\%+2.5\times(12\%-5\%)=22.5\%$$

（六）留存收益资本成本

留存收益是企业税后净利形成的，所有权归属于股东，其实质是所有者向企业的追加投资。企业利用留存收益筹资，无须发生筹资费用。如果企业将留存收益用于再投资，所获得的收益率低于股东自己进行一项风险相似的投资项目的收益率，企业就应该将其分配给股东。留存收益的资本成本，表现为股东追加投资要求的报酬率，其计算与普通股成本相同，可利用股利增长模型法计算求得，不同点在于留存收益资本成本不考虑筹资费用。

假定股票市场价格与价值相等。某股票本期支付的股利为 $D_0$，未来各期股利按 g 速度增长。目前股票市场价格为 P，则普通股资本成本为：

$$K=\frac{D_0(1+g)}{P}+g=\frac{D_1}{P}+g \tag{5-9}$$

其中：K——普通股成本；

$D_0$——普通年股利；

P——普通股金总额；

$D_1$——最近一期股利。

【例 5-8】某公司拟留用本年利润为 500 万元，本年股利率为 12%，以后每年预计增长 5%。求该公司留存收益的筹资成本。

$$K=\frac{D_1}{P}+g=\frac{500\times12\%}{500}+12\%=17\%$$

## 三、加权平均资本成本的计算

由于受多种因素的制约，企业不可能只使用某种单一的筹资方式，往往需要通过多种方式筹集所需资金。在衡量和评价单一融资方案时，需要计算个别资本成本；在衡量和评价企业多种筹资方式的成本时，需要计算企业的加权平均资本成本（WACC）。加权平均资本成本用于衡量企业资本成本水平，确立企业理想的资本结构。

加权平均资本成本，是以各项个别资本在企业总资本中的比重为权数，对各项个别资本成本进行加权平均而得到的综合资本成本。计算公式为：

$$K_w = \sum_{t=1}^{n} K_j W_j \tag{5-10}$$

其中：$K_w$——加权平均资本成本

$K_j$——第 j 种个别资本成本

$W_j$——第 j 种个别资本成本占全部资本的比重（权数）。

【例 5-9】某公司 20×1 年期末的长期资本账面总额为 1 000 万元，其中：长期借款 300 万元；长期债券 180 万元；普通股 520 万元。长期借款、长期债券和普通股的个别资本成本分别为：5%、6%、9%。该公司的平均资本成本为：

$$K = 5\% \times \frac{300}{1\ 000} + 6\% \times \frac{180}{1\ 000} + 9\% \times \frac{520}{1\ 000} = 7.26\%$$

上述计算中的个别资本成本的权数是按账面价值确定的，其资料容易取得。如果资本的账面价值与市场价值差别较大时，比如股票、债券的市场价格发生较大变动，计算结果会与实际有较大差别，从而误导筹资决策。为了克服这一缺陷，个别资本的权属的确定还可以按市场价值或目标价值确定，分别称为市场价值权数、目标价值权数。

市场价值权数指债券、股票等以市场价格确定权数，这样计算的综合资本成本能反映企业目前的实际情况。

目标价值权数指债券、股票以未来预计的目标市场价值确定权数。这种权数能体现期望的资本结构，而不是像账面价值权数和市场价值权数那样只反映过去和现在的资本结构，所以按目标价值权数计算的综合资本成本更适用于企业筹措新资金。然而，企业很难客观合理地确定证券的目标价值，因而使这种计算方法不易推广。

## 四、边际资本成本的计算

企业无法以某一固定资本成本来筹措无限的资金，当其筹集的资本金额超过一定限度时原来的资本成本就会增加。在企业追加筹资时，需要知道筹资额在什么数额上会引起资本成本怎样的变化，这就要用到边际资本成本的概念。

边际资本成本是企业追加筹资的成本，是指增加一个单位的资金而增加的成本。筹资方案组合时，边际资本成本的权数采用目标价值权数。

【例 5-10】某公司设定的目标资本结构为：银行借款 20%、公司债券 15%、普通股 65%。现拟追加筹资 300 万元，按此资本结构来筹资。个别资本成本率预计分别为：银行借款 7%、公司债券 12%、普通股权益 15%。追加筹资 300 万元的边际资本成本如表 5.1 所示：

表 5.1　边际资本成本计算表

| 资本种类 | 目标资本结构 | 追加筹资额 | 个别资本成本 | 边际资本成本 |
| --- | --- | --- | --- | --- |
| 银行借款 | 25% | 125 万元 | 6% | 1.5% |
| 公司债券 | 15% | 75 万元 | 10% | 1.5% |
| 普通股 | 60% | 300 万元 | 15% | 9% |
| 合　　计 | 100% | 500 万元 | —— | 12% |

## 第二节　杠杆原理

物理学的杠杆原理，是指通过杠杆的使用，只用一个较小的力量便可以产生较大的效果。财务管理中存在着类似于物理学中的杠杆效应，表现为：由于特定固定支出或费用的存在，导致当某一财务变量以较小幅度变动时，另一相关变量会以较大幅度变动。财务管理中的杠杆效应，包括经营杠杆、财务杠杆和总杠杆三种效应形式。

### 一、成本习性

成本习性也称为成本性态，指在一定条件下成本的变动与特定业务量之间的依存关系。成本按习性可划分为固定成本、变动成本和混合成本三类。

1. 固定成本，是指其总额在一定时期和一定业务量范围内不随业务量发生任何变动的成本。属于固定成本的主要有按直线法计提的折旧费、保险费、管理人员工资、办公费等。单位固定成本将随产量的增加而逐渐变小。

2. 变动成本，是指其总额随着业务量成正比例变动的那部分成本。直接材料、直接人工等都属于变动成本，但产品单位成本中的直接材料、直接人工将保持不变。

3. 混合成本，有些成本虽然也随业务量的变动而变动，但不成同比例变动，这类成本称为混合成本。混合成本介于固定成本和变动成本之间。

### 二、经营杠杆与经营风险

1. 经营杠杆，是指由于固定性经营成本的存在，而使得企业的资产报酬（息税前利润）变动率大于业务量变动率的现象。

2. 经营风险是指企业由于生产经营上的原因而导致的资产报酬波动的风险。经营风险不仅因行业而异，而且即使同一行业也差别很大。影响企业经营风险的因素很多，主要有：

（1）市场需求。市场对企业产品的需求越稳定，企业利润变动越小，经营风险越小；反之经营风险则大。

（2）产品价格。产品价格变动大则导致需求不稳定，因此产品价格波动会导致经营风险加大。

（3）产品成本。产品成本是收入的抵减，成本不稳定，会导致利润不稳定，因此产品成本变动大的，经营风险就大。

（4）调整价格的能力。当产品成本变动时，若企业具有较强的调整价格的能力，经营风险就小。

（5）固定性生产成本的比重。固定成本在全部成本中所占比重较大，单位产品分摊的固定成本便高，若产品销售量发生变动，单位产品分摊的固定成本会随之变动，最后导致利润更大幅度的变动，经营风险就大。

在固定成本一定的情况下，随着产销量的增加，单位产品成本降低，单位产品利润增加，从而使公司营业利润的增长率大于产销量的增长率；反之，随着产销量的减少，单位产品成本升高，单位产品利润减少，从而使公司营业利润的降低率大于产销量的降低率。如果不存在固定成本，那么，营业利润的变动率将会与产销量的变动率保持一致。由于固定成本的存在，公司营业利润的变动率大于产销量变动率的现象称为经营杠杆。

3. 经营杠杆系数

只要企业存在固定性生产成本，就一定存在经营杠杆效应，不同的固定性生产成本水平，其经营杠杆效应也不同。为了衡量不同的经营杠杆效应，财务工作中引入了经营杠杆系数对其进行衡量。

经营杠杆系数（DOL）是营业利润对产销变动敏感性的量度，即当销售变动1%时，引起营业利润的变动程度。其计算公式为：

$$经营杠杆系数=\frac{息税前利润变动率}{产销量变动率} \tag{5-11}$$

$$DOL=\frac{\Delta EBIT/EBIT}{\Delta Q/Q}$$

其中：DOL——经营杠杆系数；

ΔEBIT——息税前利润变动额；

EBIT——变动前息税前利润；

ΔQ——销售变动量；

Q——变动前销售量。

为了便于利用基期数据计算经营杠杆系数，根据成本与产销量之间的关系，通过推导可将上述公式简化：

$$DOL=\frac{S-VC}{S-VC-F}=\frac{EBIT+F}{EBIT} \tag{5-12}$$

其中：S——销售额；

VC——变动成本；

F——固定成本。

【例 5-11】ABC 公司相关资料如表 5.2 所示。

**表 5.2　ABC 公司财务数据**　　单位：元

| 项目 | 20×1 年 | 20×2 年 |
| --- | --- | --- |
| 销售量 | 150 000 | 200 000 |
| 销售收入（单价 3 元） | 450 000 | 600 000 |
| 固定成本 | 24 000 | 24 000 |
| 变动成本 | 300 000 | 400 000 |
| 其中：单位变动成本 | 2 | 2 |
| 息税前利润 | 126 000 | 176 000 |

$$息税前利润变动率=\frac{176\ 000-126\ 000}{126\ 000}\times100\%=39.68\%$$

$$产销量变动率=\frac{200\ 000-150\ 000}{150\ 000}\times100\%=33.33\%$$

$$DOL=\frac{39.68\%}{33.33\%}=1.19$$

经营杠杆系数 1.19 表明，息税前利润的变化是产销量变动的 1.19 倍。

【例 5-12】ABC 公司生产甲产品，固定成本 50 万元，变动成本率 40%，当企业的销售额分别为 300 万元、150 万元、100 万元时，经营杠杆系数分别为：

$$DOL_1=\frac{300-300\times40\%}{300-300\times40\%-50}=1.2$$

$$DOL_2=\frac{150-150\times40\%}{150-150\times40\%-50}=2.25$$

$$DOL_3=\frac{100-100\times40\%}{100-100\times40\%-50}=6$$

以上计算结果表明了这样一些问题：

（1）在固定成本不变的情况下，经营杠杆系数说明了销售额增长（或减少）所引起息税前利润增长（或减少）的幅度。比如，$DOL_1$ 说明在销售额 300 万元时，销售额的增长（或减少）会引起息税前利润 1.2 倍的增长（或减少）；$DOL_2$ 说明在销售额为 150 万元时，销售额的增长（或减少）将引起息税前利润 2.25 倍的增长（或减少）。

（2）在固定成本不变的情况下，销售额越大，经营杠杆系数越小，经营风险也就越小；反之，销售额越小，经营杠杆系数越大，经营风险也就越大。比如，当销售额为400万元时，$DOL_1$ 为1.2；当销售额150万元时，DOL为2.25。显然后者利润的不稳定性大于前者，故后者的经营风险大于前者。

（3）固定成本在销售额中的比重越大，经营杠杆系数越大。比如，当销售额为300万元时，固定成本在销售额的比重为16.67%，经营杠杆系数为1.2；当销售额为100万元时，固定成本在销售额的比重为50%，经营杠杆系数为6。显然，当固定成本在销售额中的比重越大，经营杠杆系数就越大，经营风险也越高。

## 三、财务杠杆与财务风险

1. 财务杠杆

一般而言，企业中总是存在着一定的债务资本。企业负债经营，无论利润如何变动，每期支付的债务利息是不变的。因此，负债经营的企业总是存在着这样一种现象，由于固定性资本成本（利息费用）的存在，而使得企业的每股收益变动率大于息税前利润变动率，这种现象就是财务杠杆效应。这种债务对投资者收益的影响称作财务杠杆。财务杠杆反映了股权资本报酬的波动性，用以评价企业的财务风险。

2. 财务风险

财务风险是指因企业资本结构不同而影响企业支付利息和股息及到期支付本金能力的风险。债权人有优先求偿权，企业有定期支付本息的义务，影响企业的现金流转。如果现金流出高于现金流入，企业没有足够的资金偿还本息，那么债权人将有权强迫企业清算。如果没有负债经营，企业将不会承担这项风险，只有经营风险。因此，负债经营是财务风险的来源。

当有固定利息费用等资本成本存在时，如果其他条件不变，息税前利润的增加虽然不改变固定利息费用总额，但会降低每一元息税前利润分摊的利息费用，从而提高每股收益，使得普通股收益的增长率大于息税前利润的增长率，进而产生财务杠杆效应。当不存在固定利息、股息等资本成本时，息税前利润就是利润总额，此时利润总额变动率与息税前利润变动率完全一致。如果两期所得税税率和普通股股数保持不变，每股收益的变动率与利润总额变动率也完全一致，进而与息税前利润变动率一致。可见，固定性利息费用的存在，会放大企业的风险。

【例5-13】某公司融资总需求为1 000 000元，公司财务经理正考虑以下三种资本结构：

（1）权益资本100%，无债务资本；

（2）权益资本70%，债务资本30%，利率10%；

（3）权益资本30%，债务资本70%，利率10%。

上述三种资本结构对企业的利润及每股收益影响如表5.3所示，假定该公司息税前利润为120 000元，所得税率为25%，普通股面值1元。

表 5.3　甲公司三种资本结构下的利润与每股收益　　单位：元

| 项目 | 结构一 | 结构二 | 结构三 |
|---|---|---|---|
| 资本总额 | 1 000 000 | 1 000 000 | 1 000 000 |
| 权益资本 | 1 000 000 | 700 000 | 300 000 |
| 债务资本 | — | 300 000 | 700 000 |
| 息税前利润 | 120 000 | 120 000 | 120 000 |
| 利息 | — | 30 000 | 70 000 |
| 税前利润 | 120 000 | 90 000 | 50 000 |
| 所得税 | 30 000 | 22 500 | 12 500 |
| 税后利润 | 90 000 | 67 500 | 37 500 |
| 股票数量 | 1 000 000 | 700 000 | 300 000 |
| 每股收益 | 0.09 | 0.096 | 0.125 |

以上数据表明：

（1）对盈利的企业而言，有负债的企业（结构二）的每股收益要大于无负债的企业（结构二）的每股收益；

（2）高负债的企业（结构三）的每股收益要大于低负债的企业（结构二）的每股收益。

3. 财务杠杆系数

只要企业融资方式中存在固定性资本成本，就存在财务杠杆效应。在同一固定的资本成本支付水平上，不同的息税前利润水平，对固定的资本成本的承受负担是不一样的，其财务杠杆效应的大小程度是不一致的。测算财务杠杆效应程度，常用指标为财务杠杆系数。财务杠杆系数（DFL），是每股收益变动率与息税前利润变动率的倍数，计算公式为：

$$财务杠杆系数=\frac{每股收益变动率}{息税前利润变动率} \tag{5-13}$$

$$DFL=\frac{\Delta EPS/EPS}{\Delta EBIT/EBIT}$$

其中：DFL——财务杠杆系数；

ΔEBIT——息税前利润变动额；

EBIT——变动前息税前利润；

ΔEPS——每股收益变动量；

EPS——变动前的每股收益。

因为每股收益的增长额等于息税前利润增长额减去所得税后的余额，即：

$$\Delta EPS=\Delta EBIT(1-T) \tag{5-14}$$

基期的每股收益等于基期的息税前利润减去利息费用、所得税和优先股股利后的余额，即：

$$EPS=(EBIT-I)(1-T)-PD \tag{5-15}$$

$$DFL=\frac{EBIT}{EBIT-I-\frac{PD}{1-T}}$$

其中：I——利息额；

$P_D$——优先股股利；

T——所得税率。

【例 5-14】有 A、B、C 三个公司，资本总额均为 1 000 万元，所得税税率均为 25%，每股面值均为 1 元。A 公司资本全部由普通股组成；B 公司债务资本 200 万元（利率 10%），普通股 800 万元；C 公司债务资本 500 万元（利率 10%），普通股 500 万元。三个公司 20×1 年 EBIT 均为 200 万元，20×2 年 EBIT 均为 300 万元，EBIT 增长了 50%。有关财务指标如表 5.4 所示：

**表 5.4　三家公司财务杠杆系数计算**　　单位：万元

| 利润项目 | | A 公司 | B 公司 | C 公司 |
|---|---|---|---|---|
| 普通股股数 | | 1 000 万股 | 800 万股 | 500 万股 |
| 利润总额 | 20×1 年 | 200 | 180 | 150 |
| | 20×2 年 | 300 | 280 | 250 |
| | 变化率 | 50% | 55.56% | 66.67% |
| 净利润 | 20×1 年 | 150 | 135 | 112.5 |
| | 20×2 年 | 225 | 210 | 187.5 |
| | 变化率 | 50% | 55.56% | 66.67% |
| 普通股收益 | 20×1 年 | 150 | 135 | 112.5 |
| | 20×2 年 | 225 | 210 | 187.5 |
| | 变化率 | 50% | 55.56% | 66.67% |
| 每股收益 | 20×1 年 | 0.15 元 | 0.17 元 | 0.225 元 |
| | 20×2 年 | 0.225 元 | 0.2625 元 | 0.375 元 |
| | 变化率 | 50% | 55.56% | 66.67% |
| 财务杠杆系数 | | 1.000 | 1.11 | 1.33 |

可见，固定性利息费用所占比重越高，财务杠杆系数就越大。A 公司由于不存在固定资本成本的资本，没有财务杠杆效应；B 公司存在债务资本，其普通股收益增长幅度是息税前利润增长幅度的 1.11 倍；C 公司存在债务资本，并且债务资本的比重比 B 公司高，其普通股收益增长幅度是息税前利润增长幅度的 1.33 倍。

通过财务杠杆系数的公式可以看出，财务杠杆系数的大小取决于企业固定性利息费用的多少。当企业借入的债务资本越多，固定性利息费用越多，财务杠杆系数就越大，每股收益随息税前利润变动而变动的幅度越大；反之则越小。较大的财务杠杆系数可以为企业带来较强的每股收益扩张能力，但固定财务费用越多，其按期支付本息的可靠性越低，财务风险就大，投资者所要求的收益率也必定增加。因此，企业在筹集资本时，应在财务杠杆利益和财务风险之间做出权衡。

【例 5-15】假设某公司的年度债务利息为 400 万元，优先股股息为 150 万元，公司的所得税税率为 25%，那么，当息税前利润为 3 000 万元时，计算公司的财务杠杆系数。

$$DFL=\frac{3\ 000}{3\ 000-400-\dfrac{150}{1-25\%}}=1.25$$

## 四、总杠杆

经营杠杆的作用通过扩大销售量影响息税前利润，财务杠杆通过增加息税前利润，从而提高每股收益，因此，销售量的变动通过两级放大将会产生更高的每股收益，这种现象被称为总杠杆或者复合杠杆效应。总杠杆可通过总杠杆系（DTL）数进行衡量。总杠杆系数，或者复合杠杆系数，是指在某一销量水平下普通股每股收益变动率相当于销售额或销售量变动率的倍数，用公式表示为：

$$DTL=\frac{\Delta EPS/EPS}{\Delta Q/Q}=\frac{S-WC}{S-C-F-I} \tag{5-16}$$

或者，

$$DTL=DOL\times DFL \tag{5-17}$$

【例 5-16】某公司长期资本总额 200 万元，其中长期负债 40%，利率 10%，公司销售额为 100 万元，固定成本总额为 10 万元，变动成本率为 60%，该公司的总杠杆系数为：

$$DOL=\frac{100-100\times 60\%}{100-100\times 60\%-10}=1.38$$

$$DFL=\frac{22}{22-8}=1.57$$

$$DTL=1.33\times 1.57=2.09$$

这种双重杠杆的作用是一把“双刃剑”，在公司经营状况良好时固然可提高每股收益的期望值，使股东获得总杠杆利益，但同时使风险增大；在公司销售滑坡时，股东的每股收益率将有大幅度降低。

总之，经营杠杆系数可用来衡量企业的经营风险，财务杠杆系数可用来衡量企业的财务风险，总杠杆系数可用来衡量企业的总体风险。总杠杆系数越大，企业每股收益随产量增长而扩张的能力越强，但风险也随之越大。因此，企业管理人员必须根据其可承受风险的程度来确定合适的经营杠杆系数和财务杠杆系数。

## 第三节　资本结构

资本结构及其管理是企业筹资管理的核心问题。企业应综合考虑有关影响因素，运用适当的方法确定最佳资本结构，提升企业价值。

### 一、资本结构及其影响因素

资本结构是指企业各种长期资本筹集来源的构成和比例关系。筹资管理中，资本结构有广义和狭义之分。广义的资本结构是指全部债务资本与权益资本的构成比例，其中债务资本包括长期债务资本和短期债务资本；狭义的资本结构是指长期债务资本与权益资本构成比例。短期资金的需要量和筹集是经常变化的，在整个资本总量中所占的比重不稳定，因此不列入资本结构管理范围，而作为营运资金管理。本书所指的资本结构通常仅是狭义的资本结构，也就是长期债务资本和权益资本在企业全部资本中所占的比重。

不同的资本结构会给企业带来不同的影响。企业利用债务资本进行负债经营，可以产生财务杠杆作用，但也会产生较高的财务风险；筹集权益资本，财务风险低，但也丧失了财务杠杆效应。因此企业必须权衡财务风险和资本成本的关系，确定最佳的资本结构。因此，企业资本结构最佳状态应是在一定条件下，企业平均资本成本最低、企业价值最大，即达到最佳资本结构。

影响企业资本结构的因素很多，主要包括：

1. 企业经营状况的稳定程度。如果产销业务量稳定，企业可较多地负担固定性的财务费用；如果产销业务量或盈余波动较大，负担固定性的财务费用将承担较大的财务风险。企业经营状况稳定，则可更大程度地利用债务资本筹资，资本结构中债务资本的比例上升；反之，当企业经营状况稳定程度较低，企业利用权益资本筹资风险较低，资本结构中债务资本的比重将降低。

2. 企业的财务状况和信用等级。企业财务状况良好，信用等级高，债权人愿意向企业提供信用，企业容易获得债务资本。相反，如果企业财务情况欠佳，信用等级不高，债权人投资风险大，这样会降低企业获得信用的能力，加大债务资本筹资的资本成本。

3. 股东及管理者的态度。从股东角度看，在公司经营良好时，股东倾向于提高负债比重，通过负债经营，既不会分散对公司的控制权，也能够得到财务杠杆利益，提高每股收益与权益资本回报率。从企业管理当局的角度看，高负债资本结构的财务风险高，一旦经营失败或出现财务危机，管理当局将面临市场接管的威胁或者被董事会解聘。因此，稳健的管理当局偏好于选择低负债比例的资本结构。

4. 债券人的态度。出于对资金安全的考虑，债权人可能在债务合同中会对企业的债务比重等因素进行限制。

5. 行业的差异。行业不同，资本结构存在很大的差异。财务经理必须考虑本公司所处的行业，进而确定最佳的资本结构。

## 二、资本结构决策

确定最佳资本结构的核心是根据衡量资本结构优劣的某一标准来确定合适的负债比重。最佳资本结构的标准，通常用加权平均资本成本最低、普通股每股收益最大、股票市价的公司总体价值最大的标准来确定最佳的资本结构。

### （一）加权平均资本成本比较法

这种方法以公司的加权平均资本成本最低为标准来确定公司的最佳资本结构。加权平均资本成本比较法，是通过计算和比较各种可能的筹资组合方案的平均资本成本，选择平均资本成本率最低的方案。能够降低平均资本成本的资本结构，就是合理的资本结构。这种方法侧重于从资本投入的角度对筹资方案和资本结构进行优化分析。

【例 5-17】某公司需筹集 100 万元长期资本，可以用贷款、发行债券、发行普通股三种方式筹集，其个别资本成本率已分别测定，有关资料如表 5.5 所示。

**表 5.5　某公司资本成本与资本结构表**

| 筹资方式 | 资本结构 | | | 个别资本成本 |
|---|---|---|---|---|
| | A 方案 | B 方案 | C 方案 | |
| 长期借款 | 30% | 20% | 40% | 6% |
| 债券 | 10% | 20% | 30% | 8% |
| 普通股 | 50% | 60% | 30% | 9% |
| 合计 | 100% | 100% | 100% | — |

分别计算三个方案的综合资本成本 K。

A 方案：K=30%×6%+10%×8%×+50%×9%=7.1%

B 方案：K=20%×6%+20%×+8%+60%×9%=8.2%

C 方案：K=40%×6%+30%×8%+30%×9%×7.5%

A 方案加权平均资本成本最低，因此在这三种可选方案中，最优资本结构为 A 方案。

### （二）每股收益分析法

资本结构合理与否，可以通过分析每股收益的变化来衡量，即能够提高普通股每股收益的资本结构，就是合理的资本结构。在资本结构管理中，利用债务资本的目的之一，就在于债务资本能够提供财务杠杆效应，利用负债筹资的财务杠杆作用来增加股东财富。

每股收益分析是利用每股收益的无差别点进行的。每股收益的无差别点，是指每股收益不受筹资方式影响的息税前利润水平。根据每股收益无差别点，可以分析判断在什么样的利润水平下适合于采用何种资本结构。

在每股收益无差别点上，无论是采用债务还是股权筹资方案，每股收益都是相等的。当预期息税前利润或业务量水平大于每股收益无差别点时，应当选择财务杠杆效应较大的筹资方案，反之亦然。在每股收益无差别点时，不同筹资方案的 EPS 是相等的，用公式表示如下：

$$\frac{(\overline{EBIT}-I_1)(1-T)}{N_1}=\frac{(\overline{EBIT}-I_2)(1-T)}{N_2} \tag{5-18}$$

其中：$\overline{EBIT}$为即每股收益无差别点；

$I_1$、$I_2$为两种筹资方式下的债务利息；

$N_1$、$N_2$为两种筹资方式下普通股股数；

T 为所得税税率。

【例 5-18】某公司面临的所得税率为 25%，目前资本结构为：总资本 1 000 万元，其中债务资本 200 万元（利率 10%）；普通股资本 800 万元（800 万股，面值 1 元，市价 5 元）。企业由于有一个较好的新投资项目，需要追加筹资 400 万元，有两种筹资方案：

A 方案：向银行取得长期借款 400 万元，利率 15%；

B 方案：增发普通股 100 万股，每股发行价 4 元。

根据上述数据，代入无差别点公式：

$$\frac{(\overline{EBIT}-20)(1-25\%)}{100+800}=\frac{(\overline{EBIT}-20-60)(1-25\%)}{800}$$

得：$\overline{EBIT}=560$（万元）

这里，560 万元是两个筹资方案的每股收益无差别点。在此点上，两个方案的每股收益相等，均为 0.45 元。

根据财务人员测算，追加筹资后销售额可望达到 1 200 万元，变动成本率 60%，固定成本为 200 万元，所得税率 25%，不考虑筹资费用因素，预期税前利润 280 万元，低于无差别点 560 万元，应当采用财务风险较小的 B 方案，即增发普通股方案。在 1 200 万元销售额水平上，A 方案的 EPS 为 0.1875 元，B 方案的 EPS 为 0.22 元。

（三）公司价值分析法

财务管理的目标在于追求企业价值的最大化，因此，在确定最佳资本结构时，也应按照这个标准来作为判断标准。公司价值分析法，是在考虑市场风险的基础上，以公司市场价值为标准，进行资本结构优化。能够提升公司价值的资本结构，就是合理的资本结构。这种方法主要用于对现有资本结构进行调整，适用于资本规模较大的上市公司资本结构优化分析。同时，在公司价值最大的资本结构下，公司的平均资本成本率也是最低的。

企业的市场总价值 V 应该等于其股票的总价值 S 加上债券的价值 B，即：

$$V=B+S \tag{5-19}$$

其中，V 表示公司价值，B 表示债务资本价值，S 表示权益资本价值。

为简化分析，假设公司各期的 EBIT 保持不变，债务资本的市场价值等于其面值，权益资本的市场价值可通过下式计算：

$$S=\frac{(\overline{EBIT}-I)(1-T)}{K_s} \tag{5-20}$$

$$K_s=R_f+\beta(R_m-R_f) \tag{5-21}$$

$$V=\frac{B}{V}\times K_b\times(1-T)+\frac{S}{V}+K_s \tag{5-22}$$

【例 5-19】某公司息税前利润为 500 万元，资本总额账面价值 1 000 万元。假设无风险报酬率为 6%，证券市场平均报酬率为 10%，所得税率为 25%。经测算，不同债务水平下的权益资本成本率和债务资本成本率如表 5.6 所示。

**表 5.6 不同债务水平下的债务资本成本率和权益资本成本率**

| 债务市场价值 B（万元） | 税前债务利息率 $K_b$ | 股票 β 系数 | 权益资本成本 $K_s$ |
|---|---|---|---|
| 0 | | 1.50 | 12% |
| 300 | 6.0% | 1.55 | 12.2% |
| 600 | 6.5% | 1.65 | 12.6% |
| 900 | 7.0% | 1.80 | 13.2% |
| 1 200 | 7.5% | 2.00 | 14% |
| 1 500 | 8.0% | 2.30 | 15.2% |
| 1 800 | 8.5% | 2.70 | 6.8% |

根据表 5.6 资料，可计算出不同资本结构下的企业总价值和综合资本成本。如表 5.7 所示。

表 5.7 企业价值和平均资本成本 单位：万元

| 债务市场价值 | 股票市场价值 | 公司总价值 | 债务税后资本成本 | 普通股资本成本 | 平均资本成本 |
|---|---|---|---|---|---|
| 0 | 2 000 | 2 000 | — | 12% | 12.00% |
| 300 | 2 963.11 | 3 263.11 | 4.50% | 12.2% | 11.63% |
| 600 | 2 744.05 | 3 344.05 | 4.88% | 12.6% | 11.51% |
| 900 | 2 482.95 | 3 382.95 | 5.25% | 13.2% | 11.55% |
| 1 200 | 2 196.43 | 3 396.43 | 5.63% | 14% | 11.7% |
| 1 500 | 1 875.00 | 3 375.00 | 6.00% | 15.2% | 12% |
| 1 800 | 1 549.11 | 3 349.11 | 6.38% | 16.8% | 12.34% |

可以看出，在没有债务资本的情况下，企业的总价值等于普通股的账面价值。当企业增加一部分债务时，财务杠杆开始发挥作用，普通股市场价值大于其账面价值，企业总价值上升，平均资本成本下降。在债务达到600万元时，公司总价值最高，平均资本成本最低。债务超过600万元后，随着利率的不断上升，财务杠杆作用逐步减弱甚至呈现负作用，公司总价值下降，平均资本成本上升。因此，债务为600万元时的资本结构是该公司的最优资本结构。

## 思考题

1. 什么是资本成本?
2. 资本成本的影响因素有哪些?
3. 长期债务筹资的资本成本如何计算?
4. 普通股筹资资本成本的公式是什么?
5. 财务杠杆和经营杠杆有什么区别?

# 第六章　项目投资决策

## 第一节　项目投资概述

### 一、投资的含义和种类

（一）投资的含义

投资是指特定经济主体（国家、企业和个人）为了在未来可预见的时期内获得收益或使资金增值，在一定时期向一定领域的标的物投放足够数量的资金或实物等货币等价物的经济行为。企业投资是指企业将财力投放于一定的对象，以期望在未来获取收益的一种行为。

（二）投资的种类

按投资行为的介入程度，投资可以分为直接投资和间接投资。直接投资是指投资人直接将资金投放于投资项目的一种投资。企业直接投资是指把资金投放于生产经营性资产，以便获取经营利润的投资。间接投资又称证券投资，是投资者将资金投放于证券等金融资产以预期获取股利或利息收入及资本利得的投资。

按投资回收期的长短，投资可以分为短期投资和长期投资。短期投资是指能够并且准备在一年以内收回的投资，主要指对短期有价证券等流动资产的投资。长期投资是指一年以上才能收回的投资，主要是指对厂房、设备等固定资产的投资，也包括对无形资产和长期有价证券的投资。

按投资的方向，投资可分为对内投资和对外投资。对内投资是指把资金投放在企业内部，购置各种生产经营用资产的投资。对外投资是指企业以货币资金、实物资产、无形资产等方式或者以购买股票、债券等有价证券方式向其他单位的投资。

此外，按照投入领域不同，投资可分为生产性投资和非生产性投资；按投资内容不同，投资可分为固定资产投资、无形资产投资、流动资产投资、有价证券投资、信托投资等多种形式。

## 二、项目投资的特点

项目投资是一种以特定建设项目为对象，与新建项目或更新改造项目有关的长期投资行为。与其他形式的投资相比，项目投资具有以下主要特点：

1. 投资金额大

项目投资，特别是战略性的扩大生产能力投资一般都需要较多的资金，其投资额往往是企业及其投资人多年的资金积累，在企业总资产中占有相当大的比重。因此，项目投资对企业未来的现金流量和财务状况都将产生深远的影响。

2. 影响时间长

项目投资的投资期及发挥作用的时间都较长，对企业未来的生产经营活动和长期经营活动将产生重大影响。

3. 变现能力差

项目投资一般不准备在一年或一个营业周期内变现，而且即使在短期内变现，其变现能力也较差。因为项目投资一旦完成，要想改变是相当困难的，不是无法实现，而是代价太大。

4. 投资风险大

影响项目投资未来收益的因素特别多，加上投资额大、影响的时间长和变现能力差，必然造成其投资风险比其他投资大，对企业未来的命运产生决定性影响。无数事例证明，一旦项目投资决策失败，会给企业带来先天性的、无法逆转的损失。

## 三、项目投资的程序

项目投资的程序主要包括以下环节：

1. 项目提出

这是项目投资程序的第一步，是根据企业的长远发展战略、中长期投资计划和投资环境的变化，在把握良好投资机会的情况下提出的。它可以由企业管理当局或企业高层管理人员提出，也可以由企业的各级管理部门和相关部门的领导提出。

2. 项目评价

这一步骤主要涉及如下几项工作：①对提出的投资项目进行适当分类，为分析评价做好准备；②计算有关项目的建设周期，测算有关项目投产后的收入、费用和经济效益，预测有关项目的现金流入和现金流出；③运用各种投资评价指标，把各项投资按可行程度进行排序；④写出详细的评价报告。

3. 项目决策

投资项目评价后，应按分权管理的决策权限由企业高层管理人员或相关部门经理做最后决策。投资额小的战术性项目投资或维持性项目投资，一般由部门经理做出，特别重大的项目投资还需要报董事会或股东大会批准。

4. 项目执行

决定对某项目进行投资后，要积极筹措资金，实施项目投资。在投资项目的执行过程中，要对工程进度、工程质量、施工成本和工程概算进行监督、控制和审核，防止工程建设中的舞弊行为，确保工程质量，保证按时完成。

5. 项目再评价

项目再评价即对投资项目进行跟踪审计，应注意原来做出的投资决策是否合理，是否正确。一旦出现新的情况，就要随时根据变化的情况做出新的评价。如果情况发生重大变化，原来投资决策变得不合理，那就要进行是否终止投资或怎样终止投资的决策，以避免更大的损失。

## 四、项目计算期的构成和项目投资的内容

1. 项目计算期的构成

项目计算期是指投资项目从投资建设开始到最终清理结束整个过程的全部时间，即该项目的有效持续期间。完整的项目计算期包括建设期和生产经营期。其中，建设期的第一年年初（通常记作第 0 年）称为建设起点；建设期的最后一年年末称为投产日；项目计算期的最后一年年末（通常记作第 n 年）称为终结点；从投产日到终结点之间的时间间隔称为生产经营期，而生产经营期又包括试产期和达产期（完全达到设计生产能力）。

2. 项目投资的内容

从项目投资的角度看，原始投资（又称初始投资）是企业为使项目完全达到设计生产能力、开展正常经营而投入的全部现实资金，包括建设投资和流动资金投资两项内容。

建设投资是指在建设期内按一定生产经营规模和建设内容进行的投资，包括：

（1）固定资产投资

这是项目用于购置或安装固定资产应当发生的投资。固定资产原值与固定资产投资之间的关系是：固定资产原值=固定资产投资+建设期资本化借款利息。

（2）无形资产投资

这是指项目用于取得无形资产而发生的投资。

（3）其他资产投资

这是建设投资中除固定资产投资和无形资产投资以外的投资，包括生产准备和开办费投资。

流动资金投资是指项目投产前后分次或一次投放于流动资产项目的投资增加额，又称垫支流动资金或营运资金投资。

项目总投资是一个反映项目投资总体规模的价值指标，它等于原始投资与建设期资本化利息之和。其中建设期资本化利息是指在建设期发生的与购建项目所需的固定资产、无形资产等长期资产有关的借款利息。

# 第二节　项目投资决策评价指标

## 一、项目投资决策评价指标含义

投资决策评价指标，是指用于衡量和比较投资项目可行性，以便据以进行方案决策的量化标准与尺度。

按照是否考虑资金时间价值可分为静态评价指标（非贴现指标）和动态评价指标（贴现指标）。静态评价指标是指在计算过程中不考虑时间价值因素的指标，通常用于项目的粗略评价，包括静态投资回收期和投资收益率。动态评价指标是指在指标计算过程中充分考虑和利用资金时间价值的指标，通常用于项目的详细评价，包括净现值、净现值率、现值指数、内含报酬率。

## 二、静态评价指标

### （一）静态投资回收期

1. 静态投资回收期的含义

静态投资回收期又称全部投资回收期，简称回收期，是指以投资项目经营净现金流量抵偿原始总投资所需要的全部时间，一般以年为单位。

2. 静态投资回收期的计算

（1）在原始投资额一次支出，每年现金净流入量（NCF）相等时，静态投资回收期可以按以下公式计算：

$$\text{回收期}=\frac{\text{原始投资额}}{\text{每年现金净流入量}} \tag{6-1}$$

（2）如果现金流入量（NCF）每年不等，静态投资回收期可以通过公式法计算：

$$\text{回收期}=\text{累计净现金流量第一次出现正值的年份}-1+\frac{\text{该年初尚未回收的投资}}{\text{该年净现金流量}} \tag{6-2}$$

【例 6-1】现有 A、B 两个投资方案，有关资料如下表 6.1 所示。

表 6.1　A、B 投资方案相关资料　　单位：元

| 年度 | A 方案投资额 | 净现金流量 | B 方案投资额 | 净现金流量 |
|---|---|---|---|---|
| 0 | -100 000 | | -120 000 | |
| 1 | | 25 000 | | 35 000 |
| 2 | | 25 000 | | 36 000 |
| 3 | | 25 000 | | 39 000 |
| 4 | | 25 000 | | 40 000 |
| 5 | | 25 000 | | 36 000 |

要求：分别计算 A、B 两个方案的静态投资回收期。

解：A 方案的静态投资回收期：

$$回收期=\frac{原始投资额}{每年现金净流入量}=\frac{100\ 000}{25\ 000}=4\ 年$$

B 方案的静态投资回收期：

$$回收期=累计净现金流量第一次出现正值的年份-1+\frac{该年初尚未回收的投资}{该年净现金流量}$$

$$=4-1+\frac{10\ 000}{40\ 000}=3.25\ 年$$

3. 静态投资回收期的判断标准

各投资方案的静态投资回收期确定以后，进行决策的标准是：静态投资回收期最短的方案为最佳方案。各方案的静态投资回收期与基准投资回收期比较，只有方案的静态投资回收期指标小于或等于基准投资回收期的投资项目才具有财务可行性，否则为不可行方案。

4. 静态投资回收期的特点

静态投资回收期的优点是能够直观地反映原始总投资的返本期限，便于理解，计算比较简单，可以直接利用回收期之前的净现金流量信息。缺点是没有考虑资金时间价值因素和回收期满后继续发生的现金流量，不能正确反映投资方式不同对项目的影响。

（二）投资收益率

1. 投资收益率的含义

投资收益率（ROI）又称投资报酬率，是指到期正常年份的年息税前利润或运营期年均息税前利润占投资总额的百分比。

2. 投资收益率的计算

$$投资收益率（ROI）=\frac{年息税前利润}{项目总投资}\times 100\% \tag{6-3}$$

【例 6-2】若某项目年息税前利润为 500 万元，项目总投资额为 5 000 万元，则其投资收益率为多少？

$$NOI=\frac{500}{5\ 000}=10\%$$

3. 投资收益率的判断标准

采用投资收益率这一指标时，应事先确定一个企业要求达到的必要平均报酬率，在进行决策时，只有高于必要平均报酬率的投资项目才具有财务可行性，而在多个方案的互斥选择中，则选用投资收益率最高的方案。

4. 投资收益率的特点

投资收益率的优点是计算公式较为简单；缺点是没有考虑资金的时间价值因素，不能正确反映建设期长短、投资方式的不同及回收额的有无对项目的影响，分子、分母计算口径的可比性较差，无法直接利用净现金流量信息。

## 三、动态评价指标

（一）净现值

1. 净现值含义

净现值（NPV）是指特定方案未来现金流入的现值与未来现金流出的现值之间的差额，或者在项目计算期内，按特定折现率或基准收益率计算的各年净现金流量的代数和。

2. 净现值的计算

$$净现值（NPV）=\sum_{t=0}^{n}\frac{I_t}{(1+i)^t}-\sum_{t=1}^{n}\frac{O_t}{(1+i)^t} \quad (6-4)$$

式中：n——投资涉及的年限；

$I_t$——第 t 年的现金流入量；

$O_t$——第 t 年的现金流出量；

i——预定的贴现率。

3. 净现值的判断标准

在只有一个备选方案的采纳与否决策中，如果投资方案的净现值大于或者等于零，该方案具有可行性。在多个方案选择决策中，净现值最大的投资方案为优，其投资收益最高。

【例 6-3】设贴现率为 10%，有三个投资方案。有关现金流量的数据如表 6.2 所示。

**表 6.2 投资方案现金流量** 单位：元

| 期间 | A 方案 | B 方案 | C 方案 |
|---|---|---|---|
| 0 | -18 000 | -7 000 | -13 000 |
| 1 | 11 800 | 1 200 | 4 600 |
| 2 | 13 240 | 6 000 | 4 600 |
| 3 | | 6 000 | 4 600 |

NPV（A）=（11 800×0.9091+13 240×0.8264）-18 000=3 669（元）

NPV（B）=（1 200×0.9091+6 000×0.8264+6 000×0.7513）-7 000=3 557（元）

NPV（C）=4 600×2.487-13 000=-1 560（元）

A、B 两个方案的净现值大于零，A 和 B 相比，A 方案更好些。

4. 净现值的特点

净现值法的优点是综合考虑了资金时间价值项目计算期内的全部净现金流量和投资风险；缺点是无法从动态的角度直接反映投资项目的真实收益率水平，计算较为繁琐。

（二）净现值率

1. 净现值率的含义

净现值率（NPVR）是指投资项目的净现值占原始投资现值总和的百分率。

2. 净现值率的计算

$$净现值（NPVR）=\frac{项目的净现值}{原始投资的净现值合计} \tag{6-5}$$

3. 净现值率的判断标准

只有净现值率指标大于或等于零的投资项目才具有财务可行性。

【例 6-4】根据例 6.3 的资料，A、B、C 三个方案的净现值率计算如表 6.3 所示。

**表 6.3　三个方案的净现值率**　　单位：元

| 项　　目 | A 方案 | B 方案 | C 方案 |
|---|---|---|---|
| 投资项目净现值 | 3 669 | 3 557 | -1 560 |
| 原始投资现值 | 18 000 | 7 000 | 13 000 |
| 净现值率（NPVR） | 0.2038 | 0.508 | -0.12 |

3. 净现值率的特点

净现值率指标的优点是可以从动态的角度反映项目投资的资金投入与净产出之间的关系，计算过程比较简单。缺点是无法直接反映投资项目的真实投资率。

（三）现值指数

1. 现值指数的含义

现值指数（PI）又被称为获利指数，是指未来现金流入现值与现金流出现值的比率，即投产后按基准收益率或设定折现率折算的各年净现金流量的现值合计与原始投资的现值合计之比。

2. 现值指数的计算

$$现值指数(PI) = \frac{\sum_{t=0}^{n} \frac{I_t}{(1+i)^t}}{\sum_{t=0}^{n} \frac{O_t}{(1+i)^t}} \tag{6-6}$$

3. 现值指数的判断标准

在只有一个备选方案的采纳与否决策中，现值指数大于或等于1，投资项目才具有财务可行性。在有多个方案选择决策中，现值指数最大的方案为优。

【例6-5】根据例6.3资料，A、B、C三个方案的现值指数计算如表6.4所示。

**表6.4 三个方案现值指数** 单位：元

| 项 目 | A方案 | B方案 | C方案 |
| --- | --- | --- | --- |
| 未来现金流入现值 | 21 669 | 10 557 | 11 440 |
| 现金流出现值 | 18 000 | 7 000 | 13 000 |
| 现值指数（PI） | 1.20 | 1.51 | 0.88 |

A、B两个投资方案的现值指数大于1，说明其收益超过成本，即投资报酬率超过预定的贴现率。C方案的现值指数小于1，说明其报酬率没有达到预定的贴现率。如果现值指数为1，说明贴现后现金流入等于现金流出，投资的报酬率与预定贴现率相同。因此，B方案优于A方案。

4. 现值指数的特点

现值指数法的优缺点与净现值法基本相同，但有一个重要的区别是，现值指数法可以从动态的角度反映项目投资的资金投入与总产出之间的关系，可以弥补净现值法在投资额不同方案之间不能比较的缺陷，使投资方案之间可直接用现值指数进行对比。

（四）内含报酬率法

1. 内含报酬率的含义

内含报酬率法是根据投资方案本身的内含报酬率来评价方案优劣的一种方法。所谓内含报酬率（IRR），是指能够使未来现金流入量现值等于未来现金流出量现值的贴现率，或者说是使投资方案净现值为零的贴现率。

净现值法和现值指数法虽然考虑了货币的时间价值，可以说明投资方案高于或低于某一特定的投资报酬率，但没有揭示方案本身可以达到的具体的报酬率是多少。内含报酬率是根据方案的现金流量计算的，是方案本身的投资报酬率。

2. 内涵报酬率的计算

$$\sum_{t=0}^{n} \frac{I_t}{(1+IRR)^t} - \sum_{t=0}^{n} \frac{O_t}{(1+IRR)^t} = 0 \tag{6-7}$$

内含报酬率的计算，通常需要采用“逐步测试法”。首先估计一个贴现率，用它来计算方案的净现值；如果净现值为正数，说明方案本身的报酬率超过估计的贴现率，应提高贴现率后进一步测试；如果净现值为负数，说明方案本身的报酬率低于估计的贴现率，应降低贴现率后进一步测试。经过多次测试，寻找出使净现值接近于零的贴现值，即为方案本身的内含报酬率。如果对测试结果的精确度不满意，还可以使用“内插法”来改善。

3. 内含报酬率的判断标准

在只有一个备选方案的采纳与否决策中，当内涵报酬率指标大于或等于基准收益率或资金成本时，方案才具有财务可行性。在有多个方案选择决策中，应优先安排内含报酬率较高的方案。

【例 6-6】某投资项目在建设起点一次性投资 254 979 元，当年完工并投产，经营期为 15 年，每年可获净现金流量 50 000 元。根据内含报酬率的定义有以下表达式：

$50\ 000\times(P/A, IRR, 15)-254\ 979=0$

$(P/A, IRR, 15)=254\ 979/50\ 000=5.091\ 58$

查年金现值系数表，发现：

$(P/A, 18\%, 15)=5.091\ 58$

因此，该项目的 IRR=18%。

【例 6-7】某企业拟建一项固定资产，需投资 100 万元，按平均年限法计提折旧，使用寿命 10 年，期后无残值。该项工程于当年投产，预计投产后每年可获净利 10 万元。可计算该方案的内含报酬率如下：

每年的现金流入净额=净利+折旧=10+100/10=20（万元）

$(P/A, IRR, 10)=100/20=5.000\ 0$

查年金现值系数表，有：

$(P/A, 14\%, 10)=5.2161>5.000\ 0$

$(P/A, 16\%, 10)=4.8332<5.000\ 0$

可见，14%<IRR<16%，应使用内插法：

$$IRR=14\%+\frac{5.2161-5.000\ 0}{5.2161-4.8332}\times(16\%-14\%)=15.13\%$$

4. 内含报酬率的特点

内含报酬率的优点是既可以从动态的角度直接反映投资项目的实际收益水平，又不受基准收益率高低的影响，比较客观；缺点是计算过程复杂，尤其是当经营期大量追加时，又有可能导致多个内含报酬率出现，缺乏实际意义。

# 第三节　项目投资决策评价方法的应用

## 一、独立投资项目的财务可行性评价

独立方案时指一组互相分离、互不排斥的方案，在独立方案中选择某一方案并不排斥选择另一方案。

如果某投资项目的评价指标同时满足下列条件，则可以断定该投资项目无论从哪个方面看都具备财务可行性，应当接受此投资方案。这些条件是：①NPV≥0；②NPVR≥0；③PI≥1；④IRR≥$i_c$；⑤包括建设期的静态投资回收期≤项目计算期（建设期+经营期）的一半；⑥不包括建设期的静态投资回收期≤经营期的一半；⑦会计收益率 ROI≥基准投资利润率 i（事先给定）。

（2）各评价指标同时不可行，则放弃该方案。

## 二、多个互斥方案的比较决策

（一）互斥方案的含义

项目投资评价中的互斥方案是指在决策时涉及的多个相互排斥、不能同时并存的投资方案。互斥方案评价过程就是在每一个入选方案已具备财务可行性的前提下，利用具体决策方法比较各个方案的优劣，利用评价指标从各个备选方案中最终选出一个最优方案的过程。

（二）多个互斥方案的比较决策方法

1. 净现值法和净现值率法

净现值法和净现值率法，适用于原始投资相同且项目计算期相等的多方案比较决策，即可以选择净现值或净现值率大的方案作为最优方案。

【例 6-8】某个固定资产投资项目需要原始投资 1 000 万元，有 A、B、C、D 四个相互排斥的备选方案可供选择，各方案的净现值指标分别为 238.91 万元，127.19 万元，216.62 万元和 162.65 万元。按净现值法进行比较决策如下：

这四个备选方案的 NPV 均大于零，因此均具有财务可行性。但 238.91>216.62>162.65>127.19，可见：A 方案最优，其次为 C 方案，再次为 D 方案，最差为 B 方案。

2. 差额投资内部收益率法

差额投资内部收益率法，是指在两个原始投资额不同方案的差量净现金流量 ΔNCF 的基础上，计算出差额内部收益率 ΔIRR，并据以判断方案孰优孰劣的方法，它适用于原始投资额不等的多方案比较。在这种方法下，当差额内部收益率指标大于或等于基准收益率或设定贴现率时，原始投资额大的方案较优；反之，则原始投资额小的方案为优。ΔIRR 的计算过程同 IRR 一样，只是所依据的是 ΔNCF。该方法还经常被用于更新改造项目的投资决策中，当该项目的 ΔIRR 大于或等于基准收益率或设定贴现率时，应当进行更新改造；否则，就不应当进行此项更新改造。

【例 6-9】某项固定资产如果在 2×13 年 1 月 1 日投入 100 000 元用于更新改造，在 2×13 年~2×17 年连续 5 年年末将增加现金净流入 26 700 元。要求就以下两种不相关的情况做出是否更新改造的决策：①该企业的行业基准贴现率 $i_c$ 为 9%；②该企业的行业基准贴现率 $i_c$ 为 12%。

ΔIRR 的求解方法如下：

（P/A，ΔIRR，5）= 100 000/26 700 = 3.7453

（P/A，10%，5）= 3.6047<3.7453

（P/A，12%，5）= 3.7908>3.7453

可见，10%<ΔIRR<12%，应用内插法得：ΔIRR ≈ 10.49%。在①的情况下，ΔIRR = 10.49%>9%，应当更新改造；在②的情况下，ΔIRR = 10.49%<12%，则不应该进行更新改造。

3. 年等额净回收额法

年等额净回收额法，是指根据所有投资方案的年等额净回收额指标的大小来选择最优方案的评价方法，它适用于原始投资额不相同的多方案比较，尤其适用于项目计算期不同的多方案比较决策。某方案的年等额净回收额等于该方案的净现值与相关的资本回收系数（年金现值系数的倒数）的乘积。若某方案净现值为 NPV，设定贴现率或基准收益率为 $i_c$，项目计算期为 n，则年等额净回收额（A）可按下式计算：

$$A = NPV \times (A/P,\ i_c,\ n) \qquad (6-8)$$

式中：（A/P，$i_c$，n）——n 年，贴现率为 $i_c$ 的资本回收系数。

在这种方法下，在所有方案中，年等额净回收额最大的方案为最优。

【例 6-10】某企业拟投资新建一条生产线，现有三个方案可供选择：甲方案的原始投资为 125 万元，项目计算期为 11 年，净现值为 95.87 万元；乙方案的原始投资为 110 万元，项目计算期为 10 年，净现值为 92 万元；丙方案的原始投资为 100 万元，项目计算期为 9 年，净现值为-2.68 万元。行业基准贴现率为 10%。按年等额净回收额法进行投资评价如下：

甲方案和乙方案的净现值均大于零，这两个方案具有财务可行性；丙方案的净现值小于零，因此该方案不具有财务可行性。

甲方案的年等额净回收额：

A(甲)= NPV(甲)×[1/(P/A,10%,11)] = 95.87×[1/6.4952] ≈ 14.76(万元)

乙方案的年等额净回收额：

A(乙)= NPV(乙)×[1/(P/A,10%,10)] = 92×[1/6.1445] ≈ 14.97(万元)

A（乙）>A（甲），因此乙方案优于甲方案。

## 思考题

1. 企业项目投资的特点有哪些？
2. 项目投资评价的静态评价指标有哪些？公式是什么？
3. 项目投资评价的动态评价指标有哪些？公式是什么？
4. 存在多个互斥方案比较决策时，如何进行决策？

# 第七章　证券投资

## 第一节　证券投资概述

### 一、证券及证券投资的概念

证券是指各类记载并代表一定权利的标准化法律凭证。它用以证明持券人有权依其所持证券记载的内容而取得应有的权益。典型的证券包括债券、股票、认股权证及其他各种衍生的金融工具。

证券投资是企业资产管理和对外投资的重要组成部分，科学地进行证券投资管理，能增加企业收入，减少风险，有利于财务管理目标的实现。证券投资具有以下三个特征：

（一）收益性

证券的报酬率一般高于银行存款利率，投资于证券可以利用企业富余的资金获取较好的收益。

（二）流动性

由于证券的标准化法律凭证性质，使得其方便在二级市场上转让，因此证券具有良好的流动性。证券投资期限可以是长期也可以是短期，一般来说短期证券投资可以在买入之后短时间内在二级市场卖出并收回投资。

（三）风险性

证券的收益率不确定性较高，受到复杂的客观经济环境影响。由于其流动性相对较好（如相对于投资性房地产和固定资产），进一步导致其价格波动往往大于一般流动性差的资产，也因此投资的风险性较大。

## 二、证券投资的分类

证券投资可以按以下不同标准进行分类：

（一）按证券到期日的长短分为短期证券投资和长期证券投资

短期证券投资是指投资在一年内变现的各种有价证券，例如购买短期融资券。短期证券投资具有以下两个主要标准：①持有意图为短期。即投资者购买股票或债券只是调度暂时不用的资金去获取一定的收益，并打算在将来任何一个需要的时候将其转让而变现。②证券具有良好流动性。即投资者购买的证券必须是国家允许上市或上柜交易，并且交易市场活跃，在企业需要货币资金时可将其快速转让的有价证券。一般来说，短期证券投资具有投资风险小、变现能力强，但报酬率相对较低的特点。长期证券投资是指企业不能在一年内收回的各种有价证券，例如购买的债券、股票。长期证券投资的收益一般较高，但时间长，投资风险大。

（二）按证券权益关系分为所有权证券投资和债权证券投资

所有权证券投资是指被投资的证券是代表经济个体的所有权，如股票等；而债权证券投资是指被投资的证券是代表经济个体的债权，如债券等。通常，所有权证券投资收益要视被投资企业收益而定，并且没有明确的投资期限，除非有特别的约定，需要在资本市场上交易和转让、变现。债权证券投资收益是固定的，有明确的投资期限，投资风险相对较低。

（三）按投资的对象不同分为债券投资、股票投资和证券组合投资

股票投资是指企业将资金投向其他企业发行的股票，例如，企业购买优先股、普通股都属于股票投资。债券投资是指企业将资金投向各种各样的债券，例如，企业购买国库券、公司债券等属于债券投资。证券组合投资，是指企业将资金同时投向多种证券，以达到在收益不变前提下降低风险的目的，例如，一般的股票型基金往往既投资于股票，又投资少部分的企业债券。本章节内容按照债券、股票和证券组合三部分内容进行阐述。

## 三、证券投资的目的

（一）合理利用闲置资金

企业为保障经营活动中可能面临的不同资金需求状况，总会保留一定的闲置资金以保证经营的灵活性并避免因资金不足导致损失或丧失市场份额，但闲置资金降低了企业的收益。因此，通过具有较好流动性特征的证券投资，既可以满足企业的日常资金需求，又可以提高企业的股东回报。

（二）稳定上下游关系

企业生产经营中，供应和销售是企业与市场相联系的重要通道。为了保证这种上下游关系的稳定，企业往往需要通过一定量的股权或债券形式的投资来达到加强

双方关系，提高沟通效率的目的。由于企业经营过程中上下游关系随着不同经营环境变化而变化，通过标准化、流动性好的证券形式投资就成为企业为稳定上下游关系的较好选择。例如，泸州老窖股份公司就曾在 2006 年对自己的渠道商增发股份，以达到激励下游销售商，提升整体经营业绩的目的。

（三）分散对外投资风险

标准化的证券具有流动性好，可将企业股权债权分割进行交易的特征。这样的特征使得企业在对外投资中进行分散化投资成为可能。根据现代金融学理论，投资分散化，也就是将资金投资于多个相关程度较低的项目，能够有效地分散投资的非系统性风险。

## 第二节 债券投资

### 一、债券投资的特点

（一）债权性

债券的债权性质与股权投资不同的是，债券投资人选择稳定的回报并一般需要被投资公司偿还本金，从而也相应放弃了与被投资公司股东共同参与企业经营决策，共同分享未来可能的高收益的权利。这也体现了财务学中最为基本的风险——报酬配比关系。

（二）流动性

债券由于其稳定的收益和偿还本金的特征导致其是一种最为接近银行存款的投资形式，因此也是一种能够适合大多数不同风险偏好投资人的投资形式。从而债券市场上的交易活动一般都较为活跃，债券的持有人可以在需要时很容易地以合理的市场价格卖出债券获得现金。

（三）安全性

债券与其他有价证券相比投资风险较小，主要因为债券本息的偿还和支付有法律的保障，往往还有相关单位的担保抵押物，法律对发行人条件有严格的规定，且发行量有严格限制。自我国债券市场存在以来，债券发行的高门槛带来的债券安全性特征尤其突出。

### 二、债券的估值

企业在进行债券投资时，首先要清楚准备投资的债券的价值。债券的价值也就是债券的理论价格，只有债券价值大于其购买价格时，该债券才值得投资。影响债券价值的因素主要是债券的票面利率、债券期限和所采用的贴现率等因素。

（一）债券估值的基本模型

债券的价值就是债券到期价值（本利和）的现值。基本模型如下：

$$V=\frac{A_1}{(1+k)}+\frac{A_2}{(1+k)^2}+\cdots+\frac{A_n}{(1+k)^n}+\frac{M}{(1+k)^n} \quad (7-1)$$

式中 V 表示债券价值；A 表示债券票面利息；M 表示债券面值；k 表示评估债券价值所采用的贴现率；n 表示付息总期数。

该模型说明债券的价值，或者说任何资产的理论价值，都等于其未来每一年能够产生的现金流的贴现值之和。该模型建立在经济学沉没成本和财务学的时间价值两个概念的基础之上，说明任何一项资产的价值都不取决于其过去付出的成本，而仅仅和该资产未来能够带来的经济利益的贴现值之和有关。事实上，不管是债券、股票还是其他任何资产，估值的一般模型都是上述公式。上述公式在整个财务学理论中具有重要的理论意义。

（二）债券估值的具体模型

1. 分期付息债券

分期付息债券的利息在到期日之前平均支付，支付的债券利息频率可以是一年一次、半年一次或每季度一次。分期付息债券的估值模型为：

$$V=\sum_{t=1}^{n}\frac{M\cdot i}{(1+k)^t}+\frac{M}{(1+k)^n}=M\cdot i\cdot(P/A,k,n)+M\cdot(P/F,k,n) \quad (7-2)$$

式中 V 表示债券价值；i 表示债券票面利率；M 表示债券面值；k 表示评估债券价值所采用的贴现率；n 表示付息总期数。

债券发行时，若 i>K，则 V>M，债券溢价发行；若 i<K，则 V<M，债券折价发行；若 i=K，则 V=M，债券按面值发行。

【例 7-1】某债券面值 20 000 元，期限 8 年，每年付息一次，市场利率 8%，票面利率分别为 6%，8%，10%，该债券价格多少时才能购进？

根据上述公式可以计算得：

V =20 000×6%×（P/A，8%，8）+20 000×（P/F，8%，8）

=1 200×5.747×20 000×0.54

=17 696.4（元）

V=20 000×8%×（P/A，8%，8）+20 000×（P/F，8%，8）≈20 000（元）

V=20 000×10%×（P/A，8%，8）+20 000×（P/F，8%，8）=22 294（元）

2. 一次还本付息的债券

一次还本付息且不计复利情况下，债券的利息随本金一同在债券到期日支付，其估值模型为：

$$V=\frac{M+M\cdot i\cdot n}{(1+k)^n}=(M+M\cdot i\cdot n)\cdot(P/F,k,n) \quad (7-3)$$

符号含义同前。

【例7-2】太极酒业公司将部分闲置资金购买一种公司债券，债券面值为50 000元，票面利率6%，到期一次还本付息，期限4年，不计复利。若当前的债券的市价为48 000，市场利率8%，太极酒业是否应该购买此债券？

$V=(50\ 000+50\ 000\times6\%\times4)\times(P/F,\ 8\%,\ 4)$

$=62\ 000\times0.735$

$=45\ 570$（元）$<48\ 000$（元）

说明由于债券的价值小于债券市价，所以不应该购买此债券。

3. 折现发行债券

折现发行债券，也就是以低于面值的贴现形式发行，没有票面利率，到期按面值偿还，相当于债券投资人“提前”收到了利息。这种债券在到期日前投资人不能得到任何现金支付，也称为“零息债券”。这种债券的估价模型是：

$$V=\frac{M}{(1+k)^n}=M\cdot(P/F,\ k,\ n) \qquad (7-4)$$

【例7-3】某债券面值为10 000元，期限5年，以折现方式发行，期间不计利息，到期按照面值偿还，发行时的市场利率为5%。投资企业应在什么价位选择购买该债券？

$V=10\ 000\times(P/F,\ 5\%,\ 5)=10\ 000\times0.784=7\ 840$（元）

说明投资企业只有在债券发行价小于等于7 840时，才应该购买该债券。

4. 永续债券

永续债券是指没有到期日，永不停止定期支付利息的债券。类似于优先股是一种带有债权性质的股权，永续债券是一种带有股权性质的债权。永续债券属于金融创新工具的一种，我国从2013年开始也开展了永续债券的发行。永续债券的估值模型是：

$$V=\frac{M\cdot i}{k} \qquad (7-5)$$

符号含义同前。

## 三、债券的收益率

债券的收益水平可以从绝对收益额和相对收益率两个角度考察。绝对收益包括利息收益、利息再投资收益和价差收益。绝对收益金额不便于不同债券投资的相互比较，日常财务工作中通常使用相对收益率。债券收益率的计算可采用以下公式：

### （一）当期收益率

当期收益率被定义为债券的年利息收入与买入债券的实际价格比率。公式为：

$$R=\frac{M\cdot i}{P} \qquad (7-6)$$

式中R表示债券收益率；i表示债券票面利率；M表示债券面值；P表示债券

实际买入价格。

当期收益率度量的是债券年利息收益占购买价格的百分比，反映每单位投资能够获得的债券年利息收益，但不反映每单位投资的资本损益。其优点是：当期收益率便于计算，可以用于期限和发行人均较为接近的债券之间进行比较。其缺点是：①没有考虑买入价格 P 与持有债券到期按照面额偿还本金之间的差额对于收益的影响。②零息债券无法计算当期收益。

（二）到期收益率（Yield to Maturity）

债券的到期收益率（YTM）是按当前市场价格购买债券并持有至到期日所产生的预期报酬率。在债券估值的基本模型中，将债券的市场价格 P 作为债券的理论估值 V，由此利用插值法求出的贴现率就是到期收益率。到期收益率的实质就是项目评价中的内含报酬率（IRR）。结合当期收益率的定义可知，债券价格越接近债券面值，期限越长，则其当期收益率就越接近到期收益率。反之，债券价格越偏离债券面值，期限越短，则当期收益率就越偏离到期收益率。

$$P=\frac{A_1}{(1+R)}+\frac{A_2}{(1+R)^2}+\cdots+\frac{A_n}{(1+R)^n}+\frac{M}{(1+R)^n} \tag{7-7}$$

式中 R 表示债券收益率；M 表示债券面值；P 表示债券实际买入价格；A 表示各期债券票面利息；

【例 7-4】某公司以 2 200 元购买面值为 2 000 元的债券，票面利率 8%，债券期限为 3 年，每年付息，求该债券的到期收益率。

2 200＝2 000×8%×（P/A，R，3）+2 000×（P/F，R，3）

利用插值法计算到期收益率：

假设 K＝5%，此时债券的估值为：

V＝160×2. 723+2 000×0. 864＝2 163. 68

假设 K＝4%，此时债券的估值为：

V＝160×2. 775+2 000×0. 889＝2 222

因此

$$R=4\%+\frac{2\ 222-2\ 200}{2\ 222-2\ 163}\times(5\%-4\%)=4.37\%$$

（三）持有期收益率

持有期收益率被定义为从买入债券到卖出债券期间所获得的年平均收益。它与到期收益率的区别仅仅在于末笔现金流是卖出价格而不是债券到期偿还金额。

# 第三节　股票投资

## 一、股票投资的特点

（一）永久性

股票属于权益性资本，代表投资人以自己的资金与其他股东一起承担公司未来的经营风险，分享未来的可能收益。基于风险与收益对等的原则，为防止投资人在公司经营面临困难时要求退出资金导致公司更加无法正常经营，除非公司清算，股东永远不能向公司要求偿还所投入资金。

（二）流动性

基于股票投资永久性的特点，为促进股票及股权这种金融工具的发展，对于希望投资股票但又存在未来现金需求的投资者，现代金融市场提供了卖出股票的二级市场。股票投资的二级市场满足了股票投资者的流动性需求，又避免破坏股权投资的永久性特征。

（三）风险性

与债券投资一般能定期取得利息最后取得本金不同的是，基于股票投资的永久性特征，股东并不能直接从公司拿回初始投资的本金，股东只能通过公司的未来盈利导致的公司在二级市场市值的上升或者公司分红来取得投资回报。因此，股票投资是相对于债权投资风险更大的一种投资形式，只适合于特定风险偏好的投资者。

（四）参与性

债券投资人一般不能直接干预和影响企业的经营决策。由于股票投资人将更多地承担企业经营的风险，因此股票投资人也同时具有法律所赋予的对于公司重大经营决策、收益分配的投票权，以保证公司的经营活动符合股票投资人的利益。

## 二、股票的估值

由于股票相对于债券的风险更高，因此在二级市场上的交易价格波动也往往更大。因此股票投资人更需要对于股票价值的准确估计，以帮助其在二级市场上做出正确的买入和卖出的判断。影响股票价值的具体因素主要是公司的经营情况及未来的盈利能力、贴现率及公司的存续期间。

（一）股票估值的基本模型

与债券一样，股票的估值遵循资产价值的一般定义，也就是未来现金流折现模型。只是由于股票的风险性和流动性区别于债券的特征，导致未来现金流在各个期间的大小和分布及所采用的贴现率与一般债券投资不同。基本模型如下：

$$V=\frac{D_1}{(1+k)}+\frac{D_2}{(1+k)^2}+\cdots+\frac{D_n}{(1+k)^n}+\cdots\cdots \qquad (7-8)$$

式中，V 表示股票价值；D 表示股票每年的分红；k 表示评估股票价值所采用的贴现率；n 表示分红期数。

相比于每年一般有相同利息的债券，股票的分红具有较大的不确定性。因此，上述股票估值基本模型的运用在现实中存在较多的障碍，为解决这个问题，产生了下面一系列的对股票未来现金流进行简化运算的模型。

（二）固定增长模型

一般的公司都会随着经营过程不断累积利润并扩大生产规模，进一步导致分红金额的不断增加。因此，固定增长模型假设企业的分红每年以固定增速 g 增长，根据这一假设，该股票估值模型为：

$$V=\frac{D_0(1+g)}{1+k}+\frac{D_0(1+g)^2}{(1+k)^2}+\cdots+\frac{D_0(1+g)^n}{(1+k)^n}+\cdots\cdots=\sum_{t=1}^{\infty}\frac{D_0(1+g)^t}{(1+k)^t} \quad (7-9)$$

上式可以化简为：$V=\frac{D_1}{k-g}$ （7-10）

式中，V 表示股票价值；$D_1$ 表示评估时点下一期的股票分红金额；$D_0$ 表示评估时点上一期的股票分红金额；表示评估 k 表示评估股票价值所采用的贴现率；g 表示公司固定的每年利润增速。

【例 7-5】华灵公司拟购买某股票，该股票上年每股股利 1 元，预计每年以 5% 的增长率增长，华灵公司要求的必要报酬率为 10%，该股票的价值为多少？

$$V=\frac{1\times(1+5\%)}{10\%-5\%}=21\text{（元）}$$

（三）零增长模型

假设公司在未来期间每年支付相同的股息，股息的支付过程是一个永续年金，也就是上述固定增长模型的 g 取 0 时，该公司股票的估值模型为：

$$V=\frac{D}{k} \quad (7-11)$$

式中符号含义同前。

【例 7-6】某股票每年分配现金股利 2 元，必要报酬率 10%，则该股票每股价值为？

$$V=\frac{2}{0.1}=20\text{（元）}$$

（四）阶段增长模型

现实中的企业往往在不同的经营周期存在不同的利润增长特点，初创期的企业由于存在相对于自身规模的巨大的市场空间，因此往往具有较高的增速（甚至 g>k）。进入成熟期的企业则利润和分红的增速会相对减缓甚至停止增长。因此，更符合实际的估值模型应该对企业未来的分红增速分不同阶段进行考虑。比如，两阶段增长模型假定在某时间点以前，股息以一个不变的增长速度 $g_1$ 增长；在某时间点后，股息以另一个不变的增长速度 $g_2$增长。还可以考虑多阶段增长模型，更为详细的根据不同阶段企业面临的外在经营环境、产品生命周期来确定不同的增速 g，从而得到更为准确的估值判断。

（五）市盈率估值

市盈率=每股市价/每股收益

市盈率是反映公司股价和公司每股收益比例关系的指标，可以简单理解为以现在的价格购买股票大约多少年可以收回本金。市盈率具有直观、易于理解的特点，在股票估值的实践中广为使用。事实上，由于前述的现金流贴现模型存在的参数确定困难问题，在证券投资实务中应用最多的估值方式，是以同行业同类股票过去若干年的平均市盈率乘以当前某股票每股收益，来得到某股票的价值。

某股票价值=行业平均市盈率×某股票每股收益

【例 7-7】丽泰公司所属行业平均市盈率 15 倍，丽泰公司上年每股盈余 1.5 元，计算丽泰公司股票价值。

股票价值=15×1.5=22.5（元）

## 三、股票的收益率

股票的估值是对于股票价值的绝对判断，股票的收益率则是对于股票作为资产的增值能力的相对判断。投资者进行股票投资的最终目的是为了取得投资收益。与债券投资类似，股票投资的收益也由股利收益、股利再投资收益、转让价差收益三部分构成。股票收益率的计算模型主要可分以下几种。

（一）不考虑时间价值因素的股票收益率

股票并没有偿还期限，但可以在市场上出售转让，在股票持有期间的收益主要分为股利收益和买卖差价收益。在不考虑时间价值的前提下，股票的投资收益率可采用以下模型表示：

$$R=\frac{(P_1-P_0)+D}{P_0} \tag{7-12}$$

式中，R 为股票收益率；$P_1$ 为股票的售出价；$P_0$ 为股票的购入价；D 为持有期间所分得股利。

该模型忽略了股利再投资的收益，所计算收益率所对应的期间为持有股票的整个期间。在实际运用时，还需要考虑公司利润分配政策，比如送股、配股等对于股价的影响及相应的收益。该公式的使用简单，但忽略了不同期间的分红和转让价差的时间价值因素，从而使得计算结果不能准确反映投资者的真实收益。

（二）考虑时间价值因素的股票收益率

如果考虑时间价值因素，股票收益率实际就是股票的内含报酬率。与项目投资的内含报酬率定义相同，股票收益率是指在股票投资上未来现金流贴现值等于现在的购买价格时的贴现率。股票的内含报酬率高于投资者所要求的最低报酬率时，投资者才应该购买该股票。

基于前述股票估值的不同模型，可以有不同的内含报酬率计算方法。

1. 无限期持股且股利稳定增长下的收益率

$$P=\frac{D_1}{R-g} \tag{7-13}$$

式中符号含义同前。

把公式移项可以得到，

$$R=\frac{D_1}{P}+g \tag{7-14}$$

从该公式可以看出，股票的收益可以分为股利收益和公司未来增长两部分。如果增长为0，也就是零增长模型，则收益率只反映股利所得部分。

【例7-8】某股票的价格为50元，预计下期股利为5元，该股利将以8%的速度增长，则该股票的预期收益率为多少？

k=5/50+8%=18%

2. 有限期持股下的股票收益率

$$P=\sum_{t=1}^{n}\frac{D_t}{(1+R)^t}+\frac{F}{(1+R)^n} \tag{7-15}$$

式中P表示股票买入市场价格；R表示股票内含报酬率；F表示股票卖出时市场价格；$D_t$表示股票每期分红金额；n表示持有股票期数。

【例7-9】华灵公司股票现价35元，预期第1年的股利为3元，以后年份股利增速9%，预计第3年年末的股价为42元。假设投资者准备购买华灵公司股票并持有3年，则该笔投资的收益率为多少？

采用插值法进行计算：

在取贴现率为16%时，$V=\frac{3}{1+16\%}+\frac{3.27}{(1+16\%)^2}+\frac{(3.5643+42)}{(1+16\%)^5}=34.21$

在取贴现率为15%时，$V=\frac{3}{1+15\%}+\frac{3.27}{(1+15\%)^2}+\frac{(3.5643+42)}{(1+15\%)^5}=35.04$

所以，该笔投资的收益率为：$R=15\%+\frac{35.04-35}{35.04-34.21}\times(16\%-15\%)=15.05\%$

## 第四节　证券投资组合

投资者同时投资于多种证券的方法叫证券组合。在金融市场上，投资者不但可以投资个别的股票和债券来获取收益，还可以将不同种类证券构成一个证券组合进行投资。

## 一、证券组合的风险

（一）非系统性风险

非系统性风险又叫可分散风险或公司特别风险，是指某些因素对单个证券造成经济损失的可能性。如公司在市场竞争中的失败等（企业员工罢工、新产品开发失败、高层领导的变动）。这种风险，可通过证券持有的多样化来抵消，比如某行业存在两家主要上市公司，互相间竞争激烈，为规避其中任何一家在竞争中失败出现投资损失，可以同时购买两家公司的股票，其中任何一家公司的失败必然意味着另一家公司更大的市场份额，也就意味着一家公司的股票上升同时伴随另一家的上涨，从而将风险抵消。因而，这种风险称为可分散风险。

例如，A 和 B 公司互为某行业内的寡头厂商，互相之间竞争激烈，在不同的年份由于双方所采取的市场策略的不同而轮流占有市场的主导地位和市场份额，从而购买 A、B 公司股票各 50%构建一个证券组合，它们的报酬率和风险的情况见表 7.1 和图 7.1。

上述图表说明，从个别公司看，由于双寡头所存在的相互竞争关系，个别公司的股票回报存在高低波动的风险。从行业看，投资该行业整体可获得 20%的回报。因此投资于上述两家公司的组合可以抵消个别公司面临的非系统性风险，获得稳定回报。综上所述，当两种股票完全负相关，所有的风险都可以分散掉；当两种股票完全正相关时，从降低风险的角度来看，分散持有股票没有好处。实际上，大部分股票都是正相关，但又不完全正相关，在这种情况下，把两种股票组合成证券组合能降低风险，但不能全部消除风险。不过，如果股票种类较多，则能分散掉大部分风险，而当股票种类足够多时，几乎能把所有的非系统性风险分散掉。

**表 7.1　完全负相关的两种股票构成的证券组合的报酬率和风险情况**

| 年度 | A 股票 | B 股票 | AB 组合 |
|---|---|---|---|
| 2008 年 | 25% | 15% | 20% |
| 2009 年 | 30% | 10% | 20% |
| 2010 年 | 15% | 25% | 20% |
| 2011 年 | -5% | 45% | 20% |
| 2012 年 | 35% | 5% | 20% |
| 平均报酬率 | 20% | 20% | 20% |
| 标准离差 | 14% | 14% | 0% |

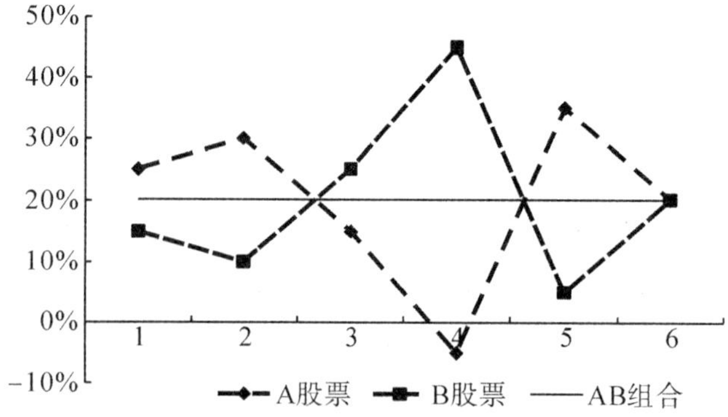


图 7.1　完全负相关的两种股票的报酬率

（二）系统性风险

系统性风险又称不可分散风险或市场风险，是由于某些因素给市场上所有的证券都带来经济损失的可能性。例如宏观经济状况的变化、国家税法的变化、国家财政政策和货币政策变化、全球大宗商品价格波动的改变都会使股票收益发生变动。因为这些外在影响因素对于所有的公司来说都具有同样性质和方向的影响，因此这些风险将影响到所有的证券，不能像前面举例的寡头企业竞争这一类的非系统风险，通过证券组合分散掉。对投资者来说，这种风险是无法消除的，故称不可分散风险。但这种风险对不同的企业的影响程度也不相同。

系统性风险，通常用 β 系数来计量。β 系数有多种计算方法，实际计算过程较为复杂，一些投资服务机构会定期计算并公布 β 系数。

作为整体的证券市场的 β 系数为 1。如果某种股票的风险情况与整个证券市场的风险情况一致，则这种股票的 β 系数等于 1；如果某种股票的 β 系数大于 1，说明其风险大于整个市场的风险；如果某种股票的 β 系数小于 1，说明其风险小于整个市场的风险。

投资组合的 β 系数是单个证券 β 系数的加权平均数，权数为各种证券在投资组合中所占的比重。其计算公式是：

$$\beta_P = \sum_{i=1}^{n} X_i \beta_i \qquad (7-16)$$

式中：$\beta_P$——证券组合的 β 系数；

$X_i$——证券组合中第 i 种股票所占的比重；

$\beta_i$——第 i 种股票的 β 系数；

N——证券组合中股票的数量。

至此，可把上面的分析总结如下：

（1）一个股票的风险由两部分组成，它们是可分散风险和不可分散风险。

（2）可分散风险源于不同证券的内在相关性所形成的反向变动关系，通过证券组合，可以部分甚至全部抵消该类风险，可分散风险随证券组合中股票数量的增加而逐渐减少。

（3）不可分散风险对所有证券都有同方向的影响，不能通过证券组合而消除。不可分散风险是通过 β 系数来测量的。

根据以上的分析，证券组合包含证券的数量和组合系统性和非系统性风险之间的关系，可用图 7.2 来表示：

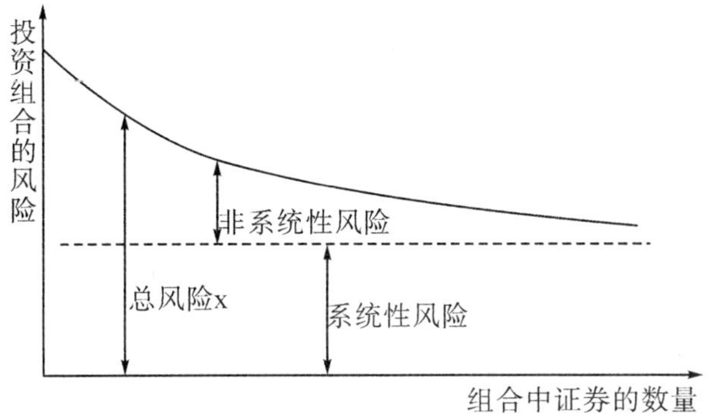


**图 7.2　证券的数量和组合系统性和非系统性风险之间的关系**

## 二、证券投资组合的风险报酬和必要报酬

投资者进行证券组合投资与进行单项投资一样，都要求获得投资收益，证券组合的投资收益同样由无风险收益率和风险报酬率构成。经典的证券组合报酬率的计算模型称为 CAPM 模型，模型表示如下：

$$R_i = R_f + \beta_p \times (R_m - R_f) \quad (7-17)$$

其中 $\beta_p \times (R_m - R_f) = R_p$

式中 $R_i$ 表示第 i 种股票或第 i 种证券组合的必要报酬率；$R_f$ 表示无风险报酬率；$R_m$ 表示所有证券的平均报酬率；$R_p$ 表示证券组合的风险报酬率；$\beta_p$ 表示证券组合的 β 系数。

上述公式适用于证券组合和个别证券的必要报酬率的计算。需要注意的是，与单项投资不同，证券组合投资要求补偿的风险只是不可分散风险，而不要求对可分散风险进行补偿。原因是，如果有可分散风险的补偿存在，投资人就会选择在保持收益不变的前提下进一步分散掉这部分风险。投资人的这种套利行为本身就会抬高用于分散风险证券的价格，因此也降低了投资人的收益，从而最后的收益率始终只能反映不可分散风险所应得的回报。

【例 7-10】华丰公司持有 A、B、C 三种股票组成的证券组合，权重分别为 20%、30%和 50%，三种股票的 β 系数分别为 2.5、2、0.5。市场平均报酬率为 10%，无风险报酬率为 10%。试计算该组合的风险报酬率与必要报酬率。

（1）确定证券组合的β系数

$$\beta_p = \sum_{i=1}^{n} X_i\beta_i = 20\%\times2.5+30\%\times2+50\%\times0.5 = 1.35$$

（2）计算证券组合的风险报酬率

$$R_p = \beta_p (R_m - R_f) = 1.35\times(10\% - 5\%) = 6.75\%$$

（3）计算证券组合的必要报酬率

$$R_i = R_f + \beta_p\times(R_m - R_f) = 10\% + 6.75\% = 16.75\%$$

从CAPM模型中的相关参数可以看出，证券组合及单项投资的必要报酬率的计算受到以下因素的影响：

1. 通货膨胀率

无风险利率 $R_f$ 由资金的时间价值和通货膨胀率相加构成，通货膨胀率意味着货币的贬值，其上升必然导致相同收益下投资人投出资产的意愿降低，从而相同的证券组合在通胀率上升背景下所要求的必要回报也需更高才能吸引投资人投出资产。

2. 投资者的风险偏好程度

$(R_m - R_f)$ 项反映了无风险收益和风险平均收益的差额，该差额越大，说明整个社会的投资人越厌恶承担风险，只有获得更高的风险报酬才愿意投出资金。

3. β系数

β系数可能会因为企业的资产、负债结构的变化而变化，也可能因为外在市场竞争环境的变化而改变，例如，一家企业从原先的低杠杆经营改变为高杠杆经营，则β系数一般会变大。投资者投入同样的资金，因为高杠杆经营虽然增加了可能的收益也同样放大了风险，这种情况下投资者的单位资本要求的必要报酬率更高。

## 思考题

1. 什么是证券投资？证券投资可分为几类？
2. 债券投资具有哪些特点？如何对其进行估值？如何计算其收益率？
3. 股票投资具有哪些特点？如何对其进行估值？如何计算其收益率？
4. 证券投资组合的风险有哪些？如何计算其报酬率？

# 第八章　流动资产管理

## 第一节　流动资产管理概述

### 一、流动资产的定义及分类

（一）流动资产的概念

流动资产是指企业可以在一年或者超过一年的一个营业周期内变现或者运用的资产，是企业资产中必不可少的组成部分。

（二）流动资产的分类

流动资产按不同的标准划分有以下的分类：

1. 按实物形态，可把流动资产分为现金、短期有价证券、应收及预付款项和存货。

2. 按在生产经营过程中的作用，可把流动资产划分为生产领域中的流动资产和流通领域中的流动资产。

### 二、流动资产的特点

为了有效地管理企业的流动资产，必须研究流动资产的特点，以便有针对性地进行管理。流动资产一般具有如下特点：

（一）实物形态具有易变现性

交易性金融资产、应收账款、存货等流动资产一般具有较强的变现能力，这对财务上应付临时性资金需求具有重要意义。

（二）占用数量具有波动性

占用在流动资产的投资并非一个常数，随着供产销的变化，其资金占用时高时低，波动很大。随着流动资产数量的变动，流动负债的数量也会相应发生变动。

（三）占用形态具有变动性

流动资产在循环周转过程中，经过供应、生产、销售三个阶段，其占用形态不断变化，一般按现金→材料→在产品→产成品→应收账款→现金的顺序转化。这种转化周而复始地循环。

（四）周转具有短期性

企业占用在流动资产上的资金，周转一次所需时间较短，通常会在 1 年或一个营业周期内收回，对企业影响的时间比较短。

### 三、流动资产管理的要求

流动资产占企业资产的比重较大，直接参与企业各项生产经营与消耗，对企业生产经营至关重要。因此必须加强流动资产的管理，确保企业生产经营顺利进行。

（一）既要保证生产经营需要，又要节约、合理使用资金

流动资产管理，必须首先保证企业完成生产经营任务的合理需要。凡是企业供应、生产、销售各部门的合理需要，都应该想方设法地满足，保证企业经营活动顺利进行。产销两旺时，流动资产会不断增加，而企业产销量不断减少时，流动资产会相应地减少。财务人员应认真分析企业的经营情况，采用科学合理的方法预测流动资金的需要量，以防流动资金的过剩或不足。

（二）资金管理和资产管理相结合

流动资产是流动资金赖以存在的物资形态。只有各项流动资产安全完整，使用合理，流动资金才能完整，减少占用，提高效益。财务部门除了管理好流动资金外，还必须促使管理流动资产、使用流动资产的部门和人参与到流动资产的管理活动中来。在实行财务部门集中统一管理的同时，按照流动资产的分布地点，实行分级管理，建立各职能管理部门、车间、岗位及职工所分管的流动资产的责任制度。

（三）资金使用和物资运动相结合

资金是物资的货币表现，在流动资金管理工作中，必须把资金使用和物资运动结合起来，做到钱出去、货进来，货出去、钱进来，坚持钱货两清的原则，严格遵守结算纪律，不得无故拖欠。

## 第二节　现金管理

现金，在国际惯例中是指能立即用于支付（流通）的流动资产。这里的现金主要指资产负债表中的“货币资金”项目，而货币资金包括：库存现金、银行存款和其他货币资金。现金是可以直接用来购买商品或用来偿还债务的交换媒介，它具有

普遍的可接受性，可以直接投入使用，是企业资产最活跃的因素，是企业中流动性最强的资产，是企业运转中必不可少的交换媒介，也是企业财务活动的主体。但现金不能给企业带来收益，通常被称作非收益性资产，如果企业持有现金不足，企业就会面临周转不灵的困难，有时还会导致破产。因此，现金的管理是企业财务管理的重要组成部分。

## 一、现金管理的目标

现金是企业全部资产中流动性最强的资产，持有一定数量的现金是企业组织生产经营活动的必备条件，也是企业保持经营稳定、降低财务风险、增强支付能力的基础。但是，现金又是增值能力最弱的一项资产，持有过多的现金会使企业的收益率降低。企业现金管理的目标是，应该是在保证企业正常运营的前提下，降低现金的拥有量到最低限度。

## 二、现金的持有动机和成本

### （一）现金的持有动机

一般来讲，企业持有一定数量的现金，主要基于以下三种动机：

1. 支付动机

支付动机即企业为正常生产经营保持的现金支付能力，是指出于满足企业日常交易目的而持有现金，如用于支付职工工资、购买原材料、缴纳税款、支付股利，偿还到期债务等。企业在日常经营中，每天发生的现金流入量和现金流出量在数量上通常都存在一定的差额，因此，企业必须持有一定数量的现金才能满足企业日常交易活动的正常进行。

2. 预防动机

预防动机即企业为应付意外情况而需要保持的现金支付能力。如为了应付自然灾害、生产事故、意外发生的财务困难等原因而持有的现金。持有一定数量的预防性现金，可以减少企业的财务风险。其持有量的多少可以根据以下因素估计：①现金收支预测的准确程度；②企业承担风险的意愿程度；③企业在发生不测事件时的临时筹资能力；④意外事项出现的概率。

3. 投机动机

投机动机即企业为了抓住稍纵即逝的市场机会，以获取较大的利益而保持的现金支付能力。投机机会一般有：①供应商资金周转困难，廉价出售原材料；②某些企业破产廉价处理资产；③银行抵押贷款对象因无力偿还贷款，银行廉价处理抵押品；④新产品的发明人急需出让专利等。投机动机只是企业确定现金余额时所需要考虑的次要因素之一，其持有数量往往与企业在金融市场上的投资机会和企业对待风险的态度有关。

此外，银行要求企业保留补偿性余额，也是企业持有现金的原因之一。投机是为了获利，同时也会承担较大的风险。所以企业应当在正常的现金需要量的基础上追加一定数量的投机性现金余额，不能用企业正常的交易活动所需的现金进行投机活动。

（二）现金的持有成本

1. 管理成本

企业持有现金将会发生管理费用，如管理人员的工资、福利和安全措施等。这部分费用在一定范围内与现金持有量的多少无关，一般属于固定成本。

2. 机会成本

机会成本是指企业因持有一定数量的现金而丧失的再投资收益。在实际工作中可以用企业的资本成本替代。机会成本与现金的持有量成正比，即机会成本随现金持有量的增加而上升，随现金持有量的减少而下降。

3. 交易成本

交易成本也称转换成本，是指企业用现金购入有价证券以及转让有价证券换取现金时付出的交易费用。假定现金每次的交易成本是固定的：

$$\text{固定转换成本}=\frac{\text{年现金需求总额}}{\text{每次现金持有量}}\times\text{每次固定转换成本}$$

可见，固定转换成本与现金持有量呈反比。

4. 短缺成本

短缺成本是指因缺乏必要的现金又无法及时通过有价证券变现加以补充而给企业造成的损失。如在现金短缺时，因不能按时缴纳税款而支付的滞纳金、因不能按时偿还贷款而支付的罚息。短缺成本与现金的持有量成反比，即短缺成本随现金持有量的增加而下降，随现金持有量的减少而上升。

## 三、现金最佳持有量的确定

现金是流动性最强的资产，但同时又是营利性最差的资产。企业现金持有过多，将影响企业投资收益的提高。而现金持有不足，在可能使企业蒙受风险损失的同时，往往还要付出各种无法估量的潜在成本或机会成本。企业为了充分利用现金，降低现金的成本，应当根据自身情况，确定最佳现金持有量。确定最佳现金持有量是现金管理的重要内容之一，确定方法主要有现金周转模式、存货模式、随机模式和成本分析模式。

（一）现金周转期模式

现金周转模式是从现金周转的角度出发，根据现金的周转速度来确定最佳现金持有量的一种方法。利用这一模式确定最佳现金持有量，包括以下三个步骤：

第一步，计算现金周转期。现金周转期是指从现金投入生产经营活动开始，经过生产经营过程，最终又转化为现金所需要的时间（如图 8.1 所示），也就是现金周转一次所需要的天数。其计算公式为：

现金周转期=存货周转期+应收账款周转期-应付账款周转期　　(8-1)

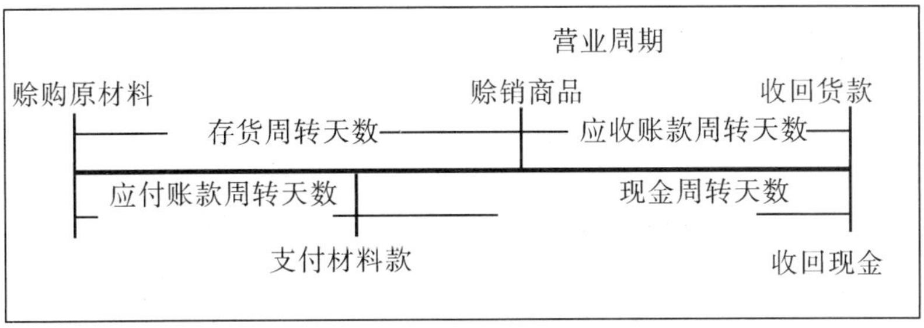


**图 8.1　现金周转期**

第二步，计算现金周转率。现金周转期确定后，就可以确定现金周转率。现金周转率是指现金在一年中的周转次数。其计算公式为：

现金周转率=360÷现金周转期　　(8-2)

第三步，计算最佳现金持有量。最佳现金持有量是企业年现金总需求量与现金周转率的比值，其计算公式为：

最佳现金持有量=企业年现金总需求量÷现金周转率　　(8-3)

【例 8-1】某公司存货周转天数 120 天，应收账款周转天数 60 天，应付账款周转天数 30 天，全年现金 7 200 万元。求该公司的最佳现金持有量。

现金周转期= 120+60-30=150（天）

现金周转率=360 ÷ 150=2.4（次）

最佳现金持有量= 7 200 ÷2.4= 3 000（万元）

现金周转模式具有简单明了、操作简便、易于计算等优点，但该模式要求有一定的前提条件：首先，必须能够根据往年的历史资料准确测算出现金周转次数，并且假定未来年度与历史年度周转充当基本一致；其次，未来年度的现金总需求应根据产销计划比较准确地预计。如果未来年度的周转效率与历史年度相比较发生变化，但变化是可以预计的，那模式仍然可以采用。

（二）存货模式

存货模式又称“鲍莫模型”，由美国经济学家 W. J. Baumol 于 1952 年首先提出，第一次将机会成本与交易成本结合在一起，提出了现金管理的正式模型，他认为公司现金持有量在许多方面与存货相似，一个企业的现金余额可以看作是一种存货库存，存货模型可用于确定目标现金持有量。

运用存货模式确定最佳现金持有量是建立在下列假设基础上的：①公司所需要的现金可通过证券变现取得，且证券变现的不确定性小；②未来年度的现金需要总量可以比较准确地加以预测且现金的流入与流出均匀发生；③在预测期内，公司没有短缺成本，即公司最初持有一定量的现金，每天平均流出量大于流入量，每当现金持有量降至零时，均可通过出售 C 元的有价证券变现得以补充，使下一个周期的期初现金持有量回复到最高点，以后不断地重复上述过程，如图 8.2 所示；④证券的利率或报酬率以及每次固定交易费用可以获悉；⑤不考虑管理费用。

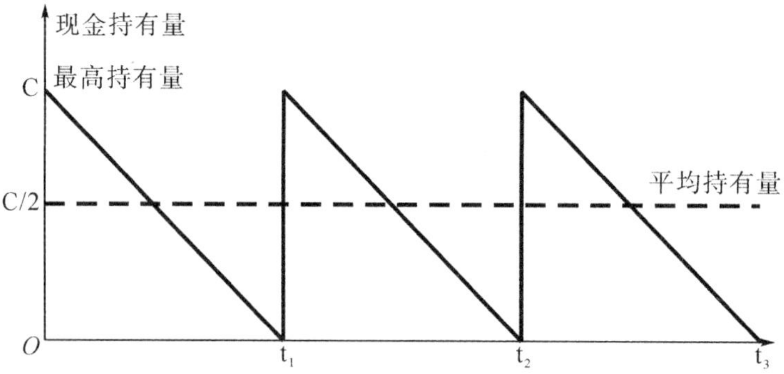


图 8.2　确定现金持有量的存货模型

在存货模式中，只对考虑机会成本和转换成本。凡是能够使现金管理的机会成本与转换成本之和保持最低的现金持有量，即为最佳现金持有量。①交易成本。即现金与有价证券转移的固定成本，如经纪人费用、捐税及其他管理成本，这种成本只与交易的次数有关，而与持有现金的数量无关。②机会成本，这种成本通常为有价证券的利息率，它与现金持有量成正比例的变化。

现金管理总成本＝交易成本+机会成本

$$=\frac{T}{C}\times F+\frac{C}{2}\times K \tag{8-4}$$

式中：TC ——相关总成本

F ——每次出售有价证券以补充现金所需的交易成本；

T ——一定期间内的现金需求量；

C ——最佳现金持有量；

K ——持有现金的机会成本，即有价证券的利率。

现金管理总成本与持有机会成本、交易成本的关系如图 8.3 所示。

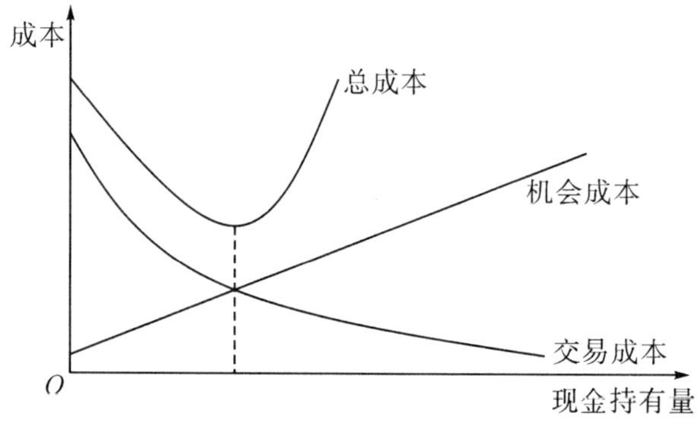


图 8.3　现金管理总成本与机会成本、交易成本的关系

从图 8.3 可以看出，现金管理的总成本与现金持有量呈凹形曲线关系。持有现金的机会成本与证券变现的交易成本相等时，现金管理的总成本最低，此时的现金持有量为最佳现金持有量。运用微积分求最小值的原理，将总成本函数对求导并令其结果为零，即达到最低的相关总成本时的最佳现金持有量公式：

$$C^{*}=\sqrt{\frac{2TF}{K}} \tag{8-5}$$

而在最佳现金持有量下的最低相关总成本 TC 为：

$$TC=\sqrt{2TFK} \tag{8-6}$$

【例 8-2】某企业预计全年需要现金 200 000 元，现金与有价证券的交易成本为每次 100 元，有价证券的年平均利率为 10%，要求：①计算最佳现金持有量；②计算最佳现金持有量下的全年现金管理总成本、交易成本和机会成本；③计算最佳现金持有量下的全年有价证券交易次数和有价证券交易间隔期。

①最佳现金持有量：

$$C=\sqrt{\frac{2\times200\ 000\times100}{10\%}}=20\ 000\text{（元）}$$

②最低现金管理总成本：

$$TC=\sqrt{2\times200\ 000\times100\times10\%}=2\ 000\text{（元）}$$

交易成本=（200 000÷20 000）×100=1 000（元）

机会成本=（20 000÷2）×10%=1 000（元）

③有价证券交易次数（T/C）= 200 000/20 000=20（次）

有价证券交易间隔期=360÷20=18（天）

存货模型是一种简单、直观的模型。它的缺点是假定现金的流出量稳定不变，即每次转换数量一定，不存在淡旺季现金需求量变动的影响，实际上这很少有。

（三）随机模式

随机模式是由 Merton Miller 和 Daniel Orrd 在 1966 年创建的，因此又称为米勒—奥尔模式。随机模式是在企业现金支付不稳定、现金需求无法准确预测的情况下采用的一种确定最佳现金持有量的一种方法。其基本原理是企业根据历史经验和现实需要，测算出一个现金持有量的控制范围，即制定出现金持有量的上限和下限，将现金持有量控制在上下限之内。当现金量达到上限 H 时，用现金购入（H-R）的有价证券，使现金量回落到现金返回线（R 线）的水平；当现金量达到下限 L 时，则抛售（R-L）的有价证券换回现金，使现金量回升至现金返回线（R 线）的水平。若现金量在控制的上下限之内，便不必进行现金与有价证券的转换，保持它们各自的现有存量，如图 8.4 所示。

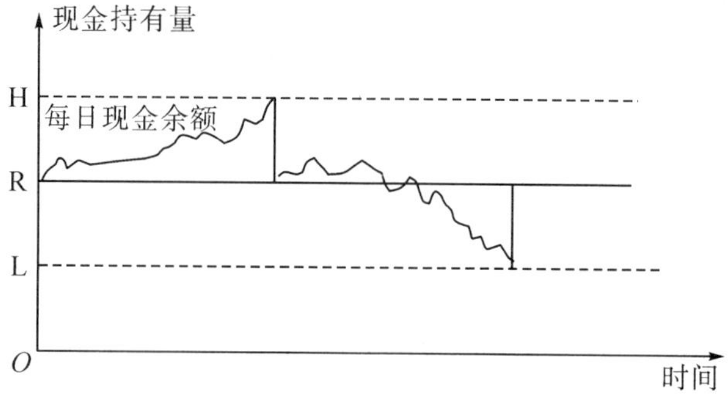


图 8.4 随机模式下现金控制原理

以上关系中的上限 H、现金返回线 R 可按下列公式计算：

现金存量的上限 H＝3R－2L (8-7)

现金返回线 $R=\sqrt[3]{\frac{3b\sigma^2}{4i}}+L$ (8-8)

式中：b ——每次有价证券的固定转换成本；

i——有价证券的日利息率；

$\sigma^2$——日现金净流量的方差。

下限（L）的确定取决于公司日常周转所需资金、管理人员对风险的承受能力、公司借款能力等因素。

【例 8-3】根据现金流动性要求和有关补偿性余额的协议，某公司的最低现金余额为 8 000 元，根据历史资料测算出的每日现金余额波动的标准差为 1 000 元，有价证券年利率为 10%，每次有价证券转换的交易成本为 80 元，一年按 360 天计算。

要求：根据上述资料确定该公司的最优现金返回线（R）的现金余额和上限（H）。

①最优现金返回线：

$$R=\sqrt[3]{\frac{3\times80\times1\ 000^2}{4\ (10\%\div360)}}+8\ 000=6\ 000+8\ 000=14\ 000（元）$$

②现金控制上限：H＝3R－2L＝3×14 000－2×8 000＝26 000（元）

随机模式是在现金需求量难以预知的情况下进行现金持有量控制的方法，其预测结果比较保守，也容易受到管理人员主观判断的影响。

（四）成本分析模式

成本分析模式是根据现金有关成本，分析预测其总成本最低时现金持有量的一种方法。在影响现金持有的相关成本因素中，成本分析模式只考虑持有一定数量的现金而发生的管理成本、机会成本和短缺成本，而不考虑转换成本。其中，管理成本具有固定成本的性质，与现金持有量不存在明显的线性关系。

在实际工作中，运用成本分析模式确定最佳现金持有量的步骤是：

（1）根据不同现金持有量测算并确定有关成本数值；

（2）按照不同现金持有量及其有关成本资料编制最佳现金持有量测算表；

（3）在测算表中找出总成本最低时的现金持有量，即最佳现金持有量。

以上各种计算模式分别从不同角度来确定最佳现金持有量，各有优缺点，可结合起来加以运用。事实上，数学模型并不能把影响现金持有的所有因素都考虑进去，所以，在实际工作中，还需财务管理人员根据具体情况加以调整。

## 四、现金的日常控制

### （一）现金使用的有关国家规定

国家对现金的开支有相关规定，企业必须严格按照这些规定执行。有关部门对企业使用现金有如下规定：

（1）规定了现金的适用范围。企业只能在以下范围只使用现金：支付职工工资、津贴；支付个人劳务报酬；根据国家规定颁发给个人的科学技术、文化艺术、体育等各种奖金；支付各种劳保、福利费用以及国家规定的对个人的其他支出；向个人收购农副产品和其他物资的价款；出差人员必须随身携带的差旅费；结算起点（1 000 元）以下的零星支出；中国人民银行确定需要支付现金的其他支出。

（2）规定了库存现金限额。企业库存现金，由其开户银行根据企业的实际需要核定限额，一般以 3~5 天的零星开支为限。

（3）不得坐支现金，即企业不得从单位的人民币现钞收入中直接支付交易款。因特殊情况需要坐支现金的，应当事先报经开户银行审查批准，由开户银行核定坐支范围和现额。

（4）不得出租、出借银行账户。

（5）不得套用银行信用。

（6）不得保存账外公款。包括不得将公款以个人名义存入银行和保存账外现钞等各种形式的账外公款。

### （二）现金的日常管理

企业在确定了最佳现金持有量后，还应采取各种措施，在保证现金安全、完整的基础上，加速现金周转、提高现金的使用效率，最大程度地发挥其效用。企业现金日常管理的主要内容包括加速现金收款和控制支出等内容。

1. 力争现金流量同步

现金流量同步化，是指企业在安排现金支出时，要预测现金流入的时间，尽量使它的现金流入量与现金流出量发生的时间趋于一致，将其所持有的交易性现金余额降到最低水平，从而减少有价证券的转换次数，降低转换成本。

2. 加速现金收款

为了提高现金的使用效率，加速现金周转，企业应尽量加快账款的收回。如减少客户付款的票据邮寄时间、缩短企业收到票据和票据兑现时间。企业应在不影响未来销售的情况下，尽可能地加快现金的收回。这就需要企业合理制定信用条件并实施妥善的收账策略。

3. 合理使用现金“浮游量”

现金浮游量是指企业账户上的现金余额与银行账户上所显示的企业现金余额之间的差异。差异产生是由于从企业开出支票，收票人收到支票并存入银行，至银行将款项划出企业账户，中间需要一段时间。在这段时间里，尽管企业已开出了支票，却仍可动用在活期存款账户上的这笔资金。在使用现金浮游量时，一定要控制好使用时间，否则会发生银行存款的透支。

4. 尽可能采用汇票付款

汇票是由出票人开具并承兑，要求出票人将相当于汇票金额的现金存入银行，银行才会付款给持票人。企业通过对汇票的审核来控制对外付款，这样就可以使延期付款合理化。但银行对汇票要收取一定的手续费，企业要注意权衡得失。

5. 适当推迟应付款的支付

企业在交易活动中，要尽可能在不影响企业信誉的前提下，推迟付款的时间，充分运用供货方所提供的信用优惠。在折扣期限的最后一天付款，最大限度地利用现金而又不丧失现金折扣，如果企业现金周转困难，那么则可以放弃供货方的现金折扣，在信用期限的最后一天支付款项。

## 第三节　应收账款管理

应收账款是指公司对外销售商品或提供劳务时采用赊销方式而形成的应向购货方或接受劳务方收取的款项，是企业的一种债权，是企业流动流动资产中的一个重要组成部分。应收账款包括应收销售款、应收票据、预付账款及其他应收款等。赊销一方面可扩大销售、减少存货、增加利润，但另一方面又因形成应收账款而增加经营风险、加大信用成本。这就需要在应收账款信用政策所增加的盈利和这种政策的成本之间做出权衡。只有当应收账款所增加的盈利超过增加的成本时，才应当实施赊销；如果赊销有着良好的盈利前景，就应当放宽信用条件，增加赊销量。应收账款管理的基本目标是，在充分发挥应收账款强化竞争、扩大销售功能的同时，尽可能降低投资的机会成本、坏账损失与管理成本，使提供商业信用、扩大销售所增加的收益大于有关的各项费用。

### 一、应收账款的成本

应收账款的成本是指因持有应收账款而付出一定的代价。应收账款的成本有应收账款的机会成本、管理成本和坏账成本。

（一）机会成本

应收账款的机会成本是指因投放于应收账款而放弃的其他投资收益。其数量可按下列步骤计算：

1. 计算应收账款周转次数

应收账款周转次数=日历天数÷应收账款周转天数　（8-9）

2. 计算应收账平均余额

应收账款平均余额=赊销收入净额÷应收账款周转次数　（8-10）

3. 计算维护赊销业务所需要的资金

维持赊销业务所需要的资金

=应收账款平均余额×变动成本÷销售收入

=应收账款平均余额×变动成本率　（8-11）

4. 计算应收账款的机会成本

应收账款的机会成本

=维持赊销业务所需要的资金数量×资金成本率　（8-12）

上式中资金成本率一般可按有价证券利息率计算。

【例 8-4】假设某公司预测的年度赊销额为 3 000 万元，应收账款平均收账天数为 90 天，变动成本率为 60%，资本成本率为 10%。该公司应收账款的机会成本是多少？

应收账款周转次数=360÷90=4（次）

应收账款平均余额=3 000÷4=750（万元）

维持赊销业务所需资金=750×60%=450（万元）

应收账款的机会成本=450×10%=45（万元）

（二）管理成本

应收账款的管理成本是指对应收账款进行日常管理而耗费的开支，是应收账款成本的重要组成部分，主要包括对客户的资信调查费用、应收账款账簿记录费用、催收账款费用等。在应收账款一定数量范围内，管理成本一般为固定成本。

（三）坏账成本

坏账成本是指由于债务人破产、解散、财务状况恶化或其他种种原因而导致公司无法收回应收账款所产生的损失。此项成本一般与应收账款数量呈正比，即赊销额越大，应收账款越多，坏账成本越高。

## 二、信用政策的制定

应收账款政策又称信用政策，是企业财务政策的一个重要组成部分。企业要管好用好应收账款，必须事先制定合理的信用政策。它主要包括信用标准、信用条件和收账政策三部分。应收账款赊销的效果好坏，依赖于企业实行的信用政策。

（一）信用标准

信用标准是指客户获得企业的交易信用所应具备的最低条件，也是公司决定给予或拒绝客户信用的依据，通常以预期的坏账损失率表示。信用标准越严，则企业允许的坏账损失率就越低，能够享受企业商业信用的客户范围就会很小，这虽然有利于减少坏账成本及收账费用，但也可能会造成销售下降，库存增加，企业的竞争力受到削弱。相反，如果企业放宽信用标准，虽然有利于扩大销售收入，提高企业的市场份额，但同时也会导致坏账成本上升和收账费用增加。因此，企业应根据具体情况，在不同时期针对不同的客户，制定适当的信用标准。

企业在制定信用标准时应综合考虑三个基本因素：本企业承担违约风险的能力、同行业竞争对手的情况、客户的资信程度。

1. 本企业承担违约风险的能力

本企业承担违约风险能力的强弱，对其信用标准的选择有着重要的影响。如果企业具有较强的违约风险承担能力时，就应该制定较低的信用标准以争取客户，扩大销售；反之，就只能制定较为严格的信用标准，尽可能降低客户违约的可能性。

2. 同行业竞争对手的情况

竞争对手采用什么信用标准是企业制定信用标准的必要参照。面对竞争，企业首先考虑的是如何在竞争中处于优势地位，保持并不断扩大市场占有率。同行业竞争对手实力越强，市场竞争越激烈，企业就应制定越宽松的信用标准；反之，其信用标准可以严格一些。

3. 客户的资信程度

企业为了更好地保护自身利益，降低风险，必须对客户的资信程度进行调查、分析，确定出客户的信用等级并决定是否向客户提供信用。

在实践中，信用评估的方法很多，可用定性分析和定量分析评估客户的信用品质。下面主要介绍常用的5C评估法。所谓5C评估法，是指对影响客户信用状况的五个方面进行评估，由于这五个方面英文词的第一个字母都是C，故简称“5C”评估法。五个因素分别如下：

（1）品德（Character）。品德指客户的信誉，即客户履行其偿债义务的意愿。这是评价客户信用质量的首要因素。企业必须对客户过去的付款记录进行详细分析，看与其他供货企业的关系是否良好。

（2）能力（Capacity）。能力是指客户的偿债能力。企业可着重了解客户的流动资产数量、质量以及流动负债的性质，计算流动比率和速动比率及对客户实地调查，对客户的偿债能力做出判断。

（3）资本（Capital）。资本是企业的财务实力，如注册资本、资产总额、净资产，主要的财务比率分析，是客户偿付债务的最终保障。

（4）担保品（Collateral）。担保品是指客户为获得商业信用而向企业提供的担保资产。客户若能提供担保品，可以减少企业的赊销风险，这对于不知底细或信用状况存有争议的客户尤为重要，这些客户若能提供一定价值的担保资产，企业就可以考虑向他们提供相应的信用，一旦收不到这些客户的款项，便以担保品抵偿。

（5）条件（Condition）。条件是指可能影响客户偿债能力的经济环境，如经济发展趋势、经济政策。如果出现宏观经济不景气，会对客户的付款产生何种影响，客户将怎样对待其债务，这需要了解客户过去在困难时期的付款历史，来分析外部环境的变化对客户偿付能力的影响及客户是否具有较强的应变能力。

企业可以通过以上五个方面的分析，对客户的信用状况做出基本评价，作为企业向客户提供商业信用的依据。

（二）信用条件

信用标准是企业评价客户的信誉等级，以决定是否给客户提供信用的主要依据。一旦客户达到信用标准，就要考虑客户支付赊销款项的具体条件，信用条件主要包括信用期限、现金折扣和折扣期限。信用条件的基本形式是“2/10，n/30”，意思是若客户在购货并取得发票后 10 天内付款，可享受 2%的现金折扣；10 天后付款，将不享受折扣；全部货款必须在 30 天内付清。若客户在 30 天后付款，表明客户违约可能会受到违约惩罚。其中 30 天是信用期限，2%是现金折扣，10 天是折扣期限。

1. 信用期限

信用期限是指企业允许客户从购货到付款之间的时间，即企业给予客户的付款期间。企业产品销售与信用期限之间存在着一定的依存关系。通常，延长信用期限，有利于企业扩大销售，增加收益，但会导致机会成本、坏账成本等信用成本的增加；若缩短信用期限，虽然能减少信用成本的发生，但又可能减少企业的销量，从而使收益减少。因此，信用期限的确定应反复权衡利弊，可将信用期限延长产生的边际收益与其成本相比较，以确定最佳信用期限。

2. 现金折扣和折扣期限

现金折扣是企业为了鼓励客户提早支付货款而给予的价格优惠。折扣期限是指企业允许客户享受现金折扣的付款期限，超过这个期限付款，客户将不能获得现金折扣的好处。折扣期限及现金折扣变动与应收账款投资的收益及成本同样存在正向变动关系，即延长折扣期限和提高折扣率，能够扩大销售规模和市场份额，获规模收益，但企业由此付出的代价增大；反之，缩短折扣期限和降低折扣率，企业支付的代价下降，但销售规模的扩张将会受到影响。因此，企业在确定折扣期限和折扣率时，也会权衡收益与成本，合理决策。

【例 8-5】某企业预测的年度赊销收入净额为 2 400 万元，其信用条件是：n/30，变动成本率为 70%，资金成本率（或有价证券利息率）为 20%。假设该企业收账政策不变，固定成本总额不变。该企业准备了三个信用条件的备选方案：①维持 n/30 的信用条件；②将信用条件放宽到 n/45；③将信用条件放宽到 n/90。各种备选方案估计的赊销水平、坏账损失率和收账费用等有关数据，如表 8.1 所示。

**表 8.1　信用条件备选方案表**　　单位：万元

| 项　目 | ①（n/30） | ②（n/45） | ③（n/90） |
|---|---|---|---|
| 年赊销额 | 2 400 | 2 560 | 2 800 |
| 应收账款周转率（次数） | 12 | 8 | 4 |
| 应收账款平均余额 | 2 400÷12＝200 | 2 560÷8＝320 | 2 800÷4＝700 |
| 维持赊销业务所需资金 | 200×70%＝140 | 320×70%＝224 | 700×70%＝490 |
| 坏账损失/年赊销额 | 2% | 2.5% | 5% |
| 坏账损失 | 2 400×2%＝48 | 2 560×2.5%＝64 | 2 800×5%＝140 |
| 收账费用 | 24 | 30 | 56 |

根据表 8.1 的资料，可计算有关指标如表 8.2 所示。

**表 8.2　信用条件分析评价表**　　单位：万元

| 项　目 | （n /30） | （n /45） | （n /90） |
|---|---|---|---|
| 年赊销额 | 2 400 | 2 560 | 2 800 |
| 变动成本 | 2 400×70%＝1 680 | 2 560×70%＝1 792 | 2 800×70%＝1 960 |
| 信用成本前收益 | 720 | 768 | 840 |
| 信用成本： | | | |
| 应收账款机会成本 | 140×20%＝28 | 224×20%＝44.8 | 490×20%＝98 |
| 坏账损失 | 48 | 64 | 140 |
| 收账费用 | 24 | 30 | 56 |
| 小计 | 100 | 138.8 | 294 |
| 信用成本后收益 | 620 | 629.2 | 546 |

根据表 8.2 的资料，在①、②、③三个方案中，方案②（n /45）获利 629.2 万元，在三个方案中最多。因此，在其他条件不变的情况下，应选择方案②，将信用期限放宽到 45 天。

【例 8-6】承前例 8-4 的资料，如果企业选择了方案②，但为了加速应收账款的回收，决定将赊销条件改为“2/10，1/20，N/45”（方案④），估计有 70%的客户会利用 2%的折扣；10%的客户将利用 1%的折扣。坏账损失降为 2%，收账费用降为 27 万元。根据上述资料，有关指标可计算如下：

①应收账款周转期＝70%×10+10%×20+20%×45＝18（天）

②应收账款周转率＝360÷18＝20（次）

③应收账款平均余额＝2 560÷20＝128（万元）

④维持赊销业务所需要的资金＝128×70%＝89.6（万元）

⑤应收账款机会成本＝89.6×20%＝17.92（万元）

⑥坏账损失 = 2 560×2% = 51.2（万元）

⑦现金折扣 = 2 560×（2%×70%+1%×10%）= 38.4（万元）

根据以上资料，进行信用条件分析决策，如表 8.3 所示。

**表 8.3　信用条件分析决策表**　　单位：万元

| 项　目 | ②（n/45） | ④（2/10，1/20，n/45） |
|---|---|---|
| 年赊销额 | 2 560 | 2 560 |
| 减：现金折扣 | 0 | 38.4 |
| 年赊销净额 | 2 560 | 2 521.6 |
| 减：变动成本 | 1 792 | 1 792 |
| 信用成本前收益 | 768 | 729.6 |
| 减：信用成本 | | |
| 应收账款机会成本 | 44.8 | 17.92 |
| 坏账损失 | 64 | 51.2 |
| 收账费用 | 30 | 27 |
| 小计 | 138.8 | 96.12 |
| 信用成本后收益 | 629.2 | 633.48 |

从表 8.3 分析结果可知，提供现金折扣后，方案④获利 633.48 万元，比方案②增加 4.28 万元。因此，企业最终应选择方案④（2/10，1/20，n/45）作为最佳方案。

（三）收账政策

收账政策是指当客户违反信用条件，拖欠甚至拒付账款时企业所采取的收账策略与措施。企业在决定向客户提供信用条件时，实际上就已经承担了客户违反信用条件，拖欠货款的风险。对于拖欠的货款，企业无论采用哪种收账方式进行催收，都要付出一定的代价，即收账费用。如收账发生的邮电通讯费、收账人员的差旅费、法律诉讼费等。

收款政策过宽，将会导致拖欠款项的客户增多并且拖延款项的时间延长，从而增加应收账款的投资和坏账损失，但却会减少收账费用；收账政策过严，又将导致拖欠款项的客户减少及拖延款项的时间缩短，从而减少应收账款的投资和坏账损失，但却会增加收账费用。

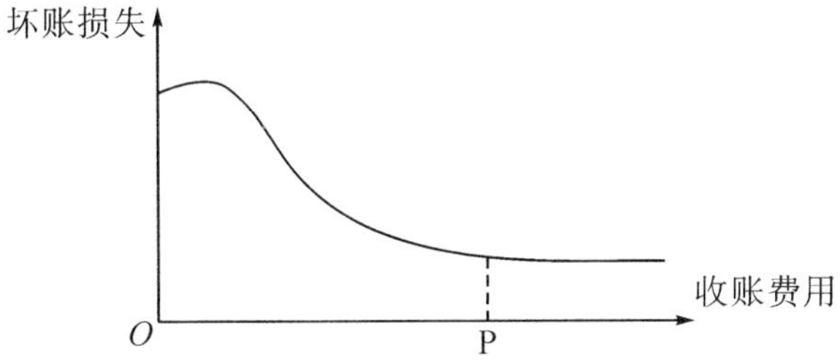


图 8.5　坏账损失与收账费用的关系

从图 8.5 可以看出，当收账费用增加时，坏账损失就随之减少，但是，随着收账费用达到一定程度时，坏账损失减少的速度开始下降。如图中当收账费用增加到 P 点时，坏账损失减少的数量就不再明显，这一点 P 称为饱和点。

因此，企业在制定收账政策时，要权衡利弊得失，掌握好宽严界限。制定合理的收账政策就是要在增加的收账费用与减少坏账损失及应收账款机会成本之间进行权衡，若前者小于后者，则说明制定的收账政策是可取的。

企业对各种不同过期账款应有不同的催收方式，比如，对过期较短的顾客，不要过多地打扰，以免将来失去这一市场；对过期稍长的顾客，可措辞婉转地写信催收；对过期较长的顾客，频繁地信件催款并电话催询；对过期很长的顾客，可在催款时措辞严厉，必要时提请有关部门仲裁或提请诉讼等。

## 三、应收账款的日常控制

信用政策建立以后，企业应当根据既定的信用政策，要做好应收账款的日常控制工作，进行信用调查和信用评价，以确定是否同意顾客赊欠货款，当顾客违反信用条件时，还要做好账款催收工作。

### （一）信用调查

对客户的信用进行评价是应收账款日常管理的重要内容。这是决定是否赊销给客户产品的准备工作，也是做出赊销决策的关键。只有正确地评价客户的信用状况，才能合理地执行企业的信用政策。信用调查方法主要有有两种：直接调查法和间接调查法。

1. 直接调查法

直接调查法是指调查人员与客户直接接触，通过当面采访、询问、观看、记录等方式获取信用资料的一种方法。采用这种方法能保证收集资料的及时性，但其准确性往往不够，客户的缺点和不足容易被掩盖。

2. 间接调查法

间接调查法是指以客户或其他单位保存的有关客户的各种原始记录和核算资料为基础，通过加工整理获得客户信用资料的方法。信用资料主要来源于以下途径：

（1）客户的财务报表。有关单位的财务报告，是信用资料的重要来源，通过财务报表的分析，基本上可以掌握客户的财务状况和盈利能力。

（2）来自信用评估机构的资料。许多国家都有信用评估的专门机构，定期发布有关企业的信用等级报告。专门的信用评估机构通常评估方法先进，评估调查细致，评估程序合理，可信度较高。

（3）与客户往来的银行与供应商等方面的信用资料。

（4）其他方面。如财税部门、消费者协会、工商管理部门、企业的上级主管部门、证券交易部门等。

（二）应收账款账龄分析

企业已发生的应收账款的时间有长有短，对于已经超过信用期限的应收账款要特别关注。一般来说，逾期拖欠时间越长，款项催收越困难，形成坏账的可能性越大。因此，企业应定期对应收账款账龄进行分析，密切注意应收账款的回收情况，以加强应收账款的监督和控制。

企业应收账款账龄分析工作，主要是通过定期编制应收账款账龄分析表来进行的。利用账龄分析表可以了解：有多少欠款尚在信用期内（未到期），到期后能否收回，还要待时而定，故及时的监督仍是必要的；有多少欠款超过了信用期，超过时间长短的款项各占多少，有多少欠款会因拖欠时间太久可能成为坏账。对不同拖欠时间的欠款，应采取不同的收账方法，制定出经济、可行的收账政策；对可能发生的坏账损失，则应提前做出准备，充分估计这一因素对收益的影响。

企业对逾期账款应给予足够重视，查明原因。如果账龄分析显示应收账款的账龄开始延长或者逾期账户所占比例逐渐增加，就必须及时采取措施，调整信用政策，努力提高应收账款的变现率。对尚未到期的应收账款，加强监控，以防新拖欠的发生。

（三）逾期账款催收机制

企业应收账款持有数额的大小除取决于应收账款的发生额外，在一定程度还取决于企业的收账策略。企业的收账策略主要包括：①合理使用奖惩措施；②设计合理的催收程序；③优选收账人员，讲究收账技巧。逾期账款催收程序如图 8.6 所示。

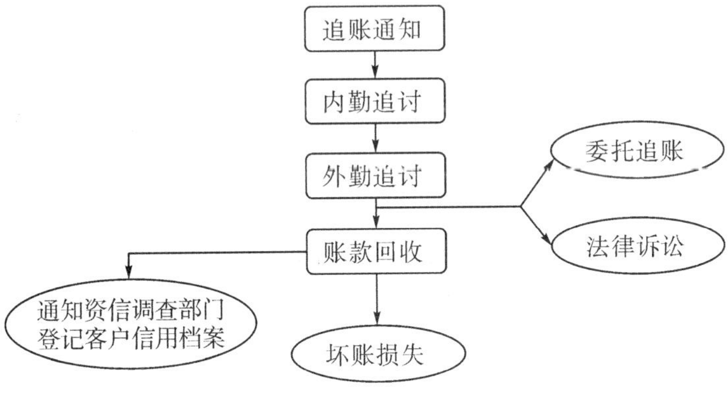


**图 8.6　逾期账款催收程序**

（四）建立坏账准备

无论企业采取怎样严格的信用政策，只要存在商业信用行为，坏账损失的发生是无法避免的。一般来说，确定坏账损失的标准主要有两条：

1. 债务人逾期未履行偿债义务，且具有明显特征表明无法收回。

2. 因债务人破产或者死亡，以其破产财产或者遗产清偿后，仍然不能收回。

企业的应收账款只要符合上述任何一个条件，就应作为坏账损失处理。需要注意的是，当企业的应收账款按照第二个条件已经作为坏账损失处理后，并非意味着企业放弃了对该项应收账款的索取权。实际上，企业仍然拥有继续收款的法定权力，企业与欠款人之间的债权债务关系不会因为企业已作坏账处理而解除。

既然应收账款的坏账损失无法避免，企业应遵循谨慎性原则，增强风险意识，对坏账损失的可能性预先进行估计，并建立弥补坏账损失的准备金制度。提取坏账准备金，不仅可以增强企业抵御坏账风险的能力，而且也有利于企业的资金周转，提高经济效益。

## 第四节　存货管理

存货是指企业在日常活动中持有以备出售的产成品或商品、处在生产过程中的在产品、在生产过程或提供劳务过程中耗用的材料、物料等。存货是企业重要的流动资产，一般比重为50%，主要包括分布在储备、生产、成品形态上的资产。它管理的好坏，直接关系到企业的资金占用水平以及资产运作，是企业管理中不可忽视的一部分。为了保证生产经营业务的正常需要，企业必须保持适量的存货。但作为流动性最差的流动资产，过量的存货必然要占用企业更多的资金，导致存货成本的增加，影响企业获利能力的提高。因此，存货管理的主要目标，就是要尽力在各种存货成本与存货效益之间做出权衡，达到两者的最佳结合。

### 一、存货的成本

与储备存货有关的成本，包括采购成本、订货成本、储存成本和缺货成本等四种。

（一）采购成本

采购成本又称购置成本，是指购进存货时支付的价款，包括存货的买价、运输费和装卸费等支出，它体现的是存货本身的价值。如果存货全年需求量为A，采购单价为D，运杂费为F，那么：

采购成本 $= A \times D + F$　　　　(8-13)

采购总成本取决于采购数量和单位采购成本；如果不存在商业折扣，采购成本在存货决策中属于无关成本；如果存在商业折扣，采购成本在存货决策中属于相关成本；本章假设不存在商业折扣。

（二）订货成本

订货成本是指为订购存货而发生的各种成本：如采购人员薪酬、采购部门的营运费用、采购业务费用等。订货成本一般与订货数量无关，与订货次数成正比。

订货成本 $= A \div Q \times P$　　　　(8-14)

P 为每批订货成本。

（三）储存成本

储存成本是指为储存存货而发生的各种费用。如存货占用资金所应计的利息、仓储费、保险费、变质损失、存货残损等。储存成本按其与存货储存数量的关系可分为固定储存成本和变动储存成本。其中，固定储存成本与存货储存数量无关，如仓库折旧费、仓库职工的固定月工资等，这类成本属于决策的无关成本。而变动储存成本与存货储存量成正比，如存货资金占用费、保险费、存货毁损变质损失等，该类成本属于决策的相关成本，如果单位存货的年储存成本为 C，由于年平均存货的数量为 Q/2，那么

$$储存成本 = Q/2 \times C \tag{8-15}$$

（四）缺货成本

缺货成本是指由于存货数量不能及时满足生产和销售的需要而给企业带来的损失。如：停工待料损失、商品储备不足造成的销售中断等。与存货的数量成反向变动，一般凭管理人员的经验加以估计，假设为 S。

如果以 TC 来表示储存存货的总成本，它的计算公式为：

$$\begin{aligned} TC &= 采购成本+订货成本+储存成本+缺货成本 \\ &= (A \times D + F) + (A \div Q \times P) + (Q/2 \times C) + S \end{aligned} \tag{8-16}$$

存货管理的目标，就是在保证正常生产经营需要的同时，使储备存货的总成本 TC 最小。

## 二、经济订购批量基本模型

（一）经济订购批量基本模型的假设

（1）能够及时补充存货，需要时可立即取得；

（2）每批存货均能集中到达，而不是陆续到货；

（3）没有缺货现象，即缺货成本 S 为 0；

（4）全年需求量稳定，并且能预测，即 A 为已知常量；

（5）存货单价不变，且不考虑现金折扣，即 D 为已知常量；

（6）企业现金充足，不会因现金短缺而影响进货；

（7）所需存货的市场供应充足，不会买不到而影响生产。

（二）经济进货批量的基本公式

由于假设采购成本为已知常量，且不考虑短缺成本，则总成本为：

$$TC = A \div Q \times P + Q/2 \times C$$

TC 的大小取决于 Q。为了求出 TC 的极小值，利用微分极值原理，对公式进行求导，并令其为 0，可得：

$$Q^* = \sqrt{\frac{2AP}{C}} \tag{8-17}$$

这一公式称为经济订货量基本模型，求出的每次订货批量，可使 TC 达到最小值。这个基本模型还可以演变为其他形式。

每年最佳订货次数公式：

$$A/Q^* = \sqrt{\frac{AC}{2P}} \tag{8-18}$$

与批量有关的存货总成本公式：

$$TC = \sqrt{2APC} \tag{8-19}$$

式中：Q——订货数量；

A——全年需要量；

P ——每次订货成本；

C——单位储存成本；

TC——存货总成本。

【例 8-7】某企业每年耗用某种材料 7 200 千克，该材料单位成本 10 元，单位储存成本为存货单位成本的 2%，一次订货成本 200 元。假设满足经济订货批量模型的假设条件，则该企业的经济订货批量是多少？并运用经济订货批量模型分析每年订货次数、两次订货的时间间隔、经济批量存货下的总成本。

将相关数据代入公式计算可得经济订货批量

$$Q^* = \sqrt{\frac{2AP}{C}} = \sqrt{\frac{2\times 7\ 200\times 200}{100\times 2\%}}$$

$$=1\ 200\text{（千克）}$$

然后根据计算的 $Q^*$，可分别计算：

每年订货次数 = 7 200÷1 200 = 6（次）

两次订货的时间间隔 = 1÷6 = 1/6（年）= 2（月）

经济批量存货下的总成本

$$TC = \sqrt{2APC} = \sqrt{2\times 7\ 200\times 200\times(100\times 2\%)}$$

$$= 2\ 400\text{（元）}$$

经济订货量的基本模型是在前述各假设的条件下建立的，但现实生活中能够满足这些假设条件的情况十分罕见。为使模型更接近于实际情况，具有较高的可用性，需逐一放宽假设，对基本模型进行扩展。

## 三、存货的日常管理

存货的日常管理是指在正常的生产经营过程中，按照事先制订的存货计划的要求，对存货的使用和周转情况进行的组织、调控和监督。存货管理的内容主要有以下几方面：

### （一）存货的归口分级管理

制定指标部门应参照历史数据，结合本期实际情况，分解存货资金计划指标给企业各有关职能部门进行管理。然后将各部门分管的指标层层分解下达到所属各级单位和个人，实行存货的分级管理。

存货的归口分级管理是存货日常管理的一种基本方法，主要包括以下几项内容：

1. 实行存货资金的统一管理。在厂长经理的领导下，财务部门作为存货管理的综合部门对存货资金实行统一管理，编制企业存货计划，促进供、产、销互相协调，实现资金使用的综合平衡，将存货资金管理指标分配到供应、生产和销售等各个归口部门。

2. 实行存货资金的归口管理。根据使用资金和管理资金相结合，物资管理和资金管理相结合的原则，每项资金由哪个部门使用，就归哪个部门管理。归口管理的分工一般如下：①原材料、燃料和包装物等归供应部门管理；②在产品和自制半成品由生产部门管理；③产成品由销售部门管理；④工具、用具和低值易耗品等归工具部门管理；⑤修理用备件、配件等归设备动力部门管理。

3. 实行存货资金的分级管理。各归口部门要将分管的计划和定额按照具体情况进行分解，分配给所属单位，即车间、班组甚至个人等基层，实行存货的分级管理。分工一般如下：①原材料可分配给计划供应、材料采购、仓库保管、整理准备等各业务组管理；②在产品可分配给各车间、半成品库管理；③产成品可分配给销售、仓库保管、成品发运等业务组管理。

由财会部门统一组织企业存货的核算、检查与分析工作，评定各归口分级管理部门的职责履行情况，奖优罚劣，促进企业整体存货管理水平的提高。

（二）存货 ABC 分类控制

企业存货品种繁多，尤其是大中型企业的存货往往多达上万种甚至数十万种。有的存货尽管品种数量很少，但金额巨大，如果管理不善，将给企业造成极大的损失。相反，有的存货虽然品种数量较多，但占用的金额小，即使管理当中出现一些问题，也不至于对企业产生较大的影响。在实际工作中，对所有的存货要实行全面管理与控制，是不可能也是没有必要的。因此，就要求对不同的存货采用不同的管理对策。ABC 分类法就是遵循“保证重点，照顾一般”的原则，采用科学的分析方法，把重点存货与一般存货加以划分，分别进行管理的一种有效管理方法。

ABC 分类法又称为帕雷特控制法，是意大利经济学家维尔弗雷多·帕雷特于 19 世纪首创的，后经不断发展和完善，现已广泛用于存货管理、成本管理和生产管理。该分析方法的核心思想是在决定一个事物的众多因素中分清主次，识别出少数的但对事物起决定作用的关键因素和多数的但对事物影响较少的次要因素。

1. ABC 分类管理的含义

存货 ABC 分类管理就是按照某种存货数量占总存货数量百分比和该种存货金额占总存货金额的百分比大小为标准，将存货划分为 A、B、C 三类。分类标准主要有两个：一是金额标准；二是品种数量标准。其中金额标准是最基本的，品种数量标准仅作为参考。A 类：品种少，单位价值大，占用资金多，对企业有重要影响；

C类：种类很多，单位价值小，占用资金少；B类：介于A类和C类之间。如图8.7所示。对A、B、C类存货分别实行分品种重点管理、分类别一般控制和按总额灵活掌握的存货管理方法。

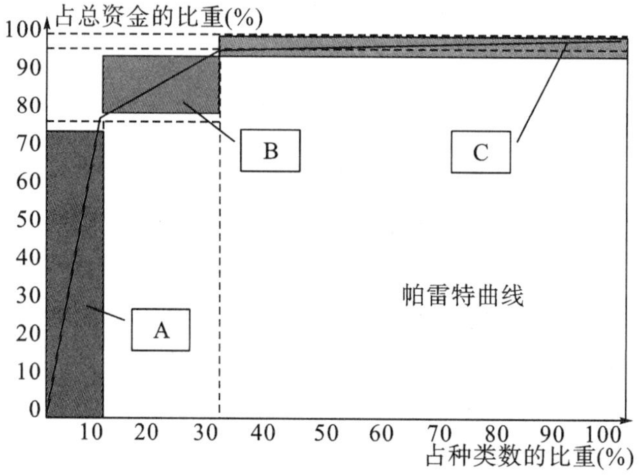


图8.7　ABC分类管理

2. 存货ABC分类法的运用

运用ABC法控制存货资金，一般按如下几个步骤进行：

（1）计算每一种存货在一定时间内（一般为一年）的资金占用额。

（2）计算每一种存货资金占用额占全部资金占用额的百分比，并按大小顺序重新排列，编成表格。

（3）根据事先测定好的标准，把最重要的存货划为A类，把一般存货划为B类，把不重要的存货划为C类，并画图表示出来。

（4）对A类存货应集中主要力量管理，对其经济批量要进行认真规划，对收入、发出要进行严格控制；对B类存货应给予相当的重视，但不必像A类那样进行非常严格的控制；对C类存货的经济批量可凭经验确定，不必花费大量时间和精力去进行规划和控制。具体内容如表8.4所示：

表8.4　ABC分类管理的内容

| 管理项目 | A类存货 | B类存货 | C类存货 |
|---|---|---|---|
| 控制方法 | 按品种严格控制 | 按类别控制 | 按总额控制 |
| 采购批量 | 按经济订购量控制 | 适当放宽 | 简单估算 |
| 盘点要求 | 实行永续盘存制 | 定期检查 | 实行实地盘存制 |
| 记录要求 | 序时记录 | 定期记录 | 定期汇总记录 |
| 保险储备 | 按品种确定 | 按类别确定 | 视情况而定 |

随着市场经济的不断发展，经济社会化和信息化程度不断增强，企业组织形式和经营管理模式均有很大变化，传统的存货管理方法对企业的自身物资资源和第三方物流明显利用不足。要想使存货管理达到现代化企业管理的要求，就要使企业尽快采用先进的管理模式，如 ERP 系统。利用 ERP 使人、财、物、产、供、销全方位科学高效集中管理，最大限度地堵塞漏洞，降低库存，使存货管理更上一个新台阶。

## 思考题

1. 什么是流动资产？对其管理有何要求？
2. 持有现金会产生哪些成本？如何计算最佳持有量？
3. 应收账款的成本有哪些？如何制定信用政策？
4. 存货的成本有哪些？如何计算经济订货批量？

# 第九章　股利理论及政策

## 第一节　利润及其分配

企业作为独立的经济实体，应以自己的经营收入抵补支出，并为投资者提供一定的投资收益。对企业来说，收益分配不仅是资产保值、保证简单再生产的手段，同时也是资产增值、实现扩大再生产的工具。

### 一、利润的概念及其构成

根据我国《企业会计准则》，利润要素的定义是指企业在一定会计期间的经营成果。它集中反映企业生产经营活动等各方面的效益，是企业最终的财务成果。利润包括收入减去费用后的净额、直接计入当期利润的利得和损失等。其中，直接计入当期利润的利得和损失，是指应当计入当期损益、会导致所有者权益发生增减变动的、与所有者投入资本或者向所有者分配利润无关的利得或者损失。企业利润由营业利润、利润总额和净利润组成，其计算公式为：

营业利润 = 营业收入-营业成本-营业税金及附加-销售费用-管理费用-研发费用-财务费用-资产减值损失+其他收益+投资收益+公允价值变动损益+资产处置收益

利润总额 = 营业利润+营业外收入-营业外支出

净利润 = 利润总额-所得税费用

在企业财务管理活动中，企业利润按其构成不同，可以表达为三个层次：息税前利润、税前利润和净利润。

（一）息税前利润

息税前利润是指企业支付利息和缴纳所得税之前的利润，其计算公式可以分别从其形成和分配两个角度表述。

从利润形成的角度表述，息税前利润=税前利润+利息费用；

从利润分配的角度表述，息税前利润=净利润+所得税+利息费用。

由此可见，息税前利润是对应于企业总资产的利润，其中净利润归属于投资人，所得税归属于政府，而利息支出则归属于债权人。息税前利润体现了不同企业的不同资金结构和税率，反映了企业的经营效果和盈利水平，可以作为评价企业经营管理水平的重要依据。

（二）税前利润

税前利润是指企业的息税前利润扣除利息费用之后的余额，是计算企业所得税的重要依据。从分配的角度看，税前利润=净利润+所得税。由此可见，税前利润是企业与投资人的投资和政府提供公共管理服务相对应的利润，其中净利润归属于投资人，所得税归属于政府。

（三）净利润

净利润也称税后利润，它是与所有者权益相对应、归属于企业所有者的利润。其计算公式为：净利润 = 税前利润-所得税

## 二、利润分配的原则

企业当期实现的净利润加上企业上一会计年度未分配的利润和其他转入后的余额，构成了可分配利润。利润分配是对企业利润的所有权和占有权进行划分，保证其合理归属与运用的管理过程。企业在利润分配时要兼顾不同方面的利益，必须协调好投资者的近期利益和企业的远期发展之间的关系。企业在进行利润分配时，应遵循以下基本原则：

（一）依法分配的原则

企业的收益分配必须依法进行，这是正确处理各方面利益关系的前提。国家有关法律法规如《中华人民共和国公司法》《企业财务通则》等对企业利润分配的内容、重要项目的分配比例和分配程序都做了原则性规定。这些法规规定了企业利润分配的基本要求、程序和重大比例等，企业必须严格遵守。

（二）兼顾各方面利益原则

收益分配是利用价值形式对社会产品进行的分配，企业的收益分配涉及国家、企业股东、债权人、职工等多方面的利益。因此，要坚持全局观念，兼顾各方面利益。国家作为社会的管理者，必须有充分的资金保证才能行使其自身职能。这就要求企业无偿上缴一部分利润，即纳税，这是每个企业应尽的义务，也是企业自身发展的保障。投资者作为资本投入者、企业所有者，依法享有收益分配权。企业的净利润归投资者所有，是企业的基本制度，也是企业所有者投资与企业的根本动力所在。辛勤劳动的职工作为企业利润的直接创造者，除了获得工资及奖金等劳动报酬

外，还要以适当的方式参与企业净利润的分配。企业可以提取公益金，用于开支职工集体福利设施的购建。因此，企业利润分配要协调好各方面利益之间的关系，既保证国家集中需要，又要增强企业的活力；既保证投资者的合法权益，也要保证职工的切身利益。

（三）分配与积累并重原则

企业进行收益分配，应正确处理长远与近期利益的辩证关系，将二者有机结合起来，坚持分配与积累并重。企业赚取的净收益，既要按投资者投入资本的比例进行分配，又要保持必要的留存收益，形成企业积累，以提高企业抗风险的能力，增强企业经营的安全系数和稳定性。

（四）投资与收益对等原则

企业分配收益应当体现“谁投资谁受益”、收益大小与投资比例相对等的原则，这是正确处理投资者利益关系的关键。这就要求企业在向投资者分配收益时，应本着平等一致的原则，按照各方出资的比例公开、公平和公正来进行分配，以保护投资者的利益。

## 三、利润分配的项目及顺序

企业利润分配是对依法缴纳所得税后的净利润的分配。通过净利润的分配，最终形成投资者的利润和企业的留存收益（盈余公积金和未分配利润）等不同项目。根据我国公司法及相关法律制度的规定，公司净利润的分配的项目及顺序如下：

（一）计算可供分配的利润

将本年净利润（或亏损）与年初未分配利润（或亏损）合并，计算出可供分配的利润。如果可供分配的利润为负数（即亏损），则不能进行后续分配；如果可供分配利润为正数（即本年累计盈利），则进行后续分配。

（二）提取法定公积金

法定公积金是企业按照一定比例从税后利润中提取的用于生产经营的资金，这既是保全企业资本，防止因企业滥用利润而损害债权人利益的需要，也是企业为了扩大再生产而在企业内部积累资金的需要。法定盈余公积金按公司当年税后利润弥补亏损后余额的10%提取，当累计额达到公司注册资本的50%时，公司可以不再继续提取。法定盈余公积金可用于弥补亏损或转增资本金。但企业用盈余公积金转增资本金后，法定盈余公积金的余额不得低于注册资本的25%。

（三）提取任意公积金

企业提取法定公积金后，企业章程对提取任意公积金有规定的，按企业章程的规定提取；企业章程没有规定的，可以根据股东（大）会决议的比例提取。

（四）向投资者分配利润

企业向投资者分配利润是利润分配的重要阶段。企业弥补亏损和提取公积金后剩余利润，再加上以前年度的未分配利润，才是可供分配给投资者的利润。

企业向投资者分配多少利润，取决于企业的利润分配政策，企业应按照法律规定、股东要求以及企业经营需要等因素加以确定。

在企业弥补亏损和提取法定公积金之前，股东会、股东大会或者董事会违反规定向股东分配利润的，股东必须退还企业违反规定分配的利润。

## 第二节　股利理论

股利理论是研究股利分配政策对公司股价或公司价值有无影响问题的有关理论，它是指领导决策人员选择股利政策的基础。长期以来，人们一直在探究股利政策对公司价值或公司股价有无影响的问题，对这个问题的不同观点形成不同的股利政策理论，主要有：

### 一、股利无关论

股利无关论认为股利政策对公司市场价值没有影响。1961 年，美国财务学家米勒（Miller）和莫迪格莱尼（Modigliani）在他们的论文《股利政策、增长与股票价格》中首次提出这种理论，因此该理论也称为 MM 理论。

（一）股利无关理论的基本假设

股利无关论认为股利分配对公司的市场价值（或股票价格）不会产生影响。这一理论是建立在下列 4 个假设基础之上的。

（1）不存在个人或公司所得税。

（2）不存在股票的发行和交易费用。

（3）公司的投资决策与股利决策彼此独立。

（4）公司的投资者和管理当局可相同地获得关于未来投资机会的信息。

上述假设描述的是一种完美无缺的市场，因而股利无关论又被称为完全市场理论。

（二）股利无关论的观点

（1）投资者不会关心公司股利的分配情况。

（2）公司的股票价格完全由公司投资方案和获利能力所决定，而并非取决于公司的股利政策。

（3）当公司保留较多的盈余用于投资，并有较好的投资效益时，公司股票将会上涨，股东可通过出售所持股票取得资本收益。

（4）如果公司发放较多现金股利，投资者可将其用于其他投资获利。

（5）当公司有较好的投资机会，而又要支付较高的现金股利时，公司可通过发行新股等方法筹集资金。

## 二、股利相关论

股利相关论认为公司的股利分配对公司市场价值有影响。投资者非常关注股利支付的多少。该理论的流派较多，主要有以下几种：

### （一）“一鸟在手”理论

“一鸟在手”理论由万伦·戈登和约翰·林特纳首先提出，这一说法来源于英国一句格言“双鸟在林，不如一鸟在手”。该理论认为，投资者对股利收益和资本利得具有不同的偏好，发放的股利收入比股票价格上涨产生的资本利得更为可靠，股利可视为投资者的既得利益，好比在手之鸟，而股票价格的升降具有很大的不确定性，犹如林中之鸟，不一定能得到。股东更偏好发放的现金股利，获得现实到手的财富，而不是或有可能增长的潜在财富。因此，投资者愿意以较高价格购买能支付较多股利的股票，股利政策将对股票价格产生实际的影响。

### （二）信号传递理论

该理论认为，在信息不对称的情况下，公司可以通过股利政策向市场传递有关公司未来盈利能力的信息。当公司股利支付水平发生变化时，传递给投资者的信息为公司未来的盈利水平将发生变化，则股票价格将发生变化。企业如果增加支付股利率，被认为是企业经理人员对企业发展前景做出良好预期的结果，表明企业未来业绩将大幅度增长，通过发放股利的方式向股东与投资者传递了这一信号。此时，随着股利支付率增加，企业股票价格应该是上升的；企业如果降低股利支付率，股东与投资者会认为这是企业经理人员对未来发展前景做出无法避免衰退预期的结果。这样，随着股利支付率下降，企业股票价格应该是下降的。

一般来说，预期未来盈利能力强的公司通常愿意通过较高的股利支付率，把自己同预期盈利能力差的公司区别开来，以吸引更多的投资者。

### （三）税差理论

税差理论认为，如果不考虑股票的交易成本，则分配股利的比率越高，股东的股利收益纳税负担会明显高于资本利得纳税负担。因此，企业应采取低现金股利比率的分配政策，以提高留存收益再投资的比率，使股东在实现未来的资本利得中享有税收节省。税差理论说明了当股利收益税率与资本利得税率之间存在差异时，就会使股东在是“继续持有股票以期取得预期资本利得”还是“立即实现的股利收益”两者之间进行权衡。

### （四）客户效应理论

客户效应理论认为，投资者不仅仅是对资本利得和股利收入有偏好，而且，对投资者而言，由于税收类别不同，投资者对公司股利政策的偏好也是不同的。对边际税率较高的投资者（如富有的投资者），他们偏好低股利支付率的股票；对边际税率较低的投资者（如养老基金），他们喜欢高股利支付率的股票。因此，公司在制定或调整股利政策时，必须考虑股东对股利政策的需求。公司应该根据投资者的不同需求，制定不同的股利政策：对低收入阶层和保守的投资者，公司应该实施高股利支付率的股利政策；对高收入阶层和风险偏好投资者，公司应该实施低股利支付率，甚至不分红的股利政策。

（五）代理理论

代理理论认为，股利的支付能够有效地降低代理成本。首先，股利的支付减少了管理者对自由现金流量的支配权，这在一定程度上可以抑制公司管理者的过度投资或在职消费行为，从而保护外部投资者的利益；其次，较多的现金股利发放，减少了留存收益，减少了内部融资，使公司进入资本市场寻求外部融资，从而公司将接受资本市场上更多的、更严格的监督，这样便通过资本市场的监督减少了代理成本。因此，高水平的股利政策降低了企业的代理成本，但同时增加了外部融资成本，理想的股利政策应当兼顾代理成本和外部融资成本，使两种成本之和达到最小。

## 第三节　股利政策

股利政策是指在法律允许的范围内，可供企业管理当局选择的，有关净收益分配事项的方针及对策。股利政策的变化对股票价值具有重要影响。因此，公司在制定股利政策时，应兼顾未来发展的需要和股东对本期收益的要求，促使股票价格最大化。

### 一、影响股利政策的因素

虽然股利分配政策由公司管理当局决定，但是在决策股利政策时受许多因素的限制。概括地说，影响公司股利政策的因素主要有以下几方面：

（一）法律因素

股份公司是通过向社会公开发行股票和债券来筹措经营资金的。为了保护债权人和股东的利益，国家有关法规对企业的利润分配做出了一定的硬性限制。

1. 资本保全约束

企业股利分配不得损害资本完整，即不得因支付股利而减少法定资本总额。其目的在于防止企业任意减少资本结构中股东权益的比例，以维护债权人的利益。

2. 资本积累约束

公司税后利润必须按比例提取法定盈余公积金，例如我国规定股份公司必须按税后利润的10%提取法定公积金并要提取公益金。另外规定“无利不分”，即公司本年度的利润必须先用来弥补以往年度的亏损，有盈余才能分配股利。

3. 偿债能力约束

当公司支付现金股利后会影响公司偿债能力和正常经营时，则公司发放现金股利的数额应受到限制。公司如果要发放股利，就必须保有充分的偿债能力。

4. 超额累积利润约束

由于股利收入的税率一般高于资本利得税率，因此许多企业通过积累利润使股价上涨方式来帮助股东避税。西方许多国家在法律上明确规定公司不得超额累积利润，一旦企业留存收益超过公司目前及未来的投资需要时，将被加征额外税款。我国法律目前对此尚未做出规定。

（二）公司因素

影响股利分配政策的公司因素主要包括公司资产的流动性、盈利稳定性、举债能力、投资机会、资本成本等。

1. 资产的流动性

企业税后可分配利润并不一定直接表现为迅速可流通的现金，所以，有时公司有可分配的利润表现在账面上，但缺少实际支付股利的现金。在该情况下，应考虑公司现金流量，确定发放股利的多少及支付方式。

2. 盈利稳定性

盈利是公司支付股利的前提。盈利稳定的公司往往选择股利政策时比较灵活，而盈利不稳定的公司一般只能采取低股利政策以减少股价大幅波动的风险。从长期来看，企业的股利政策应具有一定的稳定性，而稳定的股利政策要根据企业盈利的稳定性程度而定。

3. 举债能力

如果一个公司能够及时从资金市场上筹措到所需资金，举债能力强，可采取较宽松的股利政策；相反，应保有较多的盈余，采取较紧的股利政策。

4. 投资机会

股利政策与公司的资金需求密切相关，公司的投资项目要求有坚强的资金支持。若公司有较好的投资机会需投入大量资金时，往往会采用低股利支付率政策，把大部分利润留存下来进行再投资，这种现象常见于成长型企业；如果公司暂时无较好的投资机会，很多企业倾向于向股东支付高股利。

5. 资本成本

维持和改善目标资本结构是企业制定股利政策必须考虑的重要因素。从资本成本考虑，当外源性融资成本较高时，运用企业内部留存收益进行再投资是比较经济的。

（三）股东因素

1. 稳定的收入

公司分配股利时要考虑公司全部投资的利润率，以及在环境不利时的股利分配水平。而投资者一般偏好于向股利分配比较稳定的企业投资。

2. 避税

政府不仅对公司征收企业所得税，还要对股东征收个人所得税。收入高的股东为了避税希望公司发放较少的股利，而低收入的股东因税负较轻，希望公司多多分红。

3. 控制权考虑

企业的股利支付率高，必然导致留存收益减少，将来发行新股的可能性加大，导致企业的控制权稀释。因此，企业的股东往往主张将盈余用于再投资以限制股利的支付，以防止控制权旁落。

## 二、股利政策

在实际工作中，通常有以下几种股利政策可供选择：

（一）剩余股利政策

在剩余股利政策下，企业应将可供分配的税后利润先用于满足投资项目所需的权益性资金，如还有剩余，才可进行股利的发放；如果没有剩余，则不派发股利。

采用剩余股利政策时，公司要遵循如下四个步骤：

（1）设定目标资本结构，即确定权益资本与债务资本的比例；

（2）根据公司的目标资本结构和预算预计资金需求中所需增加的权益资本数额；

（3）最大限度地留用利润以满足投资所需权益资金；

（4）若有剩余则用来发放股利。

【例 9-1】假定 A 公司 20×7 年提取了公积金后的税后净利为 8 000 万元，20×8 年的投资计划所需资金为 12 000 万元，A 公司的目标资本结构为权益资本为 60%，债务资本为 40%。

根据目标资本结构的要求，A 公司投资方案所需的权益资本数额为：

12 000×60%＝7 200（万元）

A 公司 20×7 年全部可用于分配股利的盈余为 8 000 万元，可以满足上述投资方案所需的权益资本数额并有剩余，剩余部分再发放股利。20×7 年发放的股利额为：

8 000－7 200 ＝ 800（万元）

若 A 公司 20×7 年流通在外的只有普通股 1 000 万股，那么每股股利为：

800÷1 000＝0. 8（元）

剩余股利政策的优点：

留存收益优先考虑投资项目的资金需要，有助于降低再投资的资金成本，能够保持资本结构的最佳，实现企业价值的长期最大化。

剩余股利政策的缺点：

（1）股利是否发放及发放比率完全要根据投资机会的多少及其对资金的需求量

来决定，并由此导致股利支付的经常性变动。

（2）剩余股利政策不利于投资者安排收入与支出，也不利于公司树立良好的形象。

剩余股利政策一般适用于公司初创阶段。

（二）固定的股利政策

固定的股利政策是指公司将每年派发的股利额固定在某一特定水平。不论经济状况和经营业绩好坏，企业应将每期的股利固定在某一水平，只有当管理层认为未来将会显著盈利时，才提高股利支付水平。在该政策下，公司应首先确定股利分配额，并且该分配额一般不随资金需求的波动而波动。

固定股利政策的优点：

（1）稳定的股利向市场传递着公司正常发展的重要信息，有利于公司的良好形象的树立，增强投资者对公司的信心，并且稳定股票的价格。

（2）稳定的股利额便于投资者安排股利收入和支出，对于那些打算进行长期投资并对股利有很高依赖性的股东有很强的吸引力。

固定股利政策的缺点：

（1）股利的支付与企业的盈利相脱节，造成投资的风险与投资的收益不对称。

（2）当盈余较低时仍要支付固定的股利，这可能会导致企业资金紧缺，财务状况恶化，甚至侵蚀公司留存收益和公司资本。

（3）在企业无利可分的情况下，若依然分发固定股利，也是违反《公司法》的行为。

因此，采用固定股利政策，要求公司对未来的盈利和支付能力能做出准确的判断。一般来说，为了避免公司陷入无力支付的被动局面，公司确定的固定股利额不宜太高。

固定股利政策通常适用于经营比较稳定或正处于成长期的企业。

（三）固定股利支付率政策

固定股利支付率政策是指公司按每年净利润的某一固定百分比计算股利分派给股东。这一百分比通常称为股利支付率，股利支付率一经确定，一般不得随意变更。该股利政策下，各年股利支付额随公司经营的好坏而上下波动，净利润多的年份股利额高，净利润少的年份股利额低。

固定股利支付率的优点：

（1）采用固定股利支付率政策，股利与公司盈余紧密地配合，体现了“多盈多分、少盈少分、无盈不分”的股利分配原则。

（2）保持股利与利润间一定的比例关系，体现了投资风险与投资收益的对称性。

固定股利支付率的缺点：

（1）由于大多数公司每年的盈利难以保持稳定，所以每年公司发放的股利额也会波动，这种股利波动的信息就会给投资者传递经营状况不稳定、投资风险较大的信号，成为公司的不利因素。

（2）使公司面临较大的财务压力。即使公司实现的盈利多，固定股利支付比率下派发的股利就越多，但这不代表公司有足够的现金流用来支付较多的股利额。

（3）合理的固股利支付率的确定难度比较大。

固定股利支付率政策比较适用稳定发展且财务状况较稳定的公司。

【例 9-2】A 公司一直以来用固定股利支付率政策进行股利分配，股利支付率为 30%。20×7 年税后净利润为 15 000 万元。

在固定股利支付率政策下，A 公司 20×7 年度需支付的股利为：

15 000×30% = 4 500（万元）

在这种股利政策下，A 公司当年支付的股利为 4 500 万元，留存收益 10 500 万元。

若 A 公司下一年度有较好的投资机会，准备本年度采用剩余股利政策。如果 A 公司下一年度的投资预算额为 20 000 万元，目标资本结构为权益资本占 60%。根据目标资本结构的要求，A 公司投资方案所需的权益资本额为：

20 000×60% = 12 000（万元）

A 公司 20×7 年度可以发放的股利为：15 000-12 000 = 3 000（万元）

在这种股利政策下，A 公司当年支付的股利为 3 000 万元，留存收益 12 000 万元。

（四）低正常股利加额外股利政策

在低正常股利加额外股利政策下，企业的股利分为正常股利和额外股利两部分。公司事先设定一个较低的正常股利额，不管企业经营状况如何，正常股利额每年固定发放，在公司盈利较高时，向股东发放高于一般年度的正常股利的额外股利。但额外股利并不固定化。可以用以下公式表示：

$$y = a + bx$$

其中：y——每股股利；

x——每股收益；

a——低正常股利；

b——股利支付比率。

低正常股利加额外股利政策的优点：

（1）公司具有很大的灵活性，在股利发放上留有余地，并具有较大的财务弹性。额外股利的大小可根据公司的情况而定，盈利较好时，额外股利相应较多；否则，公司可以少发放或不发放额外股利。

（2）维持设定的较低但正常的股利，股东不会有股利下跌的感觉，股东每年至少可以得到虽然较低但比较稳定的股利收入，增强他们对公司的信心。

低正常股利加额外股利政策的缺点：

（1）波动的盈余导致波动的额外股利，容易给投资者收益不稳定的感觉。

(2) 企业在较长时间一直发放额外股利后，一旦取消，会传递给股东公司财务状况恶化的信号，进而导致股价下跌。

相对来说，对于那些随着经济周期的变化盈利波动较大的公司或现金流量不稳定的公司，低正常股利加额外股利政策是一种不错的选择。

## 三、股利政策的选择

上述各种股利政策各有利弊，且他们具有重要的信息传递作用，会对公司的股票价格和投资者产生大的影响，所以公司要结合自身的情况制定股利政策。根据公司的发展阶段和特点，所采用的股利政策一般可用下表 9.1 来描述。

**表 9.1　公司股利分配政策的选择**

| 公司发展阶段 | 特点 | 适用的股利政策 |
| --- | --- | --- |
| 公司初创阶段 | 公司经营风险高，有投资需求且融资能力差 | 剩余股利政策 |
| 公司快速发展阶段 | 产品销售急剧上升，投资需求大 | 低正常股利加额外股利政策 |
| 公司稳定增长阶段 | 产品销售收入稳定增长，公司的市场竞争力增强，行业地位已经巩固，公司扩张的投资需求减少，净现金流入量稳步增长，每股净收益呈上升态势 | 固定股利政策 |
| 公司成熟阶段 | 盈利水平稳定，公司通常已积累了相当的盈余和资金 | 固定支付率股利政策 |
| 公司衰退阶段 | 产品销售收入锐减，公司获利能力和现金获得能力下降 | 剩余股利政策 |

# 第四节　股利支付程序及方式

## 一、股利支付方式

股利支付方式有多种，常见的有以下几种：

(一) 现金股利

现金股利即以货币资金支付股利，它是最常见的股利形式。该股利形式下，投资者可以得到一定数额的现金这种实实在在的收益。公司选择发放现金股利除了要有足够的留存收益外，还要有足够的现金，充足的现金是公司是否发放现金股利的关键。

公司在支付现金股利时，可采用如下几种形式：

1. 定期现金股利，这是股利最基本的表现形式。公司通常按年或按季向股东定期支付股利。

2. 额外现金股利，当公司收益显著提高时，公司不仅会向股东支付定额现金股利，还会支付额外的现金股利。公司是否支付额外股利和支付额度的大小，取决于公司未来的盈利水平。

3. 特殊现金股利。当公司拥有大量的闲置现金流量时，就有可能向股东支付特殊股利，这里的闲置现金流量必须来源于子公司的出售等一次性非正常经营所得。特殊股利类似于额外股利，只是特殊股利是一次性支出，公司在未来不会再重复支付。

4. 清算现金股利。清算现金股利是指公司部分或全部被清算，向股东支付的现金支出。

公司向股东支付现金股利致使公司资产和股东权益减少同等数额，但相对提高了公司净资产收益率。是否支付现金股利，公司不仅需要有足额的可供分配的利润，还必须取决于公司的投资需要、现金金额和股东意愿。

（二）财产股利

用现金以外的资产分配股利。具体有：

1. 实物股利。即发给股东实物资产或实物产品。在现金支付能力不足的情况下，公司多用于这种不增加货币资金支出的形式发放额外的股利。

2. 证券股利。即以其他公司的证券代替货币资金发放给股东。对企业来说，把证券作为股利发放给股东，既保留了对其他公司的控制权，又发放了股利，一举两得；对投资者来说，他们也愿意接受这种仅次于货币资金，流动性和安全性较好的证券。

（三）负债股利

公司用自己的债权分发给股东作为投资报酬，负债股利使股东成为公司的债权人。这种情况下，公司的资产总额不变，负债增加，资产净值减少。具体有发放公司债券和本公司开出票据两种方法。债券和票据都是带息的票据，并有一定的到期日。对公司来说，增加了支付利息的财务压力；对股东来说，到期收到货币股利的时间要长，但可获得额外的利息收入。这种负债股利只是公司已宣布必须发放股息而货币资金不足时采用的一种权宜之计。

（四）股票股利

股票股利是指企业以自身发行的股票发放给股东的股利。股票股利并不是真正意义上的股利，因为它所派发的并不是现金，实质上是留存利润的凝固化、资本化。它不会引起公司资产的流出或负债的增加，也不会改变股东权益总额，仅涉及股东权益内部结构的调整。股票股利是公司以增发的股票作为股利的支付方式。

发放股票股利后，如果盈利总额不变，会由于普通股股数增加而引起每股盈余和每股市价的下降；但又由于股东所持有股份的比例不变，股东所持股票的价值总额没有变化。

## 二、股利支付程序

公司在选择了股利政策，确定了股利支付水平和方式后，应当进行股利的发放。公司股利的发放必须遵循一定的法定程序，按照日程安排来进行。股利的支付一般需要按照下列日程来进行。

（一）预案公布日

上市公司分派股利时，首先要由公司董事会关于本次分红的数量、方式，及股东大会召开的时间、地点和表决方式等制定分红预案，并向社会公开发布。

（二）股利宣告日

股利宣告日是指公司董事会将股利支付情况予以公告的日期。公告中宣布每股股利、股权登记日、除息日和股利支付日等事项。我国股份制企业一般是一年发放一次或两次股利，即在年末和年中分配。

（三）股权登记日

股权登记日是指规定获得此项股利的股东登记股权的最后截止日期，它规定股东能否取得股利的日期界限。凡在这一日期之前列入公司股东名册上的股东，均可享受股利，而在这一日期之后取得股票的股东则无权享受已宣布的股利。

（四）除息日

除息日即除去股息（股利）的日期，是指领取股利的权利与股票彼此分开的日期。除息日之前购入股票的股东享有领取本期股利的权利，而在除息日以后购买股票的股东将无权领取本期的股利。也就是说，除息日就是领取股利的权利与股票相互分离的日期。

除息日对股票的价格有明显的影响，除息日之前的股票价格中含有应得的股利收入，股票价格较高；除息日之后的股票价格中则不含应得的股利收入，其股票价格会降低。

（五）股利发放日

股利发放日是指支付给股东股利的日期，即付息日。

下面举例说明股利支付程序：

【例 9-3】A 上市公司于 20×3 年 4 月 10 日发布公告称：“本公司董事会会议决定 20×2 年度发放每股为 2 元的股利，本公司将于 20×3 年 4 月 28 日将上述股利支付给已在 20×3 年 4 月 25 日登记为本公司股东的人士。”

在该例中，20×3 年 4 月 10 日为 A 公司的股利宣告日；20×3 年 4 月 25 日为其股权登记日；20×3 年 4 月 26 日为其除权日；20×3 年 4 月 28 日为其股利支付日。

整个过程如图 9.1 所示。

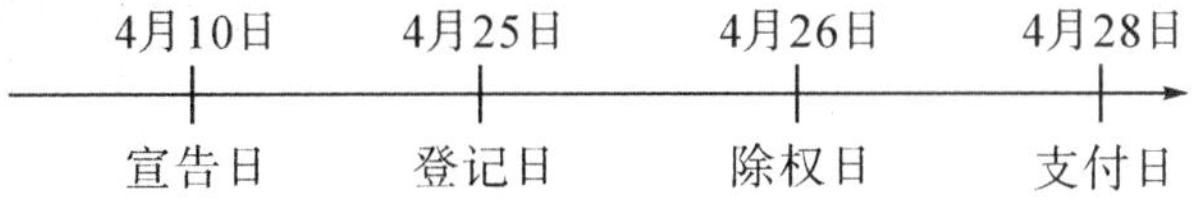


图 9.1　股利支付程序

## 三、股票股利、股票分割、股票合并、股票购回

（一）股票股利

股票股利是指公司以增加发行一定数量的股票作为股利的支付方式。发放股票股利不会直接增加股东的财富，不会导致公司资产的流出或负债的增加，因而不是公司资金的使用，同时也并不因此而增加公司的财产，但会引起所有者权益各项目的结构发生变化。

【例 9-4】A 上市公司在 20×3 年发放股票股利前，其资产负债表上的股东权益账户情况如下表 9.2 所示。

表 9.2　A 上市公司股东权益账户　　单位：万元

| | |
|---|---|
| 普通股（面值 10 元，发行在外 10 000 万股） | 100 000 |
| 资本公积 | 10 000 |
| 盈余公积 | 20 000 |
| 未分配利润 | 20 000 |
| 股东权益合计 | 150 000 |

假设 A 公司宣布发放 10%的股票股利，即股东每 10 股可获赠 1 股普通股，此时普通股股数为 11 000 万股。假设该股票当时市价为 20 元，那么随着股票股利的发放，需从“未分配利润”项目划转出的资金为：

10 000×10%×20 ＝ 20 000（万元）

由于股票面值（10 元）不变，发放股票股利 1 000 万股，“普通股”项目只应增加 10 000 万元，其余的 10 000 万元（20 000−10 000）应作为股票溢价转至“资本公积——股本溢价”项目，而公司的股东权益总额并未发生改变，仍是 150 000 万元，股票股利发放后的资产负债表上的股东权益部分如下表 9.3 所示：

表 9.3　A 上市公司发放股票股利后股东权益账户　　单位：万元

| | |
|---|---|
| 普通股（面值 10 元，发行在外 11 000 万股） | 110 000 |
| 资本公积 | 10 000 |
| 盈余公积 | 20 000 |
| 未分配利润 | 10 000 |
| 股东权益合计 | 150 000 |

假设本年盈余为50 000万元，某股东持有100万股普通股，那么，发放股票股利对该股东的影响如下表9.4所示。

表9.4 股票股利对股东的影响

| 项目 | 发放前 | 发放后 |
|---|---|---|
| 每股收益（EPS）（元） | 50 000/10 000=5 | 50 000/11 000=4.5455 |
| 每股净资产（元） | 150 000/10 000=15 | 150 000/11 000=13.6363 |
| 每股市价（元） | 20 | 20/（1+10%）=18.1818 |
| 持股比例 | 100/10 000=1% | 110/11 000=1% |
| 所持股总价值（万元） | 20×100=2 000 | 18.1818×110=2 000 |

可见，发放股票股利，不会对公司股东权益总额产生影响，但会引起资金在各股东权益项目间的再分配。而股票股利派发前后每一位股东的持股比例也不会发生变化。

虽然发放股票股利既不直接增加股东的财富，又不增加公司的价值，但对股东和公司都有特殊意义。

（二）股票分割

股票分割是指将面额较高的股票交换成面额较低的股票的行为。例如，公司股票按照1∶2实施股票分割，就是意味着用2股新股来交换原有的1股股票，使分割后市场上的流通股比分割前增加一倍。股票分割时，发行在外的股数增加，使得每股面额降低，每股盈余下降，但公司价值不变，股东权益总额、股东权益各项目的金额及其相互之间的比例也不会改变。股票分割不属于某种股利方式，但其所产生的效果与发放股票股利近似。

按国际惯例，发放25%以下股票股利界定为股票股利，而发放25%以上股票股利则界定为股票分割。

【例9-5】如上例【例9-4】若按1股换成2股的比例进行股票分割，分割前、后的股东权益项目见表9.5、表9.6所示。

表9.5 A上市公司股票分割前股东权益账户　　单位：万元

| | |
|---|---|
| 普通股（面值10元，发行在外10 000万股） | 100 000 |
| 资本公积 | 10 000 |
| 盈余公积 | 20 000 |
| 未分配利润 | 20 000 |
| 股东权益合计 | 150 000 |

表 9.6　A 上市公司股票分割后股东权益账户　　单位：万元

| | |
|---|---|
| 普通股（面值 5 元，发行在外 20 000 万股） | 100 000 |
| 资本公积 | 10 000 |
| 盈余公积 | 20 000 |
| 未分配利润 | 20 000 |
| 股东权益合计 | 150 000 |

股票分割可以降低股票市价，使股票更容易在市场上流通，吸引投资者买卖公司股票。

【例 9-6】如上例【例 9-4】假设本年盈余仍为 50 000 万元，某股东持有 100 万股普通股，则分割前与分割后对股东的影响如下表 9.7 所示。

表 9.7　股票分割对股东的影响

| 项目 | 分割前 | 分割后 |
|---|---|---|
| 每股收益（EPS）（元） | 50 000/10 000=5 | 50 000/20 000=2.5 |
| 每股净资产（元） | 150 000/10 000=15 | 150 000/20 000=7.5 |
| 每股市价（元） | 20 | 20/2=10 |
| 持股比例 | 100/10 000=1% | 200/20 000=1% |
| 所持股总价值（万元） | 20×100=2 000 | 10×200=2 000 |

因此，股票分割后，股票的每股市价、每股收益、每股净资产都会下降。

（三）股票合并

与股票分割相反，股票合并是将原来面额较小的若干股票合并成为一股面额较大的新股票的行为。股票合并的本质是通过提高公司股票的面值来减少公司股票的股数。通过股票合并可以大大减少流通在外的股票数量，以及提高新股的票面价值和内含价值，从而使股票的市场价格上涨。在实践中，这种方式很少采用。

（四）股票回购

股票购回是现金股利的一种替代方式，即公司通过购回股东所持股份的方式将现金分配给股东。公司以多余现金购回股东所持股份，使流通在外的股份减少，每股股利增加，从而使股价上升，股东能因此获得资本利得，这相当于公司支付给股东股利。采取购回行动前必须把购回股票的方案公告股东，购回的价格要合理，否则，股票购回后股价下降，会使因故未出售股票的股东发生损失。

## 思考题

1. 利润由哪几部分构成？按怎样的顺序分配？
2. 主要的股利理论有哪些？
3. 影响股利政策的因素有哪些？如何进行选择？
4. 常见的股利支付方式有哪些？按怎样的程序分配？
5. 股票股利、股票分割、股票合并、股票购回分别对公司和股东有什么影响？

# 第十章　公司并购管理

案例：2005 年，中国的网络视频行业开始兴起，在来自风险投资商们数亿美元的刺激之下，视频网站纷纷破土而出，土豆、优酷、酷 6、PPLive、PPS 等众多网络视频公司纷纷崛起，随着近几年的快速发展，网络视频行业的竞争日趋激烈。2011 年 12 月 16 日，两家视频合作伙伴翻脸，土豆网就优酷盗播《康熙来了》一事向其索赔 1.5 亿元。同日，优酷网宣布起诉土豆，索赔累计过亿元。2012 年 12 月底，优酷网删除了土豆网认为其侵权的视频，土豆网也表示暂时不追究此事，二者关系转和。然而在 2012 年 3 月 12 日，优酷、网官方微博发布消息称，优酷土豆宣布合并，两家公司将以 100%换股的方式合并，新公司名为优酷土豆股份有限公司，土豆网将退市。这标志着中国网络视频网站格局的新变化，合并后的优酷土豆股份有限公司占据国内视频广告收入与流量份额的一半，市场占有率上也有了绝对的优势。

从上述案例中可以看出，并购为公司夯实行业地位、扩张市场份额起到了至关重要的作用。一般而言，公司并购包括兼并和收购两层含义。在国际上，通常习惯将兼并和收购合二为一使用，统称为 MA，在我国称为并购，即企业之间的兼并与收购行为。它是企业法人在平等自愿、等价有偿基础上，以一定的经济方式取得其他法人产权的行为，是企业进行资本运作和经营的一种主要形式。

## 第一节　公司并购理论

### 一、公司并购的概念

公司并购是以取得被并购公司的控制权为目的，使用现金、证券或者其他形式购买被并购公司的全部或者部分产权或者资产，从而实现扩张和增长的一种方式。伴随并购的完成，被并购公司的控制权将转移给并购公司，其法人资格可能丧失，或者被保留。

## 二、公司并购的分类

（一）按照行业关系分类

按照并购双方各自所属的行业关系分类，可以分为横向并购、纵向并购和混合并购。横向并购是指并购双方属于同一行业、生产同类商品或是在同一市场领域出售相互竞争商品的并购行为。比如，海尔集团和红星电器曾是家用电器市场上的竞争者，海尔集团并购红星电器就属于横向并购。横向并购的双方生产和销售的产品品种、范围及生产工艺都较为接近。通过横向并购，资本、资源向并购公司集中，能够很快形成生产或销售的规模经济，市场份额得到较快提升。但是在规模较大的公司之间发生的横向并购，容易破坏原有的市场竞争，形成高度垄断格局，所以许多国家对此都明确关注和严格限制。

纵向并购是指并购双方生产经营的产品或者所处的行业属于前后关联或者上下游关系情况下的并购行为。比如，中粮集团为了提高公司农产品板块的利润，加大对海外原材料供应的掌控力，收购了澳大利亚 Tully 糖厂和 Proserpine 糖厂，就属于纵向并购。通过纵向并购，并购公司对销售和采购的控制得以加强，生产经营规模扩大，通用的设备、费用等得到节约，生产过程各环节的配合也更为流畅，从而稳定了生产经营活动和节约交易成本。而且，相对于横向并购，其受到各国有关反垄断法律及政策的限制也比较少。

混合并购是指既非竞争对手又非现实的或潜在的客户或供应商的企业之间的并购，同时具有横向并购和纵向并购特征的并购行为。比如，从事家用电器生产制造的万和集团收购纺织行业的 ST 美雅，就属于混合并购。混合并购通过多元化投资，降低公司的经营风险和进入新经营领域的困难，有助于企业实行战略转移，达到资源互补、优化组合、扩大市场活动范围和扩大企业知名度的目的。

（二）按照并购意愿分类

按照并购双方的意愿分类，可以分为善意并购和敌意并购。

善意并购是指并购公司与目标公司通过谈判的手段对并购的具体安排，包括对收购方式、收购价格、人员安排及资产处置等要素进行协商，最终双方就收购协议达成一致，目标公司同意收购企业提出的收购条件并承诺给予协助的并购行为。在信息充分沟通、交流的情况下，并购行为所产生的风险与成本得到有效控制和降低，还能避免因目标公司因抗拒而带来额外的支出，成功率较高。但有时，并购公司为了完成善意收购，不得以通过牺牲部分自身利益，来换取目标公司的合作。

敌意并购是指并购公司在目标公司不知晓其收购意图甚至抗拒收购的情况下，

仍然强行并购；或者事先未进协商，并购公司直接向目标公司股东开出价格或者收购要约的并购行为。敌意并购的优点在于并购公司占据绝对主动权，不用被动权衡各方利益，并购行动节奏快、时间短、并购成本得到有效控制。但敌意并购由于突发性强、条件苛刻，容易激发目标公司的抵抗并采取一系列反收购措施，导致并购公司无法顺利从目标公司获得可用资源，如财务资源、人力资源等。所以，加大了敌意并购风险。由于敌意收购容易造成股市异常波动，甚至影响公司经营的正常秩序，各国政府都对敌意收购予以限制。

【例 10-1】新奥和中石化“合体”恶意并购“中国燃气”

2011 年 12 月 12 日，“新奥能源”和“中石化”联合对“中国燃气”发出现金收购要约，要约价 3.5 港元/股，总对价约达 167 亿港元，但是中国燃气称这一收购“未获邀请”，是敌意并购，于是开始激烈抵制。十个月来，三方曾围绕收购与否多次大打口水仗，并纷纷出奇招应对。中国燃气方面，为了阻止被强行收购，一方面动员背后的各个分散的股东增持公司股票，另一方面则以公司管理层和员工集体的名义多次向新奥和中石化联合体喊话拒绝被收购。

## 三、公司并购的风险

公司并购是一个并购利益相关者多重利益均衡的博弈过程，是高风险的经营。主要存在以下几个方面的风险：

### （一）价值预测风险

在确定目标公司后，并购双方最关心的问题莫过于合理地估算目标公司的价值并作为成交的底价，这是并购成功的基础。目标公司的估价取决于并购公司对其未来取得自由现金流量金额和时间的预测。对目标估价的价值评估可能因预测方法不当影响预测的准确性，这就产生了并购公司的价值预测风险。

### （二）信息风险

并购中，信息质量至关重要，足量和准确的信息是决定企业是否进行并购以及采用何种方式并购的依据。真实与及时的信息能够极大提高并购的成功率。但由于“信息不对称”现象的存在，实际并购中因贸然行动而失败的案例不少。

### （三）融资风险

企业并购需要足额的资金作为保障，能否按时足额地筹集到资金、保证并购的顺利进行是关系到并购活动能否成功的关键。并购中，并购动机以及目标公司并购前资本结构的不同，会造成融资渠道的选择不同、并购所需的长期资金与短期资金以及自有资本与债务资金投入比率的种种差异。通过恰当的融资安排，使并购公司不会出现融资危机的前提下，尽量降低资本成本，力求资本结构的合理性。与并购相关的融资风险具体包括资金是否可以保证需要、融资方式是否适应并购动机、现金支付是否会影响企业正常的生产经营、杠杆收购的偿债风险等。

（四）营运风险

所谓营运风险，是指并购公司在并购完成后，可能无法使整个企业集团产生经营协同效应、财务协同效应、市场份额效应，难以实现规模经济和经验共享互补。通过并购形成的新企业因规模过于庞大而降低规模经济效应，甚至整个集团的经营业绩都会被并购进来的新企业所拖累。

（五）文化风险

公司并购预示着公司及其管理人员和普通员工业务发展和职业生涯的大变化，在这一过程中，个人价值观、行为与外来文化极易发生冲突。两个或两个以上公司合并后，必然涉及高层领导者的调整、组织结构的改变、规章制度和操作规程的重新审核、工作人员重新定岗以及富余人员的去留，这些都会引起管理者和员工思想、情绪的波动，对并购态度表现不一。特别在跨国并购中，由于受各国语言、文字、价值观等文化差异的影响，企业中处在不同“文化边际域”的人们不可避免地会在行为和观念上产生冲突。如果优势企业坚持自己的文化价值优越感，在行为上以“自我参照标准”为准则来对待与自己不同文化价值观的员工，必然会遭到抵制，进一步扩大文化冲突，从而给企业的经营埋下危机。

【例 10-2】联想并购 IBM 个人电脑事业部

联想与 IBM 是具有明显的不同文化背景的企业。虽然柳传志曾经说过联想和 IBM 在企业管理文化的建设上都有创新的特质，联想也积极倡导人性化，也像“蓝色巨人”一样在形式上倡导代表理性的“蓝色文化”，但是两个公司还是有很大的不同。联想是中国企业中文化较强的典型，带有创业文化的典型性和中国社会转型中的一系列特征；而 IBM 公司则是典型的职业文化特征，所谓职业文化特征是指在成熟的市场经济体制和社会背景下形成的职场中人所具有的守时、敬业、诚信、承担岗位责任、公私分明等一系列作为职业人应该具备的文化特质。因此联想购并 IBM 个人电脑事业部，既面临着业务整合的风险，也面临着跨国文化磨合的风险。

总之，并购风险广泛存在而且错综复杂，企业应谨慎对待，多谋善断，尽量避免风险，将风险消除在并购的各个环节中，最终实现并购的成功。

## 四、公司并购的收益

公司作为独立的经济主体，意图通过并购，改变管理行为和组织集中，提供有效适应环境和开拓新市场的发展机会，提高规模经济效益，确立或巩固公司的行业优势地位，提升公司价值、实现其财务目标即股东财富最大化。公司并购的收益主要表现在以下方面：

（一）规模经济收益

公司通过并购后的重组、整合和一体化经营，给生产经营活动在效率方面带来的变化及提高，即经营协同效应。经济协同效益的表现形式是规模经济效益的取得。

规模经济效益主要包括生产规模收益和管理规模收益。通过并购活动，并购公司对原有的资产进行调整和补充，保持整体产品结构不变的情况下，充分利用大型设备实现集中、专业的生产，通过生产规模的扩大、产量的增加，降低单位固定费用和单位产品管理费用等，取得生产规模收益。原有的管理费用将在更多数量的产品中分摊，单位产品的管理费用可以大大减少。通过对原有销售网络、售后服务网点的重新布局、规划、整合，科学设计营销策略，以一个品牌支撑系列产品，扩大市场占有率，节约营销费用。通过集中足够的经费用于研究、发展、设计和改进生产工艺等，加快技术商品化进程，节约科研开发支出等，实现管理规模收益。

（二）财务收益

财务收益主要是指并购给企业在财务方面带来的在纳税、融资等方面的效益。

1. 亏损递延收益

亏损递延是指如果某企业在一年中出现了亏损，该企业不但可以免缴当年的所得税，它的亏损还可向后递延五年，抵消年度盈余，企业只需根据抵消后的盈余缴纳所得税。因此，如果某企业拥有相当数量的累积亏损时，这家企业往往会被考虑作为目标企业，并购企业充分利用它在纳税方面的优势，达到合理避税的目的。

2. 融资收益

伴随着并购后公司规模扩大，公司抵抗风险的能力、信用等级和融资能力都得到较大提升，整体的负债能力比合并前各单个企业的负债能力强，这可以有效提高企业对财务杠杆的运用，使并购后的公司取得更加有利的信用条件和融资便利。如果是非上市公司并购上市公司，还可以取得上市公司宝贵的“壳”资源，实现“借壳上市”的目的。通过上市，既提高公司知名度，而且通过向上市公司注入优质资产来获取配股以及发行新股的资格，可以较为便利地通过证券市场募集资本、节约上市费用。

（三）经营收益

通过并购、重组、整合以及双方资源共享，促使资本和劳动力在不同公司之间合理流动，并购公司可以快速进入新的产品市场、跨入新的地域、获得新的技术，最大限度地发挥未曾充分利用的双方资源的使用价值，取得收益增值，创造新的利润增长点。此外，通过多元化经营还可以有效分散风险，比如通过合并后企业内部资金的相互调剂，避免因企业资金周转不灵而发生清偿危机，降低企业破产的风险。

【例 10-3】“一汽”并购“天汽”

2002 年 6 月 14 日，一汽集团公司总经理竺延风和天津汽车工业（集团）有限公司董事长张世堂在北京人民大会堂签订了联合重组协议书。通过此次重组，中国最大的汽车生产企业一汽集团将中国最大的经济型轿车生产企业“天津汽车”收入囊中，这是目前中国汽车工业发展史上最大、最具影响力的重组。自中国加入 WTO 后，汽车行业并购、合资一直不断，此次的重组也因为双方的行业地位和闪现于后的国际巨头身影而备受瞩目。通过本次并购，“一汽”借助“天汽”的夏利平台将彻底整合中国低端家轿市场，而夏利凭借“一汽”实力也将彻底摆脱其他经济型轿车的追赶，有望真正夺下“中国家庭轿车第一品牌”的龙头位置。

### 五、公司并购的成本

公司并购成本包括直接成本和间接成本两类。

（一）直接成本

直接成本指并购行为本身所发生的并购价款和并购费用。并购价款是为取得目标公司的实际控制权而支付给目标公司股东的支出，具体形式有现金、股票或其他资产等，它是并购成本的重要组成部分。并购费用是指并购过程中所发生的有关费用，如并购过程中所发生的搜寻、策划、谈判、文本制定、资产评估、法律鉴定、顾问、公证等中介费；发行股票时支付的申请费、承销费等；以及并购完成后发生的重新注册费、工商管理费、土地转让费、公告费等。

（二）间接成本

并购活动的间接成本，即整合与运营成本，指并购后为使被并购方健康发展、资产发挥收益潜能而需支付的营运成本。包括：战略整合成本，即对并购后双方战略定位、公司形象的重新设计和树立、产业结构设计、资产的剥离与重整等所发生的成本；改组改制成本，即支付并购方派遣人员进驻、安置富余人员、人员培训、新的董事会和管理层建立等所支付的费用；经营整合成本，即并购后对并购双方的采购、生产、仓储、销售、运输、技术开发和应用等业务进行重组而发生的各种费用；管理整合成本，即并购后为加强管理、组织、协调所支付的成本。

## 第二节　公司并购的价值评估

在公司并购的过程中，双方谈判的焦点就是目标公司的并购价格，而并购价格的确定则取决于目标公司的评估价值。当代对于目标公司价值的评估方法很多，一般有市场比较法、市盈率法、未来股利现值法等。

### 一、市场比较法

市场比较法通常选定股票市场上最近平均实际交易价格，作为目标公司价值的参考标准。市场比较法在对上市公司与非上市公司的应用中各自有所不同。

（一）上市公司的价值评估

对于是上市公司的目标公司，由于股票市场具备了价格发现功能，因此其公司市场价值的金额可以表示为每股市价与发行在外的普通股股数的乘积。但在并购消息公布之后，市场上的投资者通常会追捧目标公司股票，进而抬高股价。因此这种情况下，目标公司的并购价值需要对两个组成部分分别进行计算：第一，独立价值，即并购消息宣布日之前的股票市价；第二，市场溢价，即收购方实际支付的并购价格和并购消息宣布日之前目标公司的股票市价的差额。独立价值根据当日股票行情直接取得，但对于市场溢价的量化相对困难。所以，收购方在向目标公司出价时，通常按照并购消息宣布日后的价格作为并购价格。

（二）非上市公司的价值评估

如果目标公司是非上市公司，由于缺少直接对应的每股市价作为参考，所以需要在资本市场上选择与目标公司类似的公司为参照物，即目标公司的评估价值是在对参照公司估价参数（一般为账面价值、销售毛利率等指标）进行适当修正的基础上得出。

计算步骤如下：

（1）选择几个与目标公司相似的上市公司为参照公司。

（2）选择估价参数，并将各参照公司的股票市价与所选的参数相除，计算出不同参照公司的股价比率。

（3）对不同参照公司的估价比率进行算术平均，并对平均后的股价比率根据目标公司的情况加以调整，得出目标公司的估价比率。

（4）将目标公司的估价比率与相应的估价参数相乘，得出其市场价值，从而确定并购价值。

## 二、市盈率法

通常，公司的价值是由市场对其收益资本化后得到的资本化价值来反映的，换句话说，每股股票的价格是可以归于每股股票收益的一个倍数，这一倍数称为价格—收益比率，即市盈率。它是运用公司现在的每股市价除以每股收益得到的，通常以倍数表示。市盈率法是根据目标公司的估计收益和市盈率确定其价值的方法。其计算步骤如下：

（1）分析目标公司近期收益状况，对数据进行必要调整和处理。分析过程中对近期折旧、摊销、准备金计提以及税收减免等会计、税收政策应特别关注，它们的使用可能是造成近期收益变动的原因。实际操作中，特别注意目标公司非正常、非持续、非经营性损益，由于其不是来自公司主营业务活动对收益的贡献，偶发性强、不可长久持续，应从收益数据中予以扣除。

（2）选择、计算目标公司估计收益指标。考虑到目标公司生命周期和经营波动性影响，一般选择公司最近 3 年税后净利润的平均值估计收益指标。

（3）选择标准市盈率。对于标准市盈率，通常可选择目标公司在并购时点的市盈率、与目标公司具有可比性企业的市盈率、目标公司所处行业的平均市盈率等。

（4）计算目标公司的价值。目标公司的价值=估计净收益×标准市盈率

### 三、未来股利现值法

按照股票估价原理，公司股票价值是未来公司股利的折现值之和，因此通过预测未来一定期间内，目标公司每个会计期间的每股股利和公司资金成本，分别折现到并购时点，进行现值加总后就可以估算出公司每股价值。然后以公司每股价值乘以公司发行在外普通股股数，就可以得到目标公司并购价值。

## 第三节　公司并购的支付方式

公司并购的支付方式指的是并购公司以何种出资方式取得对目标公司的控制权。不同的支付方式优劣各异，选择何种出资方式需要依据具体情况确定。

### 一、现金支付方式并购

现金支付方式并购是并购企业以现金为支付工具，购买目标公司全部或绝大部分资产，或用现金购买目标公司的股票来实现并购。

使用现金完成并购，对并购公司，不会稀释股东权益、导致控制权的转移，对于目标公司股东，由于现金支付价值稳定，不存在流动性不足的风险，收益确定而且明晰，可以增强目标公司股东接受并购的意愿，顺利完成并购，促使并购公司有效把握并购的最佳时机。但采用现金并购也存在一些弊端，主要表现为：

（1）现金支付的即时性强，对并购公司的筹资能力要求较高，而且使其担负了较大的资金压力，同时交易规模常常受到获利能力的制约。

（2）如果涉及跨国并购，采用现金支付方式还意味着并购公司面临着货币的可兑换性风险及汇率风险。因此现金支付方式并购由于完成速度快，多见于敌意并购。

随着资本市场的成熟和金融工具创新的涌现，在并购中依靠单一的现金支付方式已经越来越少。

### 二、股票支付方式并购

股票支付方式并购是指并购公司向目标企业发行自己的股票以交换目标公司的资产或股票。使用股票完成并购，对并购公司，可以保持充分的营运资金，减轻了现金压力；还可以使并购公司和原目标公司股东共同承担股价下行的风险。对目标公司股东，收益时间推迟以后，能够有效达到合理避税或延迟交税。但采用股票支付方式也存在一些弊端，主要表现为：

（1）由于采用股票支付方式并购需要增发新股，如果并购后的公司盈利情况不能得到显著改善，就会造成每股收益被稀释，特别是在目标公司的盈利状况较差或是支付价格较高的情况下，稀释程度可能会加剧。伴随每股收益的下滑，还会对股价产生不利影响。这种不利影响制约了老股东的流动性需求和持有该股票的良好预期。

（2）资本市场上的套利者可能会趁并购消息释放为股价炒作留出空间的机会，趁机抬高目标公司股价，从而提高并购成本，加大了并购交易中的风险。

（3）由于受上市规则的制约，处理程序多而复杂，可能会延误并购时机，容易为怀有敌对情绪的目标公司组织反并购提供准备的机会，同时使竞争对手有条件组织参加竞争。因此股票支付方式并购常见于善意并购，尤其当并购双方的规模、实力相当时，可能性较大。

【例 10-4】蒙牛并购雅士利

2013 年 6 月，蒙牛乳业将向所有雅士利股东发出要约，雅士利的股东将就每股股票获得以下两种选择：每股 3. 5 港元的现金；或者每股 2. 82 港元的现金加上 0. 68 股由蒙牛乳业专门为持有雅士利股票而设立的一家非上市控股公司的股票。同时，蒙牛乳业分别与张氏国际和 CA Dairy Holdings 签订不可撤销承诺，以上两家公司承诺接受要约出售其持有的雅士利 51. 3%和 24. 0%的股份。

## 三、混合支付方式并购

混合支付方式并购是指利用多种支付工具的组合，达到并购交易获取目标公司控制权的支付方式。这些支付工具不仅包括上述的现金和股票，还包括公司债券、优先股、可转换债券和认股权证等多种形式。

### （一）公司债券

以公司债券作为支付工具，必须以其能够在证券交易所或场外交易市场上流通作为前提。相对股票融资成本而言，公司债券发行成本较低。对并购公司，由于不存在发行新股进行股权置换，因此不改变其控制权结构；对目标公司，债券的收益已知而且稳定，减少收益信息不对称的程度，但也将丧失对原目标公司的控制权。

### （二）优先股

使用优先股作为支付工具，对并购公司而言，不会挤占营运资金，具有避免即时付现约束的优点；同时，优先股作为较廉价的支付工具，当其转换为普通股时的执行价格要高于普通股当前市价，对并购方而言更是有利可图。另外，优先股无表决权，避免了发行股票时产生控制权转移；也避免了像公司债券那样在并购后有无盈利都应支付利息的不足。对于目标公司股东而言，优先股既具有普通股票的大部分特征，又具有公司债券能获得固定收益的性质，在并购交易中容易被采纳。

### （三）可转换债券

可转换债券是指发行公司向其购买者给予的选择权，在某一给定时间内，可以按某一特定价格将债券转换为股票。对并购公司，采用发行可转换债券进行支付，由于可转换债券比普通债券的利率更低而且契约条件相对宽裕，因此发行主体负担的成本更低；如果并购完成后，公司经营业绩良好、股价提升，目标公司股东选择行权后，还能为并购公司提供更多的股票出售价款。

由于可转换债券将债券的安全性和股票高收益特性相结合，目标公司股东可以根据股票市场价格的变动，灵活选择是否行权，比如在股市行情低迷时，选择不行权、持有债券，保障收益的安全性和稳定性；当预期股票价格上涨时，选择行权，在股票价格走高时卖出股票，博取买卖价差收益。

【例 10-5】正大并购易初莲花

2008 年 10 月，经过了长达一年半时间的“长征”，上海 19 家财务表现良好的易初莲花店铺正式收归正大企业旗下。今后，正大企业除了在广东、北京、青岛、西安及郑州拥有业务之外，还将进入上海、江苏市场，经营面积达至 60.4 万平方米，覆盖了华北、华东、华南地区。正大企业将旗下 11 家表现欠佳的店铺以 4.3 亿港元出售给其最大股东 CPH。上海易初莲花则将其麾下 22 家表现欠佳的店铺以 71.7 亿港元出售给 CPH。然后，正大企业旗下原先的 21 家表现良好店铺与上海易初莲花旗下 19 表现良好店铺“合兵一处”，由正大企业管辖。

正大企业的主营业务是在中国开展大型超市业务。对上海易初莲花的“接管”将有助于其在上海建立业务据点，优化业务组合。此外，正大集团将凭借卜蜂集团于农牧及水产相关业务优势，优先采购最新鲜的农产品、家禽及海鲜产品，以让易初莲花在竞争中占据优势。

此次重组，正大企业需支付约 28 亿港元，通过发行可转债、优先股等方式筹措。重组完成后，正大企业总资产将从 24.5 亿港元猛增至 78.8 亿港元，净资产则从负值变为 12.9 亿元。

以上各种支付方式均有其优劣之处。如果将若干种支付方式组合在一起，就能够集结其长处，克服其短处，所以混合并购成为当代并购案例中常常使用的支付手段。

（四）认股权证

认股权证是由上市公司发行、在一段有效期内给予其持有者按照指定价格购买公司发行的新股的证明文件。对并购公司，通过发行认股权证，可以实现筹资和置换目标公司资产的双重目标，而且股利可以在认股权证的持有者行权时才予以兑现发放，从而为公司提供额外的股本基础。但是，一旦认购权予以行使，会稀释并购公司的股东权益。

## 思考题

1. 什么是公司并购？公司并购有几种类型？
2. 公司并购具有哪些风险、收益和成本？
3. 如何对公司并购价值进行评估？
4. 公司并购的支付方式有哪些？

# 第十一章　公司重组、破产和清算

在前几章的讨论中，我们均假定公司作为一个经济实体在未来将持续可经营与发展。这样的假定，对绝大多数公司来说是不存在问题的，但对少数公司，则必须考虑失败问题。有资料表明，在美国每年有大约0.5%的公司即是如此。公司失败决策也是一项财务决策，这不仅因为公司本身面临失败可能，而且因为公司可能正与潜伏财务危机的公司发生着业务关系。经营管理者、股东和债权人必须时刻警惕本公司以及其他有关企业的失败问题。

## 第一节　公司失败及治理

### 一、公司失败及类型

从广义上说，在财务管理中涉及的公司失败通常指公司发生不同程度的财务危机，从轻微的财务困难直至公司破产停业。根据公司失败的程度，可以分成不同类型。

（一）经济失败

当一个公司息税前利润（EBIT）不足以提供投资应得的报酬，或者说，公司的总资产报酬率（EBIT/总资产）小于从事相应风险投资的资本机会成本，那么该公司就面临经济失败。无负债公司同样可能面临经济失败，因为经济失败与公司承担还本付息的压力无关。

（二）财务失败

当一个公司无能力履行合同、按时支付债权人利息和偿还本金时，该公司就面临财务失败。持续经济失败的负债公司，最终必然走向财务失败，即无能力偿付债务。但是一个盈利能力强、没有遭受经济失败的公司，若资产缺乏流动性，丧失必要的支付能力，则同样也会面临财务失败。

（三）清算和破产

当一个公司停止营业，并将其资产出售，即清理歇业时，我们称该公司的财务行为为清算。当公司的价值持续地低于资产的价值，选择清算往往是一种明智的决策。对于资不抵债的公司，清算的结果往往导致债权人遭受损失。

公司失败的最终类型是破产，公司破产由法院依据国家的有关法律宣布后方能生效。公司一旦宣布破产，就意味着公司生命的结束，接着将进行清偿工作或改组。公司破产可分为自愿破产和非自愿破产两种。从狭义上说，企业失败就是指企业破产。

## 二、公司破产的统计分析

从宏观上分析公司的破产，与整个国民经济以至世界经济的景气程度呈反向关系，经济危机期间，破产企业剧增。统计数据显示，公司破产与行业和公司经营时间年限也有关。表 11.1 是美国 20 世纪 80 年代期间按行业和经营时间年限分类的破产公司百分率，图 11.1 则是美国这一年代按经营时间年限统计的破产公司累计百分率分布图。

**表 11.1　破产公司百分率**

| 经营年限 | 制造业(%) | 批发业(%) | 零售业(%) | 建筑业(%) | 服务业(%) | 全体企业(%) |
|---|---|---|---|---|---|---|
| 1 | 1.4 | 1.0 | 2.1 | 2.2 | 3.3 | 2.0 |
| 2 | 7.3 | 6.6 | 11.3 | 3.5 | 7.9 | 8.1 |
| 3 | 12.7 | 12.3 | 15.4 | 7.2 | 11.9 | 12.6 |
| 4 | 12.0 | 11.5 | 12.9 | 9.3 | 11.5 | 11.7 |
| 5 | 10.6 | 11.0 | 11.5 | 11.2 | 10.3 | 11.1 |
| 6 | 8.8 | 8.6 | 9.8 | 9.6 | 9.4 | 9.4 |
| 7 | 7.1 | 8.1 | 7.5 | 9.6 | 7.8 | 8.0 |
| 8 | 5.9 | 6.0 | 5.4 | 7.9 | 5.8 | 6.1 |
| 9 | 4.1 | 4.8 | 3.5 | 5.7 | 4.7 | 4.4 |
| 10 | 3.9 | 3.6 | 3.2 | 4.5 | 3.5 | 3.6 |
| 大于 10 | 26.2 | 26.5 | 17.4 | 29.3 | 23.9 | 23.1 |
| 合计 | 100 | 100 | 100 | 100 | 100 | 100 |

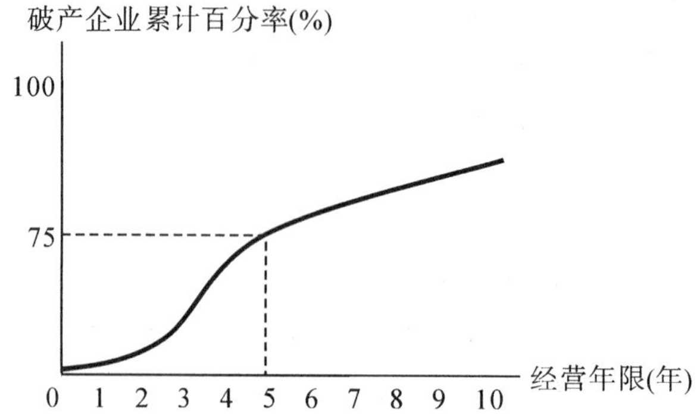


图 11.1　破产公司累计百分计分布图

从表 11.1 和图 11.1 中可看出：大于 45%的破产公司是在它开业的头五年中破产的，特别是零售业，占 50%以上，而建筑业很多是在开业十年以后破产的。一般来说，公司开业的头五年，尤其是小型企业经营业务还十分不稳定，各项财务决策以保守稳健较为妥当。另外，很少有公司在开业的头一年中破产的，其原因是公司失败在时间上有一个逐渐发展的过程，大多数新开业公司持有足够的资本，足以维持一年的经营活动的各项开支。

从微观上分析公司的破产，主要与公司的经营管理不善、缺乏经验有关。表 11.2 是美国 20 世纪 80 年代美国破产企业原因分析的统计报告。

表 11.2　破产原因分析表

| 破产原因 | 百分率（%） |
|---|---|
| 经营管理不善 | 54.3 |
| 缺乏行业经验 | 9.8 |
| 缺乏一般管理经验 | 23.8 |
| 缺乏生产线操作经验 | 9.9 |
| 玩忽职守 | 0.6 |
| 遭受突发性灾难 | 1.3 |
| 遭受商业欺诈 | 0.3 |
| 合　　计 | 100 |

## 三、公司失败的治理

公司失败类似于人体患病，有轻重缓急之分，并有一个发展演变的过程。对于公司失败的治疗方案虽然各不相同，但大体上可分为两大类：自愿协议解决和非自愿强制解决。

（一）自愿协议解决

自愿协议解决是一种非法律途径解决公司失败的方法，通常有下列三种方式：

1. 延期

延期指的是公司与债权人协商，延缓利息支付或到期本金的偿还，以帮助公司渡过财务危机。若公司的危机是临时性的，公司有能力克服困难，转危为安，那么债权人同意延期还本付息是明智的。否则，债权人如果诉诸法律，一方面将包含昂贵的法律费用；另一方面，危机中的公司未必能清偿所有债务。延期有可能使债权人在不久的将来获得全部债务的清偿。

只有当所有债权人，至少是主要债权人同意延期，方可执行延期工作程序。进行延期工作，必须首先由债权人选举产生债权人委员会，再由债权人委员会与公司进行讨价还价的谈判。由于延期还本付息是自愿的，因此，如果有少数小额债权人坚持不同意延期，为了避免复杂的法律程序，债权人委员会与公司协商，将设法及时满足这些小额债权人的清偿要求。但是，如果许多债权人均提出要求如期清偿债务，则延期的自愿协议解决方法也就行不通了。

2. 偿还部分欠款了结债务

偿还部分欠款而了结债务的协议是当公司失败时自愿和解债务的一种方式。例如，偿还70%的债务，了结债权与债务关系。尽管债权人意识到在了结债务的过程中，他们遭受了损失，但是如果他们不这样做，而是通过法律途径非自愿强制公司清偿，那么他们获得的偿还额将更少。由于偿还部分欠款了结债务与延期还本付息一样，均为自愿的，因此必须获得全体债权人的同意，在多数情况下，债权人委员会与公司不得不满足少数小额债权人全额清偿的要求。为了清偿债务的公平合理，同时又照顾小债权人的利益，在许多场合中，清偿债务分为固定与可变两部分，例如，5 000元以下（包括5 000元）部分的债务，全额偿还，5 000元以上部分债务仅偿还70%。这样小额债权人不会有异议，同时也不会实质性地损害大额债权人的利益。我们可以把偿还部分欠款了结债务协议与延期还本付息协议结合起来。例如，协议规定债务偿还70%并了结债务，其中30%现在立即支付，余下的40%，分两年平均偿还。

3. 自愿清算

当公司的财务危机是深重的、非临时性或非偶然的，公司欲渡过难关似乎是不可能了，那么清算是唯一可取的解决公司失败的方式。清算可依据破产法定程序进行，也可通过自愿协商解决。自愿清算也必须获得全体债权人同意方可进行。自愿清算公司将资产交于受托人，受托人由全体债权人选举产生，一般是没有担保品的债权人，并且同其他债权人没有利益冲突。受托人负责清理公司资产，并与债权人委员会和公司一起协商解决债务清偿问题。

与破产强制性清算相比，自愿清算的优点是：清算时间短，且程序相对简单，更重要的是债权人获得的清偿债务额将比通过法律程序获得的多得多。但是，自愿清算方式不适宜用于负债结构复杂的公司，因为这样的公司债权人之间很难协商解决清偿问题。

（二）非自愿强制解决

如果自愿协议解决无效，那么通过诉讼进行非自愿强制解决就无法避免。公司失败案例由破产法院受理，破产法院依据破产法，旨在保障债权人的利益，对失败公司的财产，不管其在何方，均拥有至高无上的司法处置权。非自愿强制处置失败公司的结果是：改组或破产清算。

（三）传统的“关、停、并、转”方式

“关、停、并、转”是企业关闭、停办、合并和转产的简称。在我国的高度集中的计划经济体制时期，公司因经营管理不善而导致亏损严重、无力偿债甚至无法继续经营下去，可以通过“关、停、并、转”的方式解决。尤其是在国民经济产业结构调整、产品结构调整、企业结构调整等方面，具有其历史性的作用。30 多年来的经济体制改革也证明，对于处理非公司经营问题，不失为一种可行的方式。而对于因经营管理不善造成的经营失败企业，只能采取破产办法处理。

我国企业破产法对企业破产的原因规定如下：“企业因经营管理不善造成严重亏损，不能清偿到期债务的，依本法规定宣告破产。”根据这一规定，我国企业破产法在“不能清偿到期债务”这个破产界限前，有一段很重要的文字限制：“企业因经营管理不善造成严重亏损”，即在立法上排除了政策性亏损所导致的不能清偿到期债务。由于政策性原因造成亏损，有关部门或按政策规定的范围、比例和数额给予补贴，或采取关停并转的行政措施，企业因此而能够偿还或取消到期债务，也就消除了“不能清偿到期债务”这一破产原因。

我国破产法还有“公用企业和与国计民生有重大关系的企业，政府有关部门给予资助或者采取其他措施帮助清偿债务”而不予破产的规定。因此，关停并转在一定情况下仍是适用的，其基本财务处理程序仍有一定的适用范围。

（四）“关、停、并、转”方式与破产制度的区别

1. 处理的对象不同

“关、停、并、转”处理方式的对象是不能正常开业的企业，但不管其是因为什么原因导致的这个结果。有的是企业经营不善，有的是国家宏观经济调整，有的是自然灾害所致。而实施破产制度的对象是经营管理不善导致严重亏损，无力偿债的企业。

2. 目的和作用不同

“关、停、并、转”的目的在于最大限度地利用各种资源，保持国民经济各部门的协调发展。发挥行政干预对促进产业结构、产品结构和企业结构合理性的作用，解决落后企业与先进企业争能源、争原料、争劳力、争投资的问题。而破产制度的目的则是为了彻底砸烂两个“大锅饭”，保护和促进竞争，维护正常的社会主义市场经济秩序，保护债权人和债务人的合法权益，起到以局部生产力的破坏换取全社会生产力高速发展的作用，促进整个国民经济良性循环和健康发展。

3. 处理债务手段不同

“关、停、并、转”企业的债务处理主要有两种方式：一是由国家财政部门予以注销；二是转移与之合并的企业。两种债务处理方式均属行政手段。而破产制度则严格遵循市场经济中所通行的“有借有还，欠债必还”的原则，对无力偿债者宣告破产，清产还债，以法律手段保护债权人、债务人的合法利益，恢复企业商品生产者的本来面目。

4. 结果不同

“关、停、并、转”使某些企业借机甩债务包袱，增加了国家财政负担，也无视债权人合法利益，造成了极为混乱的债权债务关系。在形式上“关、停、并、转”消灭了几家亏损户，实际上则是将亏损和亏损的因素由落后企业转嫁到先进企业身上，拖了宏观经济的后腿。由于存在“关、停、并、转”这一归宿，使得企业在经营上不设后路、管理上不计后果，职工不思进取、干部不想拼搏，盲目投资，甚至规模过大，不顾效益，浪费极其严重，超前分配侵蚀国有资产等企业短期行为屡禁不止。而破产制度堵住了企业的退路，迫使亏损企业背水一战，千方百计扭转被动局面，想方设法摆脱企业困境，使企业在破产风险面前立足现实，奋发进取，使职工与企业组成同舟共济的命运共同体。同时，也使正常企业认识到企业具有破产的风险，及时发现和消除可能造成破产的隐患，利用强大的企业自制力推动企业健康发展。这是“关、停、并、转”所不可能办到的。

## 第二节　公司重组

### 一、公司重组及方式

在理论界，关于公司重组的概念并没有形成统一的观点。一般而言，公司重组是指公司为了实现其战略目标，对公司的资源进行重新组合和优化配置的活动。公司重组的根本目的是实现公司的战略目标，属于战略层面的问题，而不是具体的经营层面的问题。

公司重组有广义与狭义之分，广义的公司重组包括扩张重组、收缩重组和破产重组三种类型。扩张重组是指扩大公司经营规模和资产规模的重组活动，主要是通过公司并购实现规模的扩张；收缩重组是指对公司现有的经营业务或资产规模进行缩减的重组活动，主要包括资产剥离、公司分立、股权出售、股份置换等方式；破产重组是指对于濒临破产的公司进行债务重整，以使其恢复正常的经营状况的重组活动。狭义的公司重组仅仅包括收缩重组。本章所讲的公司重组是指狭义的公司重组。

下面主要介绍资产剥离、公司分立和股权出售三种常见的公司重组方式。

## 二、资产剥离

（一）剥离的概念

资产剥离是指公司将其拥有的某些子公司、部门或固定资产等出售给其他的经济主体，以获得现金或有价证券的经济活动。由于出售这些部门或资产可以取得现金收入，因此从这种意义上来讲，资产剥离并未减小资产的规模，只是资产形式的转化，即从实物资产转化为货币资产。但从公司的经营业务来看，则实现了经营规模的缩减。最为常见的资产剥离形式是母公司将一个子公司或者部门出售给另一个公司。在这个交易过程中，对于出售方而言实现了经营业务的收缩，对于购买方而言则实现了经营业务的扩张。

1. 资产剥离的原因

（1）盈利状况欠佳。如果公司的某一子公司或部门的盈利状况欠佳，长期以来其投资收益率无法超过公司要求的最低投资收益率，那么公司就应考虑将其出售。公司要求的最低投资收益率是公司用来评价各个部门业绩的最低收益率标准，通常可以采用公司的资本成本作为最低投资收益率标准。有时公司管理层可能不愿意剥离盈利状况欠佳的部门，因为这样就等于承认其管理不力或者先前的收购决策有误。但是，从股东的利益出发，公司应当尽早进行资产剥离，以免这些部门拖公司业绩的后腿。

（2）经营业务不符合公司的发展规划。有些部门的业务可能不再符合公司的未来发展规划，公司可能希望脱离这一行业，此时就需要对这些部门进行剥离。尽管这些部门对公司的利润可能依然有贡献，但是会占用公司许多资源，并且不符合公司的未来发展方向，因此，将其出售更有利于公司的未来发展。从公司的角度来看，必须要考虑继续持有该部门的机会成本。从社会的角度来看，出售这些部门给其他对此行业更有经验的公司去经营，会更好地发挥这些资产的价值，创造更多的财富。

（3）负协同效应。公司并购的一个主要动机就是追求并购的协同效应。协同效应，即两个公司合并后产生的额外收益。如果并购后产生协同效应，那么合并后公司的整体价值将超过合并前两个公司价值之和，即产生“2+2＝5”的效果。但是，并非所有的并购都可以产生协同效应。如果并购后不能进行有效的整合，有时并购可能事与愿违，产生负协同效应。所谓负协同效应是指某一部门单独衡量时的价值要超过其在公司整体结构中的价值的情况，即产生“4－1＝5”的情况。也就是说，这个部门对于公司价值的贡献要小于其市场价值。在这种情况下，外部收购者的开价可能超过该部门在母公司中所体现的价值。例如，一个大型公司经营某一部门可能无利可图，但是如果将该部门独立出去或者出售给一个小公司来经营，就可能实现更好的收益，因此这个部门在大公司中就出现了负协同效应。许多研究者认为，20 世纪 60 年代在西方出现的混合并购浪潮中，虽然在一定程度上分散了公司的经营风险，但同时也分散了公司内部有限的资源，削弱了公司整体的核心竞争能力，不仅没有实现并购的协同效应，反而出现了负协同效应。因此，20 世纪 70 年代以后，美国公司的资产剥离实际上是为了解决并购带来的负协同效应问题，以求增强公司的全球竞争能力。

（4）资本市场的因素。资产剥离可能会给公司以及被剥离出去的部门在资本市场上赢得更多的机会。结构复杂的大型公司可能会令投资者感觉难以归类，从而影响其投资意愿。例如，制药公司属于非周期性行业，受经济周期的影响很小；而房地产开发公司属于周期性较强的行业。不同的投资者对这两个行业会有不同的偏好，有的投资者愿意投资制药公司，而有的投资者愿意投资房地产开发公司，但是一家兼营制药和房地产的综合性公司，就会使投资者难以判断该公司应属于哪一类型的企业，从而会影响其投资意愿。如果该公司将制药业务和房地产开发业务进行剥离可以更吸引投资者，为公司带来更多的资本市场机会。

（5）增加现金流入量。公司通过资产剥离出售一些非战略性的资产或部门，能够立刻给公司带来大量的现金流入，改善公司的现金流量状况。有时，处于财务困境的公司通常会被迫出售有价值的资产来改善其现金流量状况。例如，某房地产开发为了偿还大量的到期银行贷款，不得不出售盈利稳定的一个物业管理部门，以避免陷入财务困境。

（6）被动剥离。公司进行资产剥离大多是主动的，但有时也可能是被动的，这主要是因为政府的反垄断管制。如果政府认为一家公司存在垄断情况，就可能根据反垄断法强制公司进行资产剥离，这种剥离称为被动剥离。

2. 资产剥离的财务估价

公司在进行资产剥离时，应对计划出售的子公司、部门或资产进行价值评估，通常的评估过程应当包括下面几个基本步骤：

（1）估计被剥离部门或资产的税后现金净流量。在估计被剥离部门或资产的现金流量时，必须考虑它与公司之间的相关性，因为被剥离出的部门或资产可能给公司的现金流量带来正面或者负面的影响，在估价中必须考虑这些因素。

（2）确定被剥离部门或资产所适用的折现率。确定折现率应当考虑被剥离部门或资产的风险特性，通常可参照与之业务相同且规模相近的公司的资本成本来确定折现率。

（3）计算现值。用确定的折现率对被剥离部门或资产的税后现金净流量进行折现即可计算出现值。

（4）计算被剥离部门的价值。如果出售的是公司的固定资产，不需要负担任何债务，则第（3）步所计算的现值就是被剥离资产的价值；如果出售的是公司的一个部门或子公司，还要减去该部门或子公司所应负担的债务的市场价值，才可计算出该部门或子公司作为原公司一部分时所具有的价值。之所以使用负债的市场价值，是因为市场在确定负债的当前价值时已经对其现值进行了计算。被剥离部门的价值可用下面的公式计算：

$$V = \sum_{t=1}^{n} \frac{CFAT_t}{(1+k)^t} - MVL \tag{11.1}$$

式中，V 表示被剥离部门的价值；$CFAT_t$ 表示被剥离部门第 t 年的税后现金净流量；k 表示折现率；MVL 表示被剥离部门所负担的债务的市场价值。

经过以上步骤对被剥离部门或资产进行估价，就可以判断资产剥离是否可行，如果扣除交易费用后资产剥离取得的出售收入大于其在公司中所体现的价值，则说明资产剥离交易是可行的；否则，说明资产剥离交易是不可行的。

## 三、企业分立

### （一）企业分立的概念

企业分立是指一个企业依法分成两个或两个以上企业的经济行为。企业分立的形式有两种：新设分立和派生分立。

新设分立是企业将其全部财产分别归入两个或两个以上的新设企业，原企业解散。新设分立后的新设企业应到工商行政管理部门办理登记手续。原企业消亡，应到工商行政管理部门办理注销手续。派生分立是企业以其部分财产和业务另设一个新的企业，原企业存续。派生的新企业应到工商行政管理部门办理登记手续，并可取得法人资格。原企业因派生新企业而减少了注册资本的，应到工商行政管理部门办理变更注册资本的手续。

### （二）公司分立的原因

公司分立的原因主要有以下几种：

1. 提高公司运营效率。公司的生产经营达到一定规模时，可以实现经济效益最大化，生产经营规模太大或太小，都不利于提高企业的经济效益。生产经营规模太小，会使单位业务量分摊的固定成本太多，从而影响企业的经济效益；生产经营规模太大，往往会降低管理的效率，容易滋生官僚主义，也会影响企业的经济效益。对过于庞大的企业进行适当的分立，有利于加强企业的管理，提高运营效率，能更好地适应市场的变化。

2. 公司扩张。企业分立是企业进行扩张的一种重要手段。企业要扩张到其他地区或其他经营领域，可以采用分立的形式，这样比重新进行投资要节约资金，可以提高经济效益。

3. 避免反垄断诉讼。在西方，为了保护充分竞争，有的国家制定了反垄断法律。当企业达到一定的规模时，其销售额占同行业的比例过大，就有可能因涉嫌垄断而遭到诉讼。企业进行分立就可以避免这种诉讼的发生。

4. 防范敌意收购。公司分立可以成为反收购的一种手段。当公司面临敌意收购时，可能会分立出某些部门，以降低自身对收购者的吸引力，这种公司分立可以称为防御性分立。但是，如果这种防御性分立降低了股票价值，可能会遭到股东的反对。

5. 财富效应。公司分立与资产剥离的主要动机之一是许多人相信负协同效应的存在。如果公司分立之后，各新公司的价值之和大于原来公司的价值，就可为股东带来财富效应。20 世纪 70—90 年代西方一些学者的研究表明，无论是资产剥离、股权出售，还是公司分立都能够为股东带来正的财富效应。

（三）公司分立的一般程序

企业分立与企业合并的程序基本相同，主要包括以下几个步骤：

1. 提出分立的意见。企业分立的意见一般是由企业的所有者提出。如果是国家独资企业，一般由行使所有权的企业主管机关提出分立意见，并最后做出分立的决定；如果是有限责任公司或股份有限公司，一般由公司的董事会提出分立意见，然后提交股东大会表决通过。

2. 进行公告。企业做出分立决议之后，应以书面形式通知债权人并在一个月内至少公告三次。如果债权人提出异议，企业应当偿还债务或提供相应的担保。未偿还债务或未提供担保，又未与债权人达成协议的，企业不能分立。

3. 签订分立协议。企业分立经过批准后，为了明确分立的有关事项，应当签订分立协议。在签订分立协议之前，应对企业的资产和债务进行清理，明确划分原企业的资产和债务。有限责任公司或股份有限公司的分立协议应经过股东大会的表决通过；国有企业的分立协议应经过有关主管部门的批准。

4. 办理分立登记手续。企业分立之后，应当及时到工商行政管理部门办理登记手续。派生分立的企业，新企业应当依法办理登记手续，存续的原企业如果因分立而导致企业工商登记事项的变动，也应进行变更登记；新设分立的，原企业消亡，应办理注销登记手续，新设企业要依法到工商行政管理部门办理登记手续。在办理完工商登记手续之后，分立的企业还应到税务机关办理税务登记手续。

（四）公司分立的财务可行性分析

企业分立是一种经济行为，它也是为了谋求经济利益的最大化，因此，需要对公司分立进行财务可行性分析。企业分立的财务可行性分析，也是应用净现值法对分立前后的公司现金净流量进行比较分立。只有当分立后的企业现金净流量的现值总额大于分立前公司的现金净流量的现值，企业分立方案才是可行的。

【例 11-1】甲公司为了提高企业的营运效率，经董事会提议，分立成乙和丙两个公司。经过预测，分立前甲公司今后 10 年经营活动产生的现金净流量的现值为 14 560 万元；分立后乙和丙两个企业今后 10 年的各年现金净流量详见表 11.3。

表 11.3　分离后乙丙公司未来现金流量　　单位：万元

| | 第 1 年 | 第 2 年 | 第 3 年 | 第 4 年 | 第 5 年 |
|---|---|---|---|---|---|
| 乙企业 | 520 | 580 | 640 | 700 | 750 |
| 丙企业 | 560 | 640 | 680 | 750 | 800 |
| 合计 | 1 080 | 1 220 | 1 320 | 1 450 | 1 550 |

从第 6 年起，乙企业每年的现金净流量为 850 万元，丙企业每年的现金净流量为 900 万元。假定适用的贴现率均为 10%。在分立过程中没有分立费用。根据以上资料，对分立方案进行可行性分析如下：

（1）分立后乙企业和丙企业现金净流量的现值 V。

V ＝1 080×0. 909 ＋ 1 220×0. 826 ＋ 1 320×0. 751 ＋1 450×0. 683 ＋ 1 550×0. 621 ＋ 1 750×5. 867×0. 621 ＝11 309. 62（万元）

（2）比较分立前后现金净流量现值。分立前甲企业的现金净流量现值为 14 560 万元，比分立后多 3 250. 38 万元，因此该分立方案在财务上是不可行的。

（五）公司分立的重大财务事项

企业分立涉及一系列重大的财务事项，这些事项直接影响到分立后各方的经济利益，因此，在分立时必须进行公正合理的处理。通常涉及的重大财务事项主要有所有者权益的处理、资产的分割和评估、债务的负担和偿还等。

1. 所有者权益的处理

企业分立后，由于资产的分割会引起企业所有者权益的变化，因此需要对企业所有者权益进行妥善的处理。如果采用新设分立方式进行的分立，由于原企业消亡，其所有者权益应在分立的各个企业之间进行分割，一般应按各分立方原所有者的持股比例对原企业的所有者权益进行分割，国有企业按有关部门批准的分立协议进行分割，新设立的企业应根据其净资产数额、原企业股东的股权比例向其所有者出具出资证明或股权证、股票等；如果采用派生分立方式进行的分立，原企业因部分资产分离出去而减少注册资本，应向所有者出具变更后的出资证明或股权证、股票等，新成立的企业要按其净资产数额、股东股权比例向其所有者出具出资证明或股权证、股票等。

2. 资产的分割和评估

企业在分立时，应由资产评估机构对原有企业的资产进行评估。评估后的资产要按分立协议在各分立方之间进行分割。采用新设分立方式的，原企业的资产全部在新设企业之间分割，新设企业间要签署协议，对资产分割情况做出明确规定。采用派生分立方式的，原企业将资产的一部分分割给新企业，新企业也要签署资产分割协议。

3. 债务的负担和偿还

企业分立前的债务是分立时需要妥善处理的一个重要问题。一般应首先清偿债务，或者取得债权人的同意后，才能进行分立。采用新设分立方式的，原企业的债务应在各分立方之间分配负担，由各新设企业按原定偿债日期或同债权人达成的偿债协议还本付息。采用派生分立方式的，原企业的债务应当根据分立协议进行分配，可以由原企业独自承担，也可以分配一部分债务由派生出去的新企业承担。债务的负担和偿还必须在分立协议中明确载明，并通知债权人。

### 四、股权出售

股权出售是指公司将持有的子公司的股份出售给其他投资者。与资产剥离相比，资产剥离出售的是公司的资产或部门而非股份；而股权出售则是出售公司所持有的子公司的全部或部分股份。如果仅是出售部分股份，则公司将继续留在子公司所处的行业当中。20 世纪 80 年代后期，美国的公开发行市场比较低迷，股权出售成为一些公司的一种融资方式。例如，1987—1989 年，尽管公开发行市场不景气，但美国 10 宗最大的股权出售的交易金额之和仍达到了 139. 2 亿美元。股权出售后，母公司可能不再继续拥有对子公司的控制权，子公司的股东发生变化，一般会组建新的管理团队来独立经营公司。

股权出售的动机与资产剥离交易基本相同，所产生的效应也相近。研究表明，股权出售能够给母公司股价带来正面影响，从而为股东带来正的财富效应。斯威夫特公司的案例可以说明公司股权出售的动机和效应。

## 第三节　财务预警

如前所述，公司失败的最终形式就是破产，而破产前的最重要的问题则是财务失败，财务失败又直接表现为不能偿还到期债务。为此，财务失败前的种种不利迹象，应当视为财务危机。财务危机是公司财务管理活动中的一个重要问题。因此，面对公司可能出现的终止与破产，事前财务危机的观测与警示，当是弱化与消除公司失败的不二选择。

### 一、财务危机的界定

虽然学术界对财务危机的认识存在一定差异，但对于企业财务危机的表现还是存在一些共识，如经营亏损、股利减少、股价下跌、解雇员工、违约、破产等。而通常认为企业发生财务危机与经营失败密切相关。

在国外的文献中，与财务危机相关的概念有企业失败、财务失败、企业破产、财务困境等，这些概念并不作严格区分，在同一文献中经常交替使用。有学者认为应从四个方面定义财务危机：第一，企业失败，即企业清算后仍无力支付债权人的债务；第二，法定破产，即由于债务人无法履行到期债务合约，并呈持续状态，企业或债权人向法院申请企业破产；第三，技术破产，即企业无法按期履行债务合约付息还本；第四，会计破产，即企业的账面净资产出现负数，资不抵债。

国内学者则主要是以企业是否具有持续经营能力作为界定财务危机的基础，认为财务危机是指企业经营管理不善、不能适应外部环境的变化而导致企业生产经营活动陷入一种危及企业生存和发展的严重困境，反映在财务报表上则是已呈现长时间的亏损状态且无扭转趋势，出现资不抵债甚至面临破产倒闭的危险。

总而言之，财务危机应可称为财务困境或财务失败，是指企业由于现金流量不足，无力偿还到期债务，而被迫采取非常措施以达到更为合适的一种状态。企业发生财务危机的主要标志就是现金流量短缺并呈持续状态，无力履行偿还到期债务的义务，不得不采取在现金流量正常的情况下不可能采取的非常措施，如变现重要的经营性资产、高息借贷、停发现金股利、债务重组、申请破产等。发生财务危机的企业大多也同时会发生经济失败，但是，经济失败是从企业的盈利能力来描述企业的经营状态，而财务危机是从企业的偿付能力来描述企业的经营状态。企业的财务危机实质是一种渐进式的积累过程，表现为不同的轻重程度，企业的违约、无偿付能力、亏损等都可视为财务危机的一种前期表现，破产倒闭只是财务危机最为终极的结果。

## 二、财务危机产生的原因

财务危机对企业具有重大的危害性，每次经济衰退都会造成大量的企业破产倒闭。2008 年的金融风暴引发了世界经济下滑，更造成了大批企业深陷财务危机之中，甚至申请破产。对于企业而言，产生财务危机的原因究竟是什么呢？国外学者曾对此问题做过调查和研究。他们认为，缺乏管理经验和管理无能是最重要的原因。

### （一）财务危机的成因分析

将企业发生财务危机的原因主要归咎于管理无能可能显得过于笼统，在实践中，我们需要更为详尽地研究引发财务危机的原因，这样可以为企业改善经营管理，预防财务危机提供更有价值的意见。约翰·阿根提在有关学者研究的基础上，通过案例分析和理论研究，总结出了导致企业财务危机的八项主要原因：

1. 企业管理结构存在缺陷。企业高级管理层存在结构缺陷，会导致企业重大决策失误，由此可能给企业带来重大损失。阿根提认为企业管理结构缺陷主要表现在：首席执行官独裁，一人拥有很大的权力，其他董事不作为；高管团队知识结构不平衡；财务职能弱化，缺乏管理深度等。

2. 会计信息系统存在缺陷。可靠的会计信息可以帮助管理层及时发现问题，为正确决策提供依据。但是，失败企业的会计信息系统常常是不健全的，主要表现在：缺乏预算控制系统，或者预算控制系统不健全；缺乏现金流量的预测；没有成本核算系统；对资产价值的估价不当。不健全的会计信息掩盖了问题，使财务风险不断累积，直到危机爆发。

3. 面对经营环境的变化，企业不能及时采取恰当的应对措施。经营环境的变化可分为五大类：第一，市场竞争环境变化，如出现了新的竞争对手、竞争对手开发出新的产品等；第二，经济环境的变化，如国家经济政策的调整、经济周期的变化、利息率的变化、通货膨胀、汇率变化等；第三，政治环境的变化，国家政治环境的重大变化必然会影响到经济资源的配置，从而对企业经营活动产生影响；第四，社会环境的变化，如生活方式的变化、消费习惯的变化、社会人口年龄结构的变化、社会对污染或消费者保护态度的变化等；第五，技术变化，如技术的更新变革。当市场竞争环境、经济环境、政治环境、社会环境和技术条件等因素发生重大变化时，失败的企业往往反应迟钝，不能采取恰当的应对措施，从而在市场竞争中败下阵来。

4. 制约企业对环境变化做出反应的因素。来自政府或社会的一些限制因素，可能会制约企业对环境变化的反应，降低企业的自由度，导致企业付出较高的成本。如政府要求企业承担过多的社会责任，可能占用企业大量的资源，使企业经营效率低下。

5. 过度经营。企业过度经营有许多表现形式，例如，过度筹资降低了资金利用效率；以牺牲利润率的方式追求销售额的增长等。

6. 开发大项目。管理层过于乐观，盲目开发大项目，高估项目的收入或低估项目的成本，导致企业现金流量紧张。企业经常开发的大项目主要包括并购、多元化经营、开发新产品、项目扩张等。如果管理层对大项目的判断错误，就可能导致项目失败，给企业造成重大损失。

7. 高财务杠杆。在经济环境不景气，企业经营业绩下降的情况下，较高的资产负债率会加大财务风险，导致企业发生亏损和现金流量紧张。

8. 常见的经营风险。任何企业都会面对一些常见的经营风险，这些经营风险一般不会导致企业经营失败，但是对于实力弱小、管理水平较低的企业来说，常见的经营风险也可能使企业陷入财务危机之中。

（二）财务危机的形成过程

财务危机是一个渐进和积累的过程。一般来说，可以将企业的财务危机发展过程分为以下四个阶段：

1. 财务危机潜伏期。在这个阶段，企业往往盲目乐观，急于扩张，在资源配置上存在重大失误，市场营销缺乏效率，忽视风险控制，在面对环境变化时，缺乏有效的应对措施。

2. 财务危机发作期。这个阶段的主要表现是，企业的资产负债率过高，利息负担过重，由于第一阶段的扩张导致企业现金流量短缺，企业偿债压力较大，开始出现债务拖延偿付现象，财务危机进入发作时期。

3. 财务危机恶化期。财务危机开始恶化，企业资金周转出现困难，经营活动也出现困难，无力偿还到期债务。

4. 财务危机实现期。企业已经丧失偿债能力，甚至出现净资产为负的情况，最终可能申请破产。

以上四个阶段是企业财务危机大致的发展过程，四个阶段的界限并不是截然清晰的，财务危机是一个长期的发展过程。企业应当在财务危机第一阶段尽早采取预防措施。

## 三、财务危机的征兆

### （一）财务指标的征兆

企业在日常经营过程中，通过观察现金流量、存货、销售量、利润、应收账款、偿债能力等指标的变化，可以察觉到财务危机的苗头。

1. 现金流量。企业出现财务危机首先表现为缺乏偿付到期债务的现金流量。如果企业经营活动现金流量不断减少，现金收入小于现金支出，并且这种趋势在短时期内并无好转的迹象，就需要引起管理层的注意，及时采取措施，避免现金流量状况继续恶化。

2. 存货异常变动。保持一定数量的存货对于均衡生产、促进销售有着重要的意义。除季节性生产企业外，对于正常经营的企业来说，存货量应当比较稳定。如果在某一时期企业出现存货大幅度增加或减少的异常变动，就应当引起注意，这可能是企业财务出现问题的早期信号。

3. 销售量的非预期下降。销售量的下降会引起企业管理层的高度关注，但是大多数人往往将销售量的下降仅看作营销问题，会采取调整价格、产品品种或加强促销等手段来解决，而不考虑财务问题。事实上，销售量的非预期下降会带来严重的财务问题。比如，当一个销售量正在下降的企业仍大量给客户提供赊销时，管理人员就应该预见到其现金流量将面临困境。

4. 利润严重下滑。利润指标是一个综合性的指标，是企业一切经营活动的最终成果。如果企业销售额上不去，成本却不断攀升，就会导致盈利空间逐步缩小，甚至出现亏损。几乎所有发生财务危机的企业都要历经 3~5 年的亏损，随着亏损额的增加，历年的积累被蚕食，而长期亏损的企业又很难从外部获得资金支持，这就出现了财务危机发生的明显征兆，长期下去企业必然陷入财务困境。

5. 平均收账期延长。收账期是反映企业应收账款周转速度的一个重要指标。平均收账期延长，会增加企业在应收账款方面的投资，占用大量的资金。当企业的现金余额由于客户延迟付款而逐渐减少时，较长的平均收账期就会成为企业严重的财务问题。所以，管理层应重视企业的收账期，以免问题变得更加严重。

6. 偿债能力指标恶化。反映企业偿债能力的财务指标主要有资产负债率、利息保障倍数、流动比率、速动比率等，如果这些财务指标连续多个会计期间不断恶化，就是财务危机的明显征兆。

（二）会计报表的征兆

一般来说，会计报表能综合反映企业在特定时点的财务状况和一定时期内的经营成果和现金流量状况。因此，观察和分析会计报表的相关数据及这些数据之间所存在的某种钩稽关系，可以判断企业是否存在危机隐患。

1. 从利润表看

根据企业经营收益、经常收益和当期收益的亏损和盈利情况，可以将企业财务状况分为 A~F 六种类型。不同类型对应的安全状态如表 11.4 所示。

**表 11.4　不同类型财务状况的安全状态**

| 项目＼类型 | A | B | C | D | E | F |
|---|---|---|---|---|---|---|
| 经营收益 | 亏损 | 亏损 | 盈利 | 盈利 | 盈利 | 盈利 |
| 经常收益 | 亏损 | 亏损 | 亏损 | 亏损 | 盈利 | 盈利 |
| 当期收益 | 亏损 | 盈利 | 亏损 | 盈利 | 亏损 | 盈利 |
| 状态说明 | 接近破产状态 | | 若此状态继续，将会导致破产 | | 根据亏损情况而定 | 正常状态 |

2. 从资产负债表看

根据资产负债表平衡关系和分类排列顺序，可以将企业的财务状况分为 X 型、Y 型和 Z 型三种。X 型表示正常的财务状况，Y 型表示企业已经亏蚀了一部分资本，处于轻度的财务危机状态，Z 型表示企业亏蚀了全部资本和部分负债，企业净资产为负数，处于严重的财务危机状态，濒临破产。

3. 从成本及成本费用明细表看

根据成本费用明细表可以了解公司成本费用的构成及不同时期的变动情况，尤其是具有异常升幅的费用的变动，从而判断成本对盈亏的影响以及由此所折射出的管理水平问题。

（三）经营状况的征兆

1. 盲目扩大企业规模

企业规模的扩大通常有两种形式：一是内部扩充；二是外部扩张。内部扩充会增加固定资产投资，要耗用企业大量现金，如果某一时期公司的固定资产大幅度增加，但其生产能力和营销能力未能完全很好地配合，则易导致资金大量沉淀，流动资金紧张。盲目的固定资产扩充往往给财务危机的形成留下隐患。公司并购是外部扩张的一条捷径，作为一种高风险高收益的行为，不少企业只看到其好处，而忽视了可能的风险。如果企业同时在许多地方大举收购其他企业，同时涉足许多不同的经营领域，则可能使企业负担过重，出现资金紧张问题。因此，对于企业大量的收购行为要多加注意，避免留下财务危机的隐患。

2. 企业信誉不断降低

信誉是企业在长期经营中创立和积累起来的，是企业一种重要的无形资产。信誉好的企业能顺利地从银行取得贷款，也能从客户那里享受到更多的信用。一旦信誉受损，企业的筹资就会变得十分困难，关联企业间的经济往来、信誉结算将无法开展。企业信用状况将变得更糟，表现为经常拖欠银行贷款，推迟支付货款，经常迟发员工薪水等。企业信誉度降低是财务危机的重要征兆。

3. 关联企业趋于倒闭

由于赊销业务的大量存在，企业之间形成了紧密的债权债务关系。一个企业出现财务危机可能影响到关联企业的财务状况，一旦发现关联企业经营情况和财务状况发生异常变化，有出现财务危机的征兆时，就要及时采取应对措施，以防止本企业被拖入财务困境。

4. 产品市场竞争力不断减弱

产品市场竞争力的高低，主要体现在企业产品所占的市场份额和盈利能力上。如果企业产品市场占有率很高，且盈利能力空间很大，说明企业市场竞争力很强；反之，如果企业的产品出现积压，市场占有率明显下降，或产品市场份额未变，但盈利空间明显缩小，就说明企业市场竞争力在减弱，从而埋下发生财务危机的伏笔。

5. 无法按时编制会计报表

无法按规定的时间编制会计报表，会计报表不能及时报送，会计信息延迟公布等，一般都是财务状况不佳的征兆。

（四）其他方面的征兆

企业人员大幅度变动往往也是危机的征兆之一。例如在一段时间内，管理层重要成员、董事会成员、财务会计人员及其他高级管理人员突然离职或连续变更，尤其是引起轩然大波的高级管理人员集体辞职，通常是公司存在危机隐患的明显标志。

企业信用等级降低、资本注销、企业主要领导人的反常行为、组织士气低落、注册会计师出具保留意见的审计报告等，也是企业财务危机发生的征兆。

## 四、财务危机的预警

财务危机预警，也称财务预警，是指根据企业经营状况和财务指标等因素的变化，对企业经营活动中存在的财务风险进行监测、诊断和报警的方法。财务预警作为一种诊断工具，对企业的财务风险进行预测和诊断，避免潜在的财务风险演变成财务危机，起到防患于未然的作用。

为了监测和预报财务危机，国内外学者运用不同的预测变量，采用各种数理统计方法，建立了大量的财务预警方法和预警模型。图 11.2 是现存的国外财务预警方法和模型。

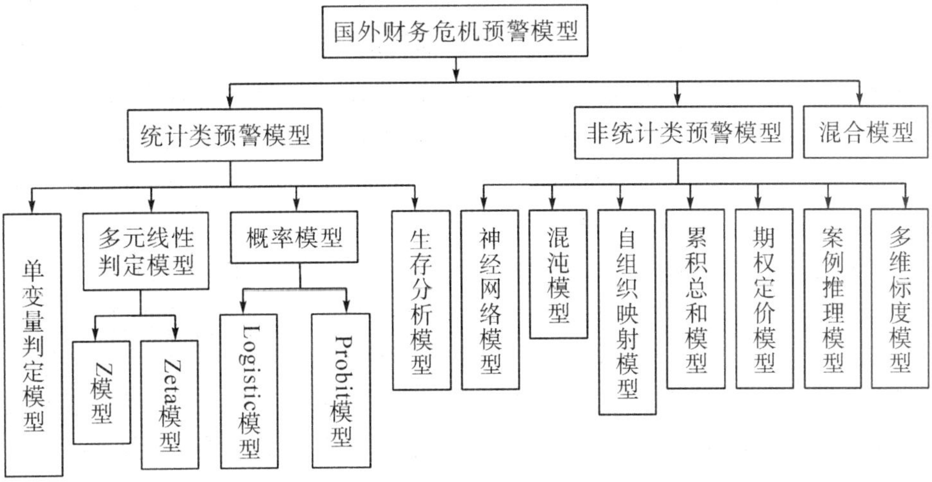


**图 11.2　国外财务困境预警模型分类图**

（一）定性分析法

定性分析法是通过对企业的经济环境、经营状况和财务状况的判断与分析，预测企业发生财务危机的可能性的方法。定性分析法主要从经济环境、经营状况和财务状况三个方面进行财务预警分析，具体内容如表 11.5 所示。

**表 11.5　财务预警的定性分析法**

| 经济环境 | 经营状况 | 财务状况 |
|---|---|---|
| （1）经济增长率下降或经济衰退<br>（2）行业率上升<br>（3）通货膨胀<br>（4）金融市场动荡<br>（5）产业政策的不利变化<br>（6）市场竞争加剧<br>（7）技术变化<br>（8）政府管制<br>（9）税法变化、税率提高 | （1）盲目扩张，过度经营<br>（2）市场销售失败，销售下滑<br>（3）缺乏预算控制系统<br>（4）管理水平低下<br>（5）人才流失<br>（6）对环境变化反应迟钝<br>（7）销售合同违约<br>（8）缩减研发费用 | （1）财务杠杆过大，负债金额过大<br>（2）经营亏损<br>（3）现金流量恶化<br>（4）应收账款收账期延长<br>（5）存货周转率下降<br>（6）债务违约<br>（7）成本核算系统不健全<br>（8）粉饰财务报表 |

表 11.5 列示了企业在经营过程中可能会引发财务危机的各种因素的变化。这种分析只是一种定性的判断，在实践中还需要根据企业的具体情况进行更详尽的考察和诊断，才能有效地做出财务危机预警。

（二）单变量预警模型

单变量预警模型是指运用单一变数、个别财务比率来进行财务预警。单变量预警模型属于定量分析法，最早建立单变量预警模型进行财务危机预测研究的是菲茨・帕特里克。1932 年，菲茨・帕特里克以 19 家公司为样本，运用单个财务比率将样本分为破产组和非破产组，结果表明判别能力最高的是净利润/股东权益与股东权益/负债两个比率。1966年，威廉·比弗沿用这样的思路，提出了单变量预警模型，他使用了5个财务比率对79个失败企业和相同数量、同等资产规模的成功企业进行比较研究后发现，预测财务危机准确率最高的是债务保障率（现金流量/负债总额），其次是资产净利率（净收益/资产总额）和资产负债率（债务总额/资产总额），并且离失败日越近，预见性越强，在财务危机发生前5年的预测准确率可达70%，在财务危机发生前1年的预测准确率可达87%。

比弗采用单变量模型进行财务危机预测研究之后，很少有人再沿用单变量方法进行分析预测，原因在于单变量模型有以下缺点：

1. 从单变量模型的财务意义来看，企业的财务状况不可能通过单一财务比率就可以完全掌握，可能某一财务比率单独考虑时预测效果不显著，但与其他财务比率一同考虑时却可以增强解释力。此外，不同的财务比率可能对同一企业有相互矛盾的预测，以至于难以判断。

2. 从单变量模型的统计方法来看，它只考虑到变量的集中趋势（即平均值），而没有考虑到变量的离散程度（如方差等）。这种对变量变异程度考察的缺乏，使得单变量的研究未能对所产生的结果做进一步解释，而且单变量模型没有考察所有变量之间的相关程度。

3. 和其他利用财务比率的财务预警方法一样，单变量模型也受到行业区别、通货膨胀、地区区别、虚假会计信息的影响。单变量分析只是模糊地说明了公司正处于困境或未来可能处于困境，但不能具体证明公司可能破产或何时破产。

（三）多变量预警模型

为了克服单变量预警模型存在的缺陷，获得对财务危机更好的预测模型，许多学者从20世纪60年代起，发展了多变量财务危机预警模型，预测的精度和效率得到极大提高。多变量预警模型也属于定量分析法，其中最早也是最广泛使用的是多元线性函数模型。

Altman（1968）对1946—1965年间提出破产申请的33家公司和同样数量的非破产公司进行研究，选取了营运资本/总资产（x1）、留存盈余/总资产（x2）、息税前利润/总资产（x3）、股权的市场价值/债务的账面价值（x4）、销售收入/资产总额（x5）5个财务指标，建立了Z模型：$Z=0.012x1+0.014x2+0.033x3+0.0064x4+0.999x5$，$Z=2.675$为该模型的临界值。Altman、Haldeman & Narayanan（1977）修正了Z模型，在原有5个财务指标的基础上加入了公司规模与盈余稳定性两个变量，重新建立了模型，称为Zeta模型。Altman（2000）再次对Zeta模型进行了修正，去掉了带来行业影响因素的销售收入/总资产，得到了跨行业的$z^*$值模型：$z^*=6.56x1+3.26x2+6.72x3+1.05x4$，$z^*<1.1$时，代表很高的破产率；$z^*>2.6$时，企业处于安全状态；$1.1\leq z^*\leq 2.6$时，企业是否破产情况不明，处于灰色区域。说明企业的财务状况不稳定，较难估计企业破产的可能性，但作为一个简单的判断标准，1.675是破产企业与非破产企业的分界点。

在实践中，人们应用 Z 计分模型时发现，由于时间间隔越长，企业发生变化的可能性越大，因此，其预测的准确性因时间长短而异。企业发生财务危机的前两年，预测准确率最高，随着时间的提前，预测准确率下降。Z 计分模型的预测准确率如表 11.6 所示。

**表 11.6　Z 计分模型预测企业破产的正确率统计**

| 公司破产之前的年数 | 实际破产的公司数量 | 正确预测的公司数量 | 未正确预测的公司数量 | 预测准确率（%） |
| --- | --- | --- | --- | --- |
| 1 | 33 | 31 | 2 | 95 |
| 2 | 32 | 23 | 9 | 72 |
| 3 | 29 | 14 | 15 | 48 |
| 4 | 28 | 8 | 20 | 29 |
| 5 | 25 | 9 | 16 | 36 |

（四）概率模型（Logistic regression model）

Ohlson（1980）以 1970—1976 年间制造业的 105 家财务危机公司与 2 058 家财务健康公司作为研究对象，利用 Logistic 分析建立了企业财务危机预测模型，其结果发现公司规模、资本结构（总负债/总资产）、资金报酬率、变现能力（营运资金/总资产或流动负债/总资产）对企业发生财务危机具有显著的预测能力。Collins & Green（1982）比较了多元判别模型、线性概率模型和多元逻辑回归模型。结论表明多元判别分析和线性概率模型的基础假设不符合破产预测，而且财务指标往往并不服从正态分布假设，财务危机预测应选择多元逻辑回归模型。Aestebro（2001）对有关债务困境预测的方法进行了讨论，认为财务困境的预测应该使用多元 Logit 模型，而且在选取匹配样本时应使用随机的而不是确定的标准。Andrews & Evi（2004）以 1988—1997 年上市工业公司为研究样本，以 1∶1 的配比原则共选择了 102 家公司。结果表明经营现金流指标含有增量信息，Logit 模型和神经网络模型均可用于预警研究，但 Logit 模型稍优于神经网络模型。Chen Jiangguo & Marshall（2006）研究了中国市场上财务比率指标在预测公司困境风险方面的有效性，结果表明息税前利润与总资产比率、每股盈余、资产负债率、账面市值比表现出了较好的解释能力。另外还证明 Logit 模型和神经网络模型是最优的预警模型。

## 第四节　破产与重整

当公司失败时，究竟是选择继续经营的重整方式，还是选择破产清算方式？这一决策的关键是估计公司资产市场价值。如果当前公司资产市场价值大于企业继续经营未来收益的现值，那么公司应选择破产清算，反之，则应选择重整。

## 一、公司破产

（一）公司破产的概念

企业破产是指企业因经营管理不善造成严重亏损，不能清偿到期债务，必须变卖财产偿还债务时，经债权人会议通过和法院的批准所进行的和解整顿（即重整）或强制性清算，以及清算组依法对债务人进行清产还债，以使得债务人得到债务解脱的经济事件。

（二）破产制度及意义

破产是市场经济的必然产物。任何一个社会，只要存在商品生产，存在债权债务关系，就必然会出现“资不抵债”，即破产的条件。就一个公司来说，如果生产经营不好，只有投入，没有产出；或投入多，产出少，老本吃光，必然陷于破产境地。随着中国市场经济的进一步推进，人们通过对我国经济体制所出现的弊端进行反思和争论，逐步实现了公司的破产制度。

目前我国正处在社会主义市场经济的初级阶段，其经济结构虽是以公有制为主体，但却是多种经济成分并存。因此在不同所有制的企业之间仍存在各自独立的产权和物质利益，它们之间所发生的债权债务关系也必须依法清偿，偿付不了，必须破产还债，不然企业的产权和物质利益得不到保障，搞活企业就只能是一句空话。

公司破产是市场经济客观存在的现象。在市场经济条件下，企业是自主经营、自负盈亏的商品生产者，其生产经营活动要受到经济规律和竞争规律的调节，必然有盈有亏，有胜有败。管理不善、生产落后的企业就可能出现严重亏损、负债累累的局面，最后导致破产。这是价值规律和竞争规律作用的必然结果。

以破产淘汰落后，对于促进市场经济的高度发展，保证社会再生产的正常进行有着极其重要的作用。它能够刺激企业自觉地、不断地提高经营管理水平，改进技术，提高质量，降低成本，使整个社会的生产力水平迅速提高。同时，它强制那些不适应市场需求的生产萎缩下去，使更多的企业密切注视市场的风云变幻，及时调整自己的产品方向和经营方针，从而实现对社会经济结构的调整。随着我国经济体制改革的不断深化，实行破产制度已成为大力发展社会主义市场经济的客观要求。我国颁布《中华人民共和国企业破产法》，确立了破产制度在我国社会主义市场经济中的地位。

## 二、破产的法律依据

破产分为自愿破产和法定破产两种情况，其法律依据就是资不抵债也就是企业的负债总额大于其资产总额，其净资产为负数。

（一）认定企业破产的界限

“支付不能”，是指债务人丧失了到期偿债的能力，据此认定企业的破产。根据判断是否破产的不同标准，可以区分为事实上的破产和法律上的破产。

一般而言，债务人的债务总额超过资产总额，全部资产不足清偿债务时，自然是丧失了偿债的能力，这就构成了事实上的破产。但是由于“资不抵债”是一个价值标准，首先需要审查账目、清理财产、估价折价来确定资产与债务的数量，才能做出判断，难免造成时间的拖延和计价的失实。因此，为了迅速、准确、公正地审理破产案件，法律上是以债务人的偿债行为作为标准。按照法律规定，债务人不能清偿到期债务的就被确认其破产，如果停止支付，就应判定为不能清偿。

应当指出，在一般情况下，事实上的破产与法律上破产是同步发生的，但也不能排除在某些情况下，两者可能出现不同步的现象。比如，在债务总额超过资产总额时，如果债务人有良好的信誉，可以借新债还旧债，使到期债务都能得到偿还；或者可以得到债权人的谅解，允许债务延期，因而没有造成不能偿还的局面，也就没有构成法律上的破产。相反，债务人的债务总额虽然小于资产总额，但是由于无法调动资金清偿债务，又没有足够的信誉借来新债进行周转，债务人也不容拖延，那么就要依法宣布其破产。因为，在这种情况下，债务人要按期还债，只能靠变卖生产资料。生产资料是一个有机整体，一经变卖，就无法从事生产经营，企业在实际上也就无法生存了。

因此，企业破产，指的是企业因经营管理不善造成严重亏损，不能清偿到期债务，必须变卖财产偿还债务。破产不同于“严重亏损”和“资不抵债”。“严重亏损”并非意味着不能继续经营。相反破产企业却不一定都表现为严重亏损。盈利企业如果把大量资金积压在呆账和呆滞商品上，或把流动资金不适当地用于固定资产的购建上，或债台高筑告贷无门，也不能清偿到期债务，这就需要企业迅速有效地重整自己的经济行为，否则就会导致破产。“资不抵债”是企业破产的一个基本物质条件，但还不能作为企业破产的最后界限。所谓“资不抵债”是指企业负债总额大于资产总额，可以说明企业本身不具有自身清偿债务的能力，但企业的投资者或股东如愿继续予以支持，或继续注资，或出面担保。通过借远期新债而偿还到期老债，那么企业依然可以继续生存。只有毫无办法清偿全部到期债务，即“支付不能”的企业，才属破产企业。这是分析企业破产必须搞清楚的一个基本概念。

（二）破产制度的法律特征

法律的破产概念，是指债务人以其全部财产不足以清偿债务的法律事实。破产制度的法律特征，主要有以下几个方面：

1. 从法律事实看，债务人不能清偿到期的金钱债务。这里有三个要素，首先，债务的存在，是企业破产的前提。其次，该债务的标的必须是金钱，单纯的行为与不作为不构成破产的法律事实。第三，该债务应是到期的金钱债务。

2. 从主体看，存在着两个以上的债权人。假如债权人只是一人，它可以向法院提出强制执行的请求，法院按照一般的民事规范处理，以保护债权人的合法权益，没有实施破产制度的必要。

3. 从破产制度的功能看，能使全体债权人得到公平合理清偿。债务人不能清偿债务时，破产制度能压制所有债权人相互间争先恐后行使债权的混乱局面。在破产程序开始后，各债权人的债权，只能依申报债权的方法，在破产程序中得到清偿。破产法既不许债权人要求个别强制执行，也不容许债权人有任意清偿的行为。全体债权人的债权，在破产管理人的公平安排下，受到平等的保障，未能受偿的残余债权，其损失也公平分配，由各债权人分担。

4. 从程序看，破产制度是一种特殊的强制执行制度。这种强制执行制度与民事强制执行制度相比有三点区别：其一，执行的标的不同。民事强制执行通常以债务人特定的财产作为执行的标的。而破产强制执行总是以债务人全部的财产作为执行的标的。其二，执行的目的不同。民事强制执行的目的是为了满足个别债权人的要求；而破产强制执行的标的是为了满足全体债权人的要求。其三，执行人不同。民事强制执行只能由法院担任执行人，而破产强制执行主要由破产管理人担任执行人。

（三）破产的基本原因

企业不能清偿到期的债务是导致企业破产的基本前提，是企业经营失败的结果。从财务管理角度讲，破产的基本原因是企业财务陷于困境，无偿债能力，也无发展前景。企业财务严重困难的原因虽然很多，但大致可归纳为以下三种：

1. 缺乏管理经验和管理才干，造成决策失误。管理者缺乏管理经验和管理才干被认为是破产的关键原因。企业财务陷于困境很少是由于个别错误决策所致，往往是来自于一系列的失误，并且这种困难是有征兆的，并逐渐加重的。例如，如果在不做市场调查和资本预算的情况下，盲目扩大生产能力，导致产品库存积压，同时财务人员随意向顾客提供信用，致使贷款不能及时收回，两个因素加在一起，就足能使一个资金比较充裕的公司在短期内陷入财务困境，甚至导致破产。

2. 经济环境的变化。经济环境的变化是破产的一个重要原因，有时它使得管理人员的主观努力付之东流，有时又使管理人员所付的代价与收效不成比例。例如，在经济革命时期，市场竞争十分激烈，一些资金底子比较薄的企业，很可能由于销售额的下降而导致破产。

3. 意外原因。意外原因一般不能由管理人员所左右，这些事件一经发生，管理人员只好望洋兴叹。有时管理人员虽然能预料到不测事件的发生，但由于防范费用过高而无能为力。这些事件一般包括自然灾害、自然环境的变化、新法律的颁布、突然中止合同、战争、罢工、交通运输事故等。

（四）破产程序

企业破产要经过一定的法律和财务程序。根据《中华人民共和国企业破产法》，企业破产程序大致可分为三个阶段，破产申请阶段、和解整顿阶段、破产清算阶段。

1. 破产申请阶段

企业破产申请的提出，意味着破产程序的开始。

首先，提出申请。破产申请人可以是债权人，也可以是债务人。当债务人不能清偿到期债务时，债权人可以向债务人所在地法院申请宣告债务人破产；债务人经过上级主管部门同意，也可以向当地法院自动申请破产。债权人申请的主要理由是债务人无力清偿到期债务；债务人申请的主要理由：一是因经营管理不善严重亏损；二是财务状况形成恶性循环，不能偿还到期债务，二者兼而有之，即债务人达到破产界限。

其次，受理申请。法院接到破产申请后便要进行受理与否的审查、鉴定。受理债权人破产案件 10 日内应通知债务人，并发布破产案件受理公告；债务人收到法院通知后 15 日内，应编制债权债务清册等尽快交给法院，法院收到债务清册 10 日内应向已知的债权人发出债权申请的通知，同时在通知和公告中规定第一次债权人会议的日期。而受理债务人破产申请案件后，因债务人申请时已备有债权债务清册，只需在案件受理后 10 日内通知债权人申报债权，直接发布债权申请的公告即可。

最后，申报债权。债权人应当在收到通知后一个月内，未收到通知的债权人应当自公布之日起三个月内，向法院申报债权，说明债权的数额、性质（有无财产担保）及证明材料。逾期不申报债权者，视为自动放弃债权。为了分清债权的性质，法院应对有财产担保的债权和无财产担保的债权进行分别登记。

2. 和解整顿阶段

破产企业如果还有希望恢复生机，应当通过整顿继续经营，这样对企业本身和债权人都有好处。因此对破产企业遵循破产和整顿相结合的原则，先要进行调整、整顿，即企业的重整（重组）。

按照我国企业破产法规定，企业由债权人申请破产的，被申请破产的企业主管部门可以对该企业进行整顿，其期限不超过两年。整顿申请提出后，企业应当向债权人会议提出和解协议草案。和解协议草案要规定企业向债权人清偿债务的期限。若企业和债权人会议达成和解协议并经法院认可，企业即可在上级主管部门的主持下进行整顿。经过整顿，企业能够按照和解协议清偿债务的，法院将终止对该企业的破产程序。但如整顿期满，企业不能按照和解协议清偿债务，法院将宣告企业破产，进行下一阶段的破产清算。

3. 破产清算阶段

关于破产清算的相关问题，将在本章第五节中进行详细说明。

企业破产的基本程序除破产申请外，具体如图 11.3 所示。

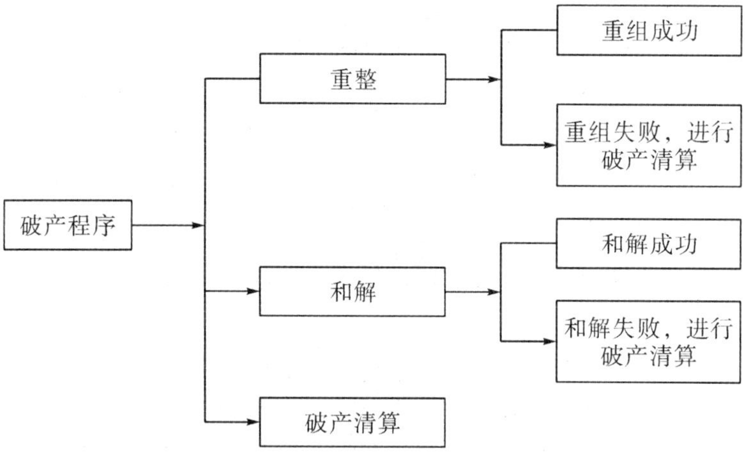


图 11.3　破产程序图

## 三、公司重整

（一）企业重整及其基本条件

1. 企业重整

我国的《企业破产法》将和解和整顿相结合，是以企业整顿为基础的和解，以债务人与债权人有和解意愿为前提的整顿。两者不可分离，不可偏废，有机结合，紧密相关。

（1）和解。所谓和解，就是通过“协商方式”（债务人与债权人达成和解协议），而非通过“强制手段”（宣告债务人破产偿债）解决债务人与债权人之间债务纠纷的一种债务结清的办法。这种方法是指为了挽救企业避免因清理破产财产所造成的人力物力的浪费，由债务人提出财产状况说明书、清偿方案和担保，经债权人会议通过，达成协议，中止破产程序，延期或部分偿还债务，给予破产企业重新振兴的机会。

（2）整顿。所谓整顿，则是针对企业亏损严重，无力偿还到期债务的情况，在债务人与债权人双方达成和解协议并经过法院认可的基础上，对债务人生产、技术、管理等诸方面所进行的调整、改进和完善，以达到扭亏增盈、恢复正常偿债能力之目的。

2. 企业重整的基本条件

企业破产，特别是大企业破产，会给企业投资者、职工、债权人，以至整个社会都会带来严重后果，尤其对社会来讲，减少了一个经营单位，不仅增加了失业人员，而且会由此引起一系列的社会性问题，甚至对社会稳定造成威胁。在现代社会化大生产中，国民经济已形成一个有机的整体，随着社会主义市场经济的不断发展，特别是股份制企业、联合公司的涌现，使得企业间的经济往来关系日趋紧密，一旦企业破产倒闭，其他与之有关的企业、行业势必受到一定的影响和冲击；企业职工将面临失业的威胁；从而影响社会一部分人的生活安定。为此，我国企业破产法作了企业破产清算前进行和解和整顿（重整）的专门规定，也就是说，在法院受理债权人申请债务人破产的情况下，允许债务人提出与债权人的和解，并给予整顿的机会，从而尽量减少破产案件的发生。正是基于此点，西方国家的破产法一般也都有企业重整方面的规定，只是其法律程序、程序要求等与我国有所不同而已。例如，西方有自行和解（债务人与债权人私下协商了结债务）、商会和解（债务人向当地商会请求和解）和法院和解（债务人向当地法院申请和解）等，而我国的和解基本上属于法院和解。

如果企业的经营状况并不十分恶劣，经过一段时间的整顿，有希望摆脱困境，得以恢复，在这种情况下，采取调解整顿的处理方式，对双方都是比较有利的。作为债务人来讲，可以得到一次挽救危局，继续生存的机会；作为债权人来讲，一旦企业改变了现状，其继续经营价值就将超过破产清算的价值。允许重整，可以继续保持对企业的全部债权，并有可能全部实现，避免因破产清算而造成的损失。

企业重整的基本条件可概括为：第一，企业暂时无偿债能力；第二，企业资产总额还大于负债总额；第三，企业资金短缺是扩大经营规模引起的；第四，企业财务管理困难的原因已经找到并经过整顿的努力可能排除。

（二）重整的法律安排

1. 企业重整的程序

由于企业破产申请的提出要得到上级主管部门的同意，因而，只要债务人向法院提出破产申请并得到法院的认可，则意味着债务人必定进入破产清算程序，其主管部门自然不会再向法院申请和解整顿。因此只有债权人所提出的宣告债务人破产的申请，才可能产生和解整顿问题。和解整顿程序大致包括以下几个步骤：

（1）提出整顿申请。法院受理破产案件后三个月内，债权人申请宣告破产案件后三个月内，债权人申请宣告破产的企业的上级主管部门可以向法院申请对该企业整顿，整顿期以两年为限。

（2）提出和解协议草案。当企业主管部门提出整顿申请后，企业就向债权人会议提出和解协议草案，申明清偿债务的期限及要求减免债务的数额等。

（3）讨论和解协议草案。债权人会议收到企业提交的和解协议草案后，应召集全体债权人进行讨论、表决，通过本草案（意味着企业和债权人会议达成了和解协议），并经过法院认可后，法院便宣布对该企业进行整顿的公告，中止破产程序。

（4）拟定企业整顿方案。企业主管部门见到整顿公告（即法院已批准其整顿申请）后应协助该企业拟定整顿、复苏方案，并交由企业职工代表大会讨论，通过后便由企业主管部门具体负责主持企业的整顿工作。

（5）报告企业整顿情况。企业在整顿期间，为了向职工代表大会和债权人会议负责，应定期向职工代表大会和债权人会议报告整顿进展情况，并听取意见，接受监督。

（6）监督企业整顿情况。在企业整顿期间，债权人会议若发现该企业不执行和解协议，故意损害债权人利益（隐匿、私分或无偿转让财产、非正常压价出售财产、对原来没有财产担保的债务提供财产担保、对未到期的债务提前偿付、放弃自己的债权等）等不良行为，可以向法院报告，法院认证裁定后，便终结该企业整顿程序，宣告其破产。

（7）裁决企业整顿结果。企业经过整顿，若能够根据和解协议的规定按期或提前如数清偿债务的，法院则终结该企业破产程序，并对外发布公告，恢复企业的正常营业。如果整顿期满，企业仍不能按期如数（以和解协议为根据）清偿债务，法院则宣告该企业破产，对外发布对该企业进行破产清算的公告，至此该企业便进入破产清算程序，法院应重新登记债权（因企业整顿期间会发生新的债权债务，可能偿付部分债务，故此会引起法院发布受理破产案件通知和公告时所登记债权数额和性质发生了变化）。

2. 重整的法律安排

企业破产的调解整顿是一种有法定程序的契约行为。在法律上有专门的规定和一定的法定程序。因此，和解协议要发生法律效力，必须具备三方面的条件。其一，和解协议的内容必须由企业和债权人会议双方协商一致；其二，协议必须经法院认可。法院在审查和解协议内容时，除了要照顾债权人和债务人双方的利益和愿望外，还要依照国家法律的规定，就是否损害国家、社会的利益和他人的合法权益进行审查；其三，和解协议必须由法院以公告的形式进行公布。法院公告之日，是和解协议生效的具体时间。

和解协议的法律效力，表现在两个方面。从程序方面看，当和解协议生效后，破产程序即为中止，企业进入整顿阶段。在企业整顿期间，如果没有法院规定的特殊情况，债权人不得重新向法院提出要求对该企业进行破产宣告的申请。从实体方面看，和解协议依其内容变更了原来的债权债务关系，企业和债权人任何一方都不得擅自变更协议的内容，都必须按协议的有关规定履行。

（三）重整的财务安排

1. 重整期间财务管理的特点

在重整期间，企业处于特殊的继续经营期间，从而使这一时期的财务管理有了自己的特色。

（1）资金来源渠道增多

和解整顿企业资金匮乏，不敷周转，因此，资金来源是关系到整顿措施能否顺利实施，整顿目标能否实现的关键问题。由于主管部门主持整顿工作，可能从主管部门那里得到正常企业得不到的资金支持；由于主管部门的担保和帮助，可能从银行或财政得到一些优惠贷款；由于投资者和股东的参与和支持，会得到新的资金注入或得到担保而获得银行贷款；由于职工对企业生死存亡的危机感和摆脱困境的紧迫感，可能从职工手中得到自动集资。

（2）行政干预力度增强

根据我国企业破产法，企业整顿既然法定为上级主管部门主持，必然在财务预测、决策、控制及财务计划的编制和实施等方面受主管部门的干预，在日常资金的调度和运用上，主动性和灵活性亦差一些。

（3）置于债权人会议的监督之下

企业整顿是否按和解协议进行，有没有损害债权人利益的行为，以及能否按还款计划偿还其债务等，是债权人会议最为关心的问题。如果发现企业财务状况继续恶化，或不执行和解协议等，债权人会议有权向法院申请终结整顿，宣告破产。为此，债权人必须密切注视债务人的经济活动及经营活动成果，并听取债务人整顿情况的报告，使企业置于债权人会议监督之下。

（4）置于审计监察部门的监督之下

审计和监察不仅具有批评性，同时也赋有建设性的职责。审计监察部门的监督、检查，不但要发现整顿中的问题，更主要的是通过检查问题，提出如何改进整顿工作的合理化建议。同时，一旦企业破产，也为破产责任的追究奠定一定的基础，特别是作为紧急案件的破产案件，必须从速处理。企业财务活动，接受政府审计部门和监察部门的监督，既是法律上的要求，也利于企业自身的复苏、发展。

（5）置于法院的特别监督之下

这一点是由企业重整时期本身所具有的特殊性所决定，不容置疑。

2. 重整的财务安排

和解协议生效后，最重要也是最困难的是拟定企业重整方案。企业重整的总目标是扭亏为盈，恢复偿债能力。具体来讲：①重新改变公司的资本结构，以便降低其法定必须支付的固定负担额；②保证增加企业的运用资本；③发现和改正经营管理上导致企业财务困难的根本原因。要达到上述这些目标，拟定重整方案时要预测重整企业的生产和资金情况，拟定资本的管理结构，原有证券价值的重估和调整，然后建立新的财务预算体系，合理配置资金。

（1）测定公司总值。

测定公司总值是重整方案的第一步。通常使用的办法是预期收益的资本化。例如：一个进行重组的公司其预期年收益为 3 000 万元，而拥有相似风险和经营特点的同行业公司的资本化率平均为 10%，那么该重整公司的总值可以定为 30 000 万元（3 000/0. 10 = 30 000 万元）。

当然，按资本化率测算的公司总值带有很大的不确定性，而需要予以调整。这是因为预期的收益带有很大的不确定性，资本化率的高低难以确定恰当。因此，任何可以预期的未来收益的增长要加到估计数中去。同时，在未来经营中可以估计的不稳定因素要压低原来的估价。最后决定的公司总值，对各种债权人、股东都是十分重要的，特别是普通股的股东都愿意看到估计的总值越高越好，否则他们宁可清算而不愿改组重整。

（2）拟定新的资本结构

其目的是压缩固定费用，提高偿付比率。为了压缩负债的利息开支，通常是把一部分负债转换为收益债券；一部分调换成优先股；一部分调换成普通股，以减少负债总额。另外采用延长债务的期限，以减少偿债基金的每年提存额。

（3）对原有证券的估价并把老证券调换成新证券

按照企业破产法规定，证券的估价和更换要绝对遵循求偿权的顺序。因此，在调换过程中，必须首先满足全部优先求偿权的要求，然后才能考虑非优先求偿权。例如，在调换过程中，原债券持有人必须在原优先股持有人之前换到其面值相当于老债券的新证券。正由于求偿权顺序的原因，一个资本化程度较高的公司重整的总值不仅可以按账面值结清所有的债务，而且还可以对现有股东的就其所有权提出的要求予以适当的考虑。

3. 重整财务安排的举例

【例 11-2】正在改组的 XY 公司原有的资本结构如下，见表 11.7 所示。

在重整中①XY 公司使用预期收益资本化法测定公司总值为 200 000 000 元；②为压缩固定费用，规定了 XY 公司的较为合适的资本结构；③分配新证券，建议：首先，原信用债券 9 000 万元中的 3 000 万元换成新的信用债券，其余 6 000 万元换成收益债券；其次，原应付账款 3 000 万元换成新优先股票；第三，原优先股票持有人将其 6 000 万元优先股换成普通股；第四，最后普通股票持有人在公司改组后只能获得 2 000 万元新普通股，仅占新普通股发行总额的 25%。公司改组后的资本结构如下，见表 11.8 所示。

**表 11.7　XY 公司原有资本结构**　　单位：万元

| 资本项目 | 金额 |
|---|---|
| 信用债券 | 9 000 |
| 应付账款 | 3 000 |
| 优先股票 | 6 000 |
| 普通股票 | 10 000 |
| 合　　计 | 28 000 |

**表 11.8　XY 公司原有资本结构**　　单位：万元

| 资本项目 | 金额 |
|---|---|
| 信用债券 | 3 000 |
| 应付账款 | 6 000 |
| 优先股票 | 3 000 |
| 普通股票 | 8 000 |
| 合　　计 | 20 000 |

从以上例子可以看到：（1）普通股的持有人从其本身的所有权利益出发，可能将企业价值高估，并竭力美化企业未来的发展前景，而把企业的财务困境说成是暂时的。（2）在重整中要绝对遵循求偿权的顺序。如果 XY 公司重整所测定的公司总值为 120 000 000 元，那么将会提出一个新的资本结构：优先股 300 000 000 元，普通股 900 000 000 元，在这种情况下只有信用债券和应付账款得到清偿，而优先股和普通股的持有人则一无所获。

【例 11-3】ABC 公司资产负债表情况如表 11.9 所示。

**表 11.9　ABC 公司资产负债表（重整前）**　　单位：万元

| 资产项目 | 金额 | 权益项目 | 金额 |
| --- | --- | --- | --- |
| 库存现金 | 13 | 应付账款 | 22 |
| 应收账款 | 25 | 应付票据 | 38 |
| 存货 | 32 | 短期借款 | 60 |
| 土地 | 200 | 长期抵押借款 | 300 |
| 其他固定资产 | 600 | 负债小计 | 420 |
| | | 股本每股 100 元(共 50 000 股) | 500 |
| | | 累计亏损 | (50) |
| 资产合计 | 870 | 权益合计 | 870 |

该公司因运转失灵，短期负债及利息均无法偿付，由董事会申请，法院裁定为公司重整。重整人所订重整计划的内容如下，并已达成重整的目的，完成变更的登记。

（1）变卖闲置土地，成本 1 000 000 元，得款 1 200 000 元，用以充当营运资金；

（2）支付重整费用 100 000 元；

（3）以重整净利 100 000 元弥补累积亏损；

（4）将原股本 50 000 000 股折为 92 000 股。发行每股面值 50 元的新股票换回每股面值 100 元的旧股票；

（5）发行 6%优先股 30 000 000 元，分为 30 000 股，每股面值 100 元，用以抵偿长期抵押借款，减少利息负债；

（6）应付账款中有 120 000 元为应收账款债务人欠款，相互抵消；

（7）比例偿还各项普通负债的 1/2。

根据以上各事项作成重整记录：

（1）借：库存现金　　1 200 000

　　　贷：土地　　1 000 000

　　　　　重整损益　　200 000

（2）借：重整费用　　100 000

　　　贷：库存现金　　100 000

借：重整损益　　100 000
　贷：重整费用　　100 000
（3）借：重整损益　　100 000
　贷：累计亏损　　100 000
（4）借：股本（每股 100 旧股）　　5 000 000
　贷：累计亏损　　400 000
　　普通股本（每股 50 新股）　　4 600 000
（5）借：长期抵押款　　3 000 000
　贷：优先股本　　3 000 000
（6）借：应付账款　　120 000
　贷：应收账款　　120 000
（7）借：应付账款　　50 000
　应付票据　　190 000
　短期借款　　300 000
　贷：库存现金　　540 000

根据以上重整分录，编制重整后的资产负债表，如表 11.10 所示。

**表 11.10　ABC 公司资产负债表（重整后）**　　单位：万元

| 资产项目 | 金额 | 权益项目 | 金额 |
|---|---|---|---|
| 库存现金 | 69 | 应付账款 | 5 |
| 应收账款 | 13 | 应付票据 | 19 |
| 存货 | 32 | 短期借款 | 30 |
| 土地 | 100 | 优先股 | 300 |
| 其他固定资产 | 600 | 普通股 | 460 |
| 资产合计 | 814 | 权益合计 | 814 |

（四）债务和解

债务和解也称债务重组，是指在债务人发生财务危机的情况下，债权人按照其与债务人达成的协议或法院的裁定做出让步，使债务人减轻债务负担，渡过难关，从而解决债务人债务问题的行为。通过债务重组，债务人可以缓解债务的偿还期限，减轻债务负担，调节资本结构，从而帮助企业走出困境。

1. 债务和解的方式

（1）以资产清偿债务。这种债务和解方式是指债权人和债务人达成协议或者经法院的裁定，由债务人用现金或非现金资产来清偿全部或部分债务。但是，债权人通常都要做出一定程度的让步，如减免部分债务本金或利息等，这样可以缓解债务人的财务压力，有助于债务人摆脱困境，并且债务人可以由此得到债务重组收益。

（2）债权转为股权。这种债务和解方式是指经债权人和债务人的协商，债权人将全部或部分债权转作对债务人的股权，对于债务人而言，则是将其负债转为股东权益，不再需要偿还。这样，实际上改变了负债企业的资本结构，也减轻了债务人的债务负担。

（3）修改债务条件。这种债务和解方式是指经债权人和债务人的协商对债务合同的某些条款进行修改，如延长偿还期限、降低利率、减免应付未付利息、减少本金等。这种债务重组方式主要是为了减轻债务人的债务负担，使其尽快摆脱困境。

以上三种债务和解方式可以组合应用，如部分债务以资产来清偿，部分债权转为股权，或者部分债务修改债务条款等。

2. 债务和解的条件

债务和解是解决企业债务问题的一种重要方式，但是并非所有的债务问题都可以通过债务和解方式来解决，进行企业的债务和解是有条件的。一般而言，债务和解必须具备以下条件：

（1）债务人长期不能支付债务。债务人因经营失败，而导致企业缺乏偿债能力，长期不能支付债务，并已明确表示不能支付债务，其债务总额已经大于资产的公允价值。在这种情况下，只能通过破产或债务重组方式来解决债务问题。

（2）债权人和债务人都同意通过债务和解方式解决债务问题。债务和解必须是在债权人和债务人双方一致同意的情况下，经过双方共同协商来解决问题，其宗旨是使债务人尽快摆脱财务困境，恢复债务人的财务状况。只要有一方不同意进行债务和解，债务人就只能进入破产清算程序进行债务清偿。

（3）债务人必须有恢复正常经营的能力，并具有良好的道德信誉。债务人的债务问题必须是由经营失败导致的，不存在故意损害债权人合法利益的资产处置情况。同时，经过债务重组，债务人有能力恢复正常的生产经营活动，能够尽快地改善企业的财务状况，并恢复偿债能力。

（4）社会经济环境有利于债务人经整顿后走出困境。进行债务和解的企业，必须是产业符合国家的产业政策，并有良好的发展前景，这样经过债务重组之后，企业可以尽快走出困境，摆脱财务危机。

3. 债务和解的程序

（1）提出申请。企业进行债务和解应由债务人向法院提出申请。债权人已经向法院申请债务人破产的，债务人也可以向法院提出债务和解申请。债务人自己申请破产的，如果债权人有债务和解的明确表示，债务人也可以在法院宣告破产前，向法院申请债务和解。债务人在申请债务和解时，应当提出债务和解协议，明确申明进行债务重组的理由，包括企业的经营状况、债务总额、不能偿付债务的理由，以及进行债务重组的必要性和可行性。

（2）签订债务和解协议。债务人提出的债务和解协议草案须经债权人会议表决通过。债权人会议通过和解协议的决议，应由出席会议的有表决权的债权人过半数同意，并且其所代表的债权额占无财产担保债权总额的 2/3 以上。债权人会议通过和解协议后，应由法院裁定认可，并终止和解程序。经人民法院裁定认可的和解协议，对债务人和全体和解债权人均有约束力。债务人应当按照和解协议规定的条件清偿债务。债务和解协议是企业债务重组的核心内容，它要体现公平合理和可行的原则。所谓公平合理是指各项债权要按其原先享有的求偿顺序对待，原来享有优先受偿权的，在协议中也要享有优先权，同等顺序的债权按比例安排偿还。可行是指要有利于债务企业恢复经营能力，实现预期的和解目标。

（3）债务和解程序的终止。债务人按照和解协议履行了债务清偿义务，按照和解协议减免的债务，自和解协议执行完毕时起，债务人不再承担清偿责任，债务和解程序顺利终止。债务和解也可能在以下两种情况下终止：一是和解协议草案经债权人会议表决未获得通过，或者已经债权人会议通过的和解协议未获得法院认可的，法院应当裁定终止和解程序，并宣告债务人破产；二是债务人不能执行或者不执行和解协议的，法院经和解债权人请求，应当裁定终止和解协议的执行，并宣告债务人破产。

## 第五节　公司清算

### 一、公司清算的概念

公司清算是企业在终止过程中，为终结现存的各种经济关系，对企业的财产进行清查、估价和变现，清理债权和债务，分配剩余财产的行为。任何企业不论出于何种原因终止，都应当进行清算工作。清算是企业终止阶段的主要工作，企业的经济法律关系只有通过清算才能予以了结。

企业出现以下情形之一的，应当进行清算：营业期限届满或企业章程规定的解散事由出现；股东大会决议解散；因企业合并或分立需要解散；依法被吊销营业执照、责令关闭或者被撤销；依法宣告破产。

### 二、破产清算程序

破产清算分为自然清算和法律清算两种。

（一）自然清算

企业财务严重困难，无偿债能力。债权人并不立即将它诉诸法律，而愿意与债务公司进行合作，在外寻找补救方法的清算。如债务延期、偿债协议及委托清算等。

1. 债务延期，就是指债权人展延贷款的期限

如果企业在经营上基本良好，因某些特殊原因造成资金周转困难而暂时无力偿还债务。债权人不诉诸法律，并愿意与企业合作，展延贷款期限，帮助企业摆脱困境。这样债权人就可以避免支付为数可观的诉讼费，继续保持对企业的全部债权。

而且还可以避免因债务人破产引起的债款损失和连带性影响。当然，债权人要实现其债权的全部价值，还取决于企业能否改变财务困境。因此，在延期的情况下，一般要由一些主要债权人组成一个债权人委员会与企业进行磋商，拟定一个有关各方都能接受的解决方案，并对方案的实施予以控制，以保证企业通过妥善的管理，争取财务状况早日好转。必须指出，虽然债权人愿意与企业合作，帮助企业摆脱困境，但任何债权人都无须承担实施这个方案的义务。

2. 偿债协议，是指各债权人同意企业用现金或者以现金和期票按比例偿付对他们欠款的协议

例如，负债企业建议用50%的现金清偿其全部债务。如果债权人认为这样解决较采用法定清算办法所得款项扣除诉讼费后还多些，那么债权人将会接受这个建议。即使略少一些他们也可能接受，因为这样能避免既麻烦又旷日持久的诉讼，对债权人和债务人都有利。必须指出，偿债协议和债务展期一样也要得到所有债权人的同意，企业对持异议的债权人必须如数偿还欠款，否则他们将迫使公司破产。

3. 委托清算

由负债公司将其资产转交第三者管理，并委托他办理清算事宜。受托人清理企业资产后，将收入款项按一定比例分配给各债权人。清算可以采用逐件变卖资产方式，也可以将全部资产一次拍卖出去，当负债企业的财务状况进一步恶化，债权人认为负债企业不必再维持下去，清算是唯一可行的办法时，就应考虑此项清算是通过法院办理还是委托第三者办理。这里有两个因素需权衡，即时间和成本。通常情况下，通过法院办理较委托第三者办理所耗时间更长、费用更高。而委托清算相对法院受理在时间和成本上都较为合算。这种委托可以是正式的，也可以是非正式的。正式的委托是通过法院，由法院指定受托人，对清算进行监督。不过，这种方式仍属自然清算，因为它还需要经过全体债权人同意。非正式的委托不通过法院，由各债权人指定受托人办理清算事项。

上述三种清算都避免了诉讼的麻烦，省却了为数可观的诉讼费，虽属非正式的解决办法，但其结果往往比法律解决更为有效。自然清算又因需要经过全体债权人同意，所以只适用于债权人不多，债务不为广大公众所持有的负债企业。

（二）法律清算

旨在于必须按照我国的企业破产法的相关规定，进入法定破产程序：破产申请、和解整顿以及破产清算。有关这一内容已在本章公司破产一节中进行了必要的说明，以下则主要讨论破产清算程序。

（三）破产清算程序

破产清算是企业破产工作的核心内容，其程序也比较复杂，现分别阐述如下：

1. 宣告破产。当企业因经营管理不善造成严重亏损，无力偿还债务，整顿期间违法整顿以及整顿期满未实现和解协议等，由法院裁定后，便宣告破产。该企业即成为“破产企业”。

2. 组建清算组。法院自宣告企业破产之日起5日内便要组织清算组，其成员构成，就我国来说，由法院从企业上级主管部门、政府财政部门以及其他有关部门和专业人员中选定。为了便于工作，清算组可以聘任必要的工作人员。

3. 接管破产企业。清算组成立后，应接管破产企业的一切财产、账册、文书、各种资料和印章等。

4. 处理善后事宜。接管破产企业后，清算组就应进行破产企业的保管、清理、估价、变卖、分配，决定是否履行未履行完毕的合同，交付属于他人的财产，追收破产企业在法院受理破产案件前六个月至破产宣告之日期间内非法处理的财产等。

5. 编报破产财产分配方案。清理组清理、变卖企业财产，处理善后事宜，验证破产债权后，应在确定了企业破产财产的基础上拟定破产财产的分配方案，按一定的债务清偿顺序编列各债权人应得分配比例和数额（若偿债后尚有剩余财产，还应编制剩余财产分配表），提交给债权人会议讨论，通过后再上交给法院裁定。

6. 偿还债务。破产企业分配方案经法院认可后，清算组便根据该方案的要求，以现金或实物方式偿还破产企业债务（若有剩余财产还应在企业所有人之间进行剩余财产的分配）。

7. 报告清算工作。清算组应经常与法院保持联系，随时或定期向法院报告清算工作的进展情况，向法院负责。

8. 提请终结破产程序。破产财产清算完毕后，清算组应提请法院终结破产程序，解散清算组。至此破产清算工作全部结束。

9. 追究破产责任。企业被宣告破产之日起就应由政府监察部门和审计部门负责查明企业的破产责任，对企业法定代表人、有关人员及其上级主管部门依责任轻重分别给予行政上、刑事上的处罚。

10. 办理注销登记。破产程序终结后，清算组应向破产企业原登记机关（一般为工商行政管理局）办理注销登记。

11. 追回非法处分财产。自破产程序终结之日起一个月内查出破产企业故意损害债权人利益非法处分的财产，由法院追回，并按原清算组所拟定的破产财产的分配比例进行分配。若原债权人的债权均已全额收回，则应按剩余财产分配比例分配给原企业所有者。

上述破产清算程序中，程序7、9的工作贯穿于破产清算的整个过程，其中程序7属于破产审计问题，而程序11从其内容上看已属于破产清算程序之外的工作，但由于与破产清算密切相关，实际上是破产清算工作的继续，严格地说，只有到此才真正完成了破产清算工作。

## 三、破产清算的内容

破产清算就是指企业因种种原因被宣告破产，终止生产经营活动，结束未了事宜，收取债权、变卖财产、清偿债务、分配剩余财产等程序之总称。它是整个破产程序中的最后阶段。各企业进入破产清算程序后，便失去了所拥有财产的占有权、使用权、处理权，而交由法院组建的破产清算组全权处理。破产清算的内容主要包括破产财产的确定、破产财产的估价及变现、破产债权的确定、破产资财的分配及其财务会计业务的处理等。

（一）破产财产的确定

按照现行有关财务制度的规定：清算企业的财产包括宣布清算时企业的全部财产以及清算期间取得的资产。已经作为担保物的财产相当于担保债务的部分，不属于清算财产。担保物的价款超过所担保的债务数额的部分，属于清算财产。这表明：企业破产财产是指用以清偿无财产担保债权的财产，是以清偿破产债权人为目的，于破产宣告时，由破产企业所有的全部财产所组成的财产集合体。破产财产是破产清算的对象，也是破产债权人行使权利的物质基础，为此，破产财产的范围大小直接关系到清偿比例的大小，各国破产法对破产财产的构成做了明确的规定。我国的企业破产法规定破产财产由以下几个部分组成：

1. 宣告破产时破产企业经营管理的全部财产。包括流动资产、长期投资、固定资产、无形资产、递延资产和其他资产，等等。

2. 破产企业在破产宣告后至破产程序终结前所取得的财产。如在破产清算期间，破产企业的债务人所偿还的债务；由企业破产而收回的合营投资的份额，由于破产企业的无效行为由法院追回的财产等。

3. 应当由破产企业行使的其他财产权利。这是指破产程序结束时尚未收回的应由破产企业在将来行使的财产请求权。如已支付货款的在途材料、暂存他处的财产租赁在外的财产、委托外单位加工的财产等。

4. 剩余担保财产。已作为担保物的财产不属于破产财产。不过，担保物的价款有可能与其担保的价额不相等，如果担保物价款大于所担保的债务价额，担保债权人对多出部分没有处分权，其处分权仍属破产企业，所以超出的那部分剩余担保财产应当成为破产财产。不应列入破产财产的有担保财产、工会财产、福利财产、他人财产等。

（二）破产财产的清偿及变现

1. 清算财产的作价一般以账面净值为依据，也可以重估价值或者变现收入为依据。

2. 破产财产变卖的一般原则：第一，法律禁止和限制自由买卖的财产，由政府主管部门或其指定部门收购处理，如黄金等贵重金属只能由银行收购；第二，破产企业的成套设备甚至全部财产应尽量整体出售，以充分发挥其整体效用，最大限度地实现生产资料的使用价值，避免资源的浪费；第三，破产企业向被投资企业投入的资本不宜撤回的，应采取转让所有权的方式，将破产企业拥有的股份出卖给其他投资者，以保证被投资企业正常生产，防止连带破产。除有特殊规定的外，破产财

产可以采取招标变实的方式。在出价相等的条件下，根据我国现行规定，国有企业的财产可由国家有关部门或其他国有企业优先购买

（三）破产债权的确定

破产法所称的破产债权是指基于破产前的原因而产生的财产请求权。它具有以下几个特征：

1. 该债权成立于破产宣告前。

2. 该债权应是财产请求权。以破产人的某些作为和不作为（如破产人为承揽人）为标的的请求权，不是破产债权。

3. 该债权应是无财产担保的请求权。有财产担保的债权，可以就特定的财产得到清偿，是一种优先债权。

4. 该债权应是可以强制执行的财产请求权。不受法院保护，不能诉诸法院强制执行的财产请求权，不是破产债权。

破产债权人应在法院确定的债权申报期内申报债权，申报时应说明其债权额，及其债权产生的原因等具体事项，并应附具证据文件。法院应于申报期间届满后，制作债权表，记载债权人姓名、住所、债权额及原因等事项，然后将债权表文本交付破产管理人，由破产管理人对债权进行调查。如果破产管理人及破产债权人对债权表没有异议，债权额因此而确定。如有异议，债权人可以起诉请求法院确定。

（四）破产费用和共益债务

破产费用是指在破产案件中，为破产债权人的共同利益而支出的费用。法院受理破产申请后发生的下列费用为破产费用：破产案件的诉讼费用；管理、变价和分配债务人财产的费用；管理人执行职务的费用、报酬和聘用工作人员的费用。

共益债务是指在破产程序中为全体债权人共同利益所负担的各种债务的总称。法院受理破产申请后发生的下列债务为共益债务：①因管理人或者债务人请求对方当事人履行双方均未履行完毕的合同所产生的债务；②债务人财产受无因管理所产生的债务；③因债务人不当得利所产生的债务；④为债务人继续营业而应支付的劳动报酬和社会保险费用以及由此产生的其他债务；⑤管理人或者相关人员执行职务致人损害所产生的债务；⑥债务人财产致人损害所产生的债务。

破产费用和共益债务由债务人财产随时清偿。债务人财产不足以清偿所有破产费用和共益债务的，先行清偿破产费用。债务人财产不足以清偿所有破产费用或者共益债务的，按照比例清偿。债务人财产不足以清偿破产费用的，管理人应当提请法院终结破产程序。法院应当自收到请求之日起 15 日内裁定终结破产程序，并予以公告。

（五）破产财产的分配

当破产财产全部确认和拍卖，破产债权全部被界定和确认，破产费用和共益债务总额计算出来后，破产管理人便可提出分配方案。这一方案要由债权人会议通过，经法院裁定后执行。根据《破产法》的规定，破产财产在优先清偿破产费用和共益

债务后，依照下列顺序清偿：①破产人所欠职工的工资和医疗、伤残补助、抚恤费用，所欠的应当划入职工个人账户的基本养老保险、基本医疗保险费用，以及法律、行政法规规定应当支付给职工的补偿金。②破产人欠缴的除前项规定以外的社会保险费用和破产人所欠税款。③普通破产债权。

在破产财产清偿时，前一顺序的债权得到全额偿还之前，后一顺序的债权不予清偿。破产财产不足以清偿同一顺序求偿权的，应当按照比例分配。

（六）财务会计业务处理

1. 根据清算内容和清算人、债权人和法院的需要编制破产企业的各种清算预表。

2. 根据企业破产清算的会计核算的要求，设置破产企业的会计科目和账簿，编制破产企业的会计分录。

3. 清算完毕，清算机构应当提出清算报告并造具清算期内收支报表，连同中国注册会计师查账报告，一并报送主管财政机关。

（七）破产清算举例

1. ABC公司因经营管理不善严重亏损，财务状况形成恶性循环，不能偿还到期债务达到破产界限，征得上级主管部门同意后，向法院提出申请破产。法院受理该项破产案后，通知债权人申报债权，并对债权进行登记。

2. 法院宣告ABC公司进行破产清算，组建清算委员会，接管破产企业，经清理后确定的公司破产财产及债权（索偿权）。具体见表11.11所示。

**表11.11　ABC公司破产财产及债权表**　　单位：万元

| 资产项目 | 金额 | 索偿权项目 | 金额 |
|---|---|---|---|
| 库存现金 | 200 | 应付账款 | 1 500 |
| 应收账款 | 3 000 | 应付票据 | 1 000 |
| 存货 | 2 000 | 应付职工薪酬 | 120 |
| 土地 | 200 | 应交税费 | 180 |
| 厂房设备（净值） | 4 600 | 抵押贷款 | 3 000 |
| | | 其他应付款 | 2 500 |
| | | 普通股 | 1 700 |
| 资产合计 | 10 000 | 权益合计 | 10 000 |

3. 清算委员会将公司的资产进行清理、估价、变现，编制财产分配方案，提交债权人会议讨论通过后上交法院裁定。

（1）公司资产经清理、估价、变现后可用于分配清算的价值，见表11.12所示。

**表 11.12　ABC 公司破产财产价值估算表**　　单位：万元

| 破产财产 | 原价值 | 清理后价值 |
| --- | --- | --- |
| 库存现金 | 200 | 200 |
| 应收账款 | 3 000 | 2 400 |
| 存货 | 2 000 | 1 400 |
| 土地 | 200 | 200 |
| 厂房设备 | 4 600 | 2 000 |
| 合　　计 | 10 000 | 6 200 |

（2）将可用于分配的清算价值 6 200 万元，按法律规定的清偿顺序首先支付表 11.13 中的债权人。

**表 11.13　清算价值最先清偿表**　　单位：万元

| 项　　目 | 金　　额 |
| --- | --- |
| 清算价值 | 6 200 |
| 清理费用 | 800 |
| 应付职工薪酬 | 120 |
| 应交税费 | 180 |
| 应付抵押 | 2 200 |
| 剩　　余 | 2 900 |

（3）剩余资产在一般债权人中按比例清偿。ABC 公司清理价值还剩余 2 900 万元，而一般债权人的清偿权为 5 800 万元。其中，应付账款 1 500 万元，应付票据 1 000 万元，抵押贷款 800 万元（3 000-2 200 万元），其他应付款 2 500 万元。因此，各类一般债权人只能收回 50%的债权（2 900/5 000）。实际支付情况见表 11.14 所示。

**表 11.14　剩余财产清偿分配表**　　单位：万元

| 清偿项目 | 清偿款 | 应付额（50%） | 实付额 |
| --- | --- | --- | --- |
| 应付账款 | 1 500 | 750 | 750 |
| 应付票据 | 1 000 | 500 | 500 |
| 抵押贷款 | 800 | 400 | 400 |
| 其他应付款 | 2 500 | 1 250 | 1 250 |
| 合　　计 | 5 800 | 2 900 | 2 900 |

由于清算价值还不够偿付一般债权人的索偿权，所以普通股股东将不能收回他们的股本。

4. 分配方案经法院裁定后，按清偿次序偿还债务。破产财产清算完毕后，提请法院终结破产，解散清算委员会，并向工商行政管理机关办理注销登记，至此破产清算工作全部结束。

## 思考题

1. 公司失败有几种类型？如何治理？

2. 公司重组方式有哪些？如何对公司分立的财务可行性进行分析？

3. 如何界定财务危机？财务危机有哪些征兆？有哪些主要的财务预警方法和模型？

4. 什么是公司破产？法律依据有哪些？

5. 什么是公司重整？如何进行财务安排？

6. 什么是破产清算？如何对破产财产进行分配？

# 附　录

附表 1　　复利终值系数表

| n | 1% | 2% | 3% | 4% | 5% | 6% | 7% | 8% | 9% | 10% | 11% | 12% | 13% | 14% | 15% |
|---|---|---|---|---|---|---|---|---|---|---|---|---|---|---|---|
| 1 | 1.010 | 1.020 | 1.030 | 1.040 | 1.050 | 1.060 | 1.070 | 1.080 | 1.090 | 1.100 | 1.110 | 1.120 | 1.130 | 1.140 | 1.150 |
| 2 | 1.020 | 1.040 | 1.061 | 1.082 | 1.103 | 1.124 | 1.145 | 1.166 | 1.188 | 1.210 | 1.232 | 1.254 | 1.277 | 1.300 | 1.323 |
| 3 | 1.030 | 1.061 | 1.093 | 1.125 | 1.158 | 1.191 | 1.225 | 1.260 | 1.295 | 1.331 | 1.368 | 1.405 | 1.443 | 1.482 | 1.521 |
| 4 | 1.041 | 1.082 | 1.126 | 1.170 | 1.216 | 1.262 | 1.311 | 1.360 | 1.412 | 1.464 | 1.518 | 1.574 | 1.630 | 1.689 | 1.749 |
| 5 | 1.051 | 1.104 | 1.159 | 1.217 | 1.276 | 1.338 | 1.403 | 1.469 | 1.539 | 1.611 | 1.685 | 1.762 | 1.842 | 1.925 | 2.011 |
| 6 | 1.062 | 1.126 | 1.194 | 1.265 | 1.340 | 1.419 | 1.501 | 1.587 | 1.677 | 1.772 | 1.870 | 1.974 | 2.082 | 2.195 | 2.313 |
| 7 | 1.072 | 1.149 | 1.230 | 1.316 | 1.407 | 1.504 | 1.606 | 1.714 | 1.828 | 1.949 | 2.076 | 2.211 | 2.353 | 2.502 | 2.660 |
| 8 | 1.083 | 1.172 | 1.267 | 1.369 | 1.477 | 1.594 | 1.718 | 1.851 | 1.993 | 2.144 | 2.305 | 2.476 | 2.658 | 2.853 | 3.059 |
| 9 | 1.094 | 1.195 | 1.305 | 1.423 | 1.551 | 1.689 | 1.838 | 1.999 | 2.172 | 2.358 | 2.558 | 2.773 | 3.004 | 3.252 | 3.518 |
| 10 | 1.105 | 1.219 | 1.344 | 1.480 | 1.629 | 1.791 | 1.967 | 2.159 | 2.367 | 2.594 | 2.839 | 3.106 | 3.395 | 3.707 | 4.046 |
| 11 | 1.116 | 1.243 | 1.384 | 1.539 | 1.710 | 1.898 | 2.105 | 2.332 | 2.580 | 2.853 | 3.152 | 3.479 | 3.836 | 4.226 | 4.652 |
| 12 | 1.127 | 1.268 | 1.426 | 1.601 | 1.796 | 2.012 | 2.252 | 2.518 | 2.813 | 3.138 | 3.498 | 3.896 | 4.335 | 4.818 | 5.350 |
| 13 | 1.138 | 1.294 | 1.469 | 1.665 | 1.886 | 2.133 | 2.410 | 2.720 | 3.066 | 3.452 | 3.883 | 4.363 | 4.898 | 5.492 | 6.153 |
| 14 | 1.149 | 1.319 | 1.513 | 1.732 | 1.980 | 2.261 | 2.579 | 2.937 | 3.342 | 3.797 | 4.310 | 4.887 | 5.535 | 6.261 | 7.076 |
| 15 | 1.161 | 1.346 | 1.558 | 1.801 | 2.079 | 2.397 | 2.759 | 3.172 | 3.642 | 4.177 | 4.785 | 5.474 | 6.254 | 7.138 | 8.137 |
| 16 | 1.173 | 1.373 | 1.605 | 1.873 | 2.183 | 2.540 | 2.952 | 3.426 | 3.970 | 4.595 | 5.311 | 6.130 | 7.067 | 8.137 | 9.358 |
| 17 | 1.184 | 1.400 | 1.653 | 1.948 | 2.292 | 2.693 | 3.159 | 3.700 | 4.328 | 5.054 | 5.895 | 6.866 | 7.986 | 9.276 | 10.761 |
| 18 | 1.196 | 1.428 | 1.702 | 2.026 | 2.407 | 2.854 | 3.380 | 3.996 | 4.717 | 5.560 | 6.544 | 7.690 | 9.024 | 10.575 | 12.375 |
| 19 | 1.208 | 1.457 | 1.754 | 2.107 | 2.527 | 3.026 | 3.617 | 4.316 | 5.142 | 6.116 | 7.263 | 8.613 | 10.197 | 12.056 | 14.232 |
| 20 | 1.220 | 1.486 | 1.806 | 2.191 | 2.653 | 3.207 | 3.870 | 4.661 | 5.604 | 6.727 | 8.062 | 9.646 | 11.523 | 13.743 | 16.367 |
| 21 | 1.232 | 1.516 | 1.860 | 2.279 | 2.786 | 3.400 | 4.141 | 5.034 | 6.109 | 7.400 | 8.949 | 10.804 | 13.021 | 15.668 | 18.822 |
| 22 | 1.245 | 1.546 | 1.916 | 2.370 | 2.925 | 3.604 | 4.430 | 5.437 | 6.659 | 8.140 | 9.934 | 12.100 | 14.714 | 17.861 | 21.645 |
| 23 | 1.257 | 1.577 | 1.974 | 2.465 | 3.072 | 3.820 | 4.741 | 5.871 | 7.258 | 8.954 | 11.026 | 13.552 | 16.627 | 20.362 | 24.891 |
| 24 | 1.270 | 1.608 | 2.033 | 2.563 | 3.225 | 4.049 | 5.072 | 6.341 | 7.911 | 9.850 | 12.239 | 15.179 | 18.788 | 23.212 | 28.625 |
| 25 | 1.282 | 1.641 | 2.094 | 2.666 | 3.386 | 4.292 | 5.427 | 6.848 | 8.623 | 10.835 | 13.585 | 17.000 | 21.231 | 26.462 | 32.919 |
| 26 | 1.295 | 1.673 | 2.157 | 2.772 | 3.556 | 4.549 | 5.807 | 7.396 | 9.399 | 11.918 | 15.080 | 19.040 | 23.991 | 30.167 | 37.857 |
| 27 | 1.308 | 1.707 | 2.221 | 2.883 | 3.733 | 4.822 | 6.214 | 7.988 | 10.245 | 13.110 | 16.739 | 21.325 | 27.109 | 34.390 | 43.535 |
| 28 | 1.321 | 1.741 | 2.288 | 2.999 | 3.920 | 5.112 | 6.649 | 8.627 | 11.167 | 14.421 | 18.580 | 23.884 | 30.633 | 39.204 | 50.066 |
| 29 | 1.335 | 1.776 | 2.357 | 3.119 | 4.116 | 5.418 | 7.114 | 9.317 | 12.172 | 15.863 | 20.624 | 26.750 | 34.616 | 44.693 | 57.575 |
| 30 | 1.348 | 1.811 | 2.427 | 3.243 | 4.322 | 5.743 | 7.612 | 10.063 | 13.268 | 17.449 | 22.892 | 29.960 | 39.116 | 50.950 | 66.212 |
| 31 | 1.361 | 1.848 | 2.500 | 3.373 | 4.538 | 6.088 | 8.145 | 10.868 | 14.462 | 19.194 | 25.410 | 33.555 | 44.201 | 58.083 | 76.144 |
| 32 | 1.375 | 1.885 | 2.575 | 3.508 | 4.765 | 6.453 | 8.715 | 11.737 | 15.763 | 21.114 | 28.206 | 37.582 | 49.947 | 66.215 | 87.565 |
| 33 | 1.389 | 1.922 | 2.652 | 3.648 | 5.003 | 6.841 | 9.325 | 12.676 | 17.182 | 23.225 | 31.308 | 42.092 | 56.440 | 75.485 | 100.700 |
| 34 | 1.403 | 1.961 | 2.732 | 3.794 | 5.253 | 7.251 | 9.978 | 13.690 | 18.728 | 25.548 | 34.752 | 47.143 | 63.777 | 86.053 | 115.805 |
| 35 | 1.417 | 2.000 | 2.814 | 3.946 | 5.516 | 7.686 | 10.677 | 14.785 | 20.414 | 28.102 | 38.575 | 52.800 | 72.069 | 98.100 | 133.176 |
| 36 | 1.431 | 2.040 | 2.898 | 4.104 | 5.792 | 8.147 | 11.424 | 15.968 | 22.251 | 30.913 | 42.818 | 59.136 | 81.437 | 111.834 | 153.152 |
| 37 | 1.445 | 2.081 | 2.985 | 4.268 | 6.081 | 8.636 | 12.224 | 17.246 | 24.254 | 34.004 | 47.528 | 66.232 | 92.024 | 127.491 | 176.125 |
| 38 | 1.460 | 2.122 | 3.075 | 4.439 | 6.385 | 9.154 | 13.079 | 18.625 | 26.437 | 37.404 | 52.756 | 74.180 | 103.987 | 145.340 | 202.543 |
| 39 | 1.474 | 2.165 | 3.167 | 4.616 | 6.705 | 9.704 | 13.995 | 20.115 | 28.816 | 41.145 | 58.559 | 83.081 | 117.506 | 165.687 | 232.925 |
| 40 | 1.489 | 2.208 | 3.262 | 4.801 | 7.040 | 10.286 | 14.974 | 21.725 | 31.409 | 45.259 | 65.001 | 93.051 | 132.782 | 188.884 | 267.864 |
| 41 | 1.504 | 2.252 | 3.360 | 4.993 | 7.392 | 10.903 | 16.023 | 23.462 | 34.236 | 49.785 | 72.151 | 104.217 | 150.043 | 215.327 | 308.043 |
| 42 | 1.519 | 2.297 | 3.461 | 5.193 | 7.762 | 11.557 | 17.144 | 25.339 | 37.318 | 54.764 | 80.088 | 116.723 | 169.549 | 245.473 | 354.250 |
| 43 | 1.534 | 2.343 | 3.565 | 5.400 | 8.150 | 12.250 | 18.344 | 27.367 | 40.676 | 60.240 | 88.897 | 130.730 | 191.590 | 279.839 | 407.387 |
| 44 | 1.549 | 2.390 | 3.671 | 5.617 | 8.557 | 12.985 | 19.628 | 29.556 | 44.337 | 66.264 | 98.676 | 146.418 | 216.497 | 319.017 | 468.495 |
| 45 | 1.565 | 2.438 | 3.782 | 5.841 | 8.985 | 13.765 | 21.002 | 31.920 | 48.327 | 72.890 | 109.530 | 163.988 | 244.641 | 363.679 | 538.769 |
| 46 | 1.580 | 2.487 | 3.895 | 6.075 | 9.434 | 14.590 | 22.473 | 34.474 | 52.677 | 80.180 | 121.579 | 183.666 | 276.445 | 414.594 | 619.585 |
| 47 | 1.596 | 2.536 | 4.012 | 6.318 | 9.906 | 15.466 | 24.046 | 37.232 | 57.418 | 88.197 | 134.952 | 205.706 | 312.383 | 472.637 | 712.522 |
| 48 | 1.612 | 2.587 | 4.132 | 6.571 | 10.401 | 16.394 | 25.729 | 40.211 | 62.585 | 97.017 | 149.797 | 230.391 | 352.992 | 538.807 | 819.401 |
| 49 | 1.628 | 2.639 | 4.256 | 6.833 | 10.921 | 17.378 | 27.530 | 43.427 | 68.218 | 106.719 | 166.275 | 258.038 | 398.881 | 614.239 | 942.311 |
| 50 | 1.645 | 2.692 | 4.384 | 7.107 | 11.467 | 18.420 | 29.457 | 46.902 | 74.358 | 117.391 | 184.565 | 289.002 | 450.736 | 700.233 | 1083.657 |

续附表 1

| n | 16% | 17% | 18% | 19% | 20% | 21% | 22% | 23% | 24% | 25% | 26% | 27% | 28% | 29% | 30% |
|---|---|---|---|---|---|---|---|---|---|---|---|---|---|---|---|
| 1 | 1.160 | 1.170 | 1.180 | 1.190 | 1.200 | 1.210 | 1.220 | 1.230 | 1.240 | 1.250 | 1.260 | 1.270 | 1.280 | 1.290 | 1.300 |
| 2 | 1.346 | 1.369 | 1.392 | 1.416 | 1.440 | 1.464 | 1.488 | 1.513 | 1.538 | 1.563 | 1.588 | 1.613 | 1.638 | 1.664 | 1.690 |
| 3 | 1.561 | 1.602 | 1.643 | 1.685 | 1.728 | 1.772 | 1.816 | 1.861 | 1.907 | 1.953 | 2.000 | 2.048 | 2.097 | 2.147 | 2.197 |
| 4 | 1.811 | 1.874 | 1.939 | 2.005 | 2.074 | 2.144 | 2.215 | 2.289 | 2.364 | 2.441 | 2.520 | 2.601 | 2.684 | 2.769 | 2.856 |
| 5 | 2.100 | 2.192 | 2.288 | 2.386 | 2.488 | 2.594 | 2.703 | 2.815 | 2.932 | 3.052 | 3.176 | 3.304 | 3.436 | 3.572 | 3.713 |
| 6 | 2.436 | 2.565 | 2.700 | 2.840 | 2.986 | 3.138 | 3.297 | 3.463 | 3.635 | 3.815 | 4.002 | 4.196 | 4.398 | 4.608 | 4.827 |
| 7 | 2.826 | 3.001 | 3.185 | 3.379 | 3.583 | 3.797 | 4.023 | 4.259 | 4.508 | 4.768 | 5.042 | 5.329 | 5.629 | 5.945 | 6.275 |
| 8 | 3.278 | 3.511 | 3.759 | 4.021 | 4.300 | 4.595 | 4.908 | 5.239 | 5.590 | 5.960 | 6.353 | 6.768 | 7.206 | 7.669 | 8.157 |
| 9 | 3.803 | 4.108 | 4.435 | 4.785 | 5.160 | 5.560 | 5.987 | 6.444 | 6.931 | 7.451 | 8.005 | 8.595 | 9.223 | 9.893 | 10.604 |
| 10 | 4.411 | 4.807 | 5.234 | 5.695 | 6.192 | 6.727 | 7.305 | 7.926 | 8.594 | 9.313 | 10.086 | 10.915 | 11.806 | 12.761 | 13.786 |
| 11 | 5.117 | 5.624 | 6.176 | 6.777 | 7.430 | 8.140 | 8.912 | 9.749 | 10.657 | 11.642 | 12.708 | 13.862 | 15.112 | 16.462 | 17.922 |
| 12 | 5.936 | 6.580 | 7.288 | 8.064 | 8.916 | 9.850 | 10.872 | 11.991 | 13.215 | 14.552 | 16.012 | 17.605 | 19.343 | 21.236 | 23.298 |
| 13 | 6.886 | 7.699 | 8.599 | 9.596 | 10.699 | 11.918 | 13.264 | 14.749 | 16.386 | 18.190 | 20.175 | 22.359 | 24.759 | 27.395 | 30.288 |
| 14 | 7.988 | 9.007 | 10.147 | 11.420 | 12.839 | 14.421 | 16.182 | 18.141 | 20.319 | 22.737 | 25.421 | 28.396 | 31.691 | 35.339 | 39.374 |
| 15 | 9.266 | 10.539 | 11.974 | 13.590 | 15.407 | 17.449 | 19.742 | 22.314 | 25.196 | 28.422 | 32.030 | 36.062 | 40.565 | 45.587 | 51.186 |
| 16 | 10.748 | 12.330 | 14.129 | 16.172 | 18.488 | 21.114 | 24.086 | 27.446 | 31.243 | 35.527 | 40.358 | 45.799 | 51.923 | 58.808 | 66.542 |
| 17 | 12.468 | 14.426 | 16.672 | 19.244 | 22.186 | 25.548 | 29.384 | 33.759 | 38.741 | 44.409 | 50.851 | 58.165 | 66.461 | 75.862 | 86.504 |
| 18 | 14.463 | 16.879 | 19.673 | 22.901 | 26.623 | 30.913 | 35.849 | 41.523 | 48.039 | 55.511 | 64.072 | 73.870 | 85.071 | 97.862 | 112.455 |
| 19 | 16.777 | 19.748 | 23.214 | 27.252 | 31.948 | 37.404 | 43.736 | 51.074 | 59.568 | 69.389 | 80.731 | 93.815 | 108.890 | 126.242 | 146.192 |
| 20 | 19.461 | 23.106 | 27.393 | 32.429 | 38.338 | 45.259 | 53.358 | 62.821 | 73.864 | 86.736 | 101.721 | 119.145 | 139.380 | 162.852 | 190.050 |
| 21 | 22.574 | 27.034 | 32.324 | 38.591 | 46.005 | 54.764 | 65.096 | 77.269 | 91.592 | 108.420 | 128.169 | 151.314 | 178.406 | 210.080 | 247.065 |
| 22 | 26.186 | 31.629 | 38.142 | 45.923 | 55.206 | 66.264 | 79.418 | 95.041 | 113.574 | 135.525 | 161.492 | 192.168 | 228.360 | 271.003 | 321.184 |
| 23 | 30.376 | 37.006 | 45.008 | 54.649 | 66.247 | 80.180 | 96.889 | 116.901 | 140.831 | 169.407 | 203.480 | 244.054 | 292.300 | 349.593 | 417.539 |
| 24 | 35.236 | 43.297 | 53.109 | 65.032 | 79.497 | 97.017 | 118.205 | 143.788 | 174.631 | 211.758 | 256.385 | 309.948 | 374.144 | 450.976 | 542.801 |
| 25 | 40.874 | 50.658 | 62.669 | 77.388 | 95.396 | 117.391 | 144.210 | 176.859 | 216.542 | 264.698 | 323.045 | 393.634 | 478.905 | 581.759 | 705.641 |
| 26 | 47.414 | 59.270 | 73.949 | 92.092 | 114.475 | 142.043 | 175.936 | 217.537 | 268.512 | 330.872 | 407.037 | 499.916 | 612.998 | 750.468 | 917.333 |
| 27 | 55.000 | 69.345 | 87.260 | 109.589 | 137.371 | 171.872 | 214.642 | 267.570 | 332.955 | 413.590 | 512.867 | 634.893 | 784.638 | 968.104 | 1192.533 |
| 28 | 63.800 | 81.134 | 102.967 | 130.411 | 164.845 | 207.965 | 261.864 | 329.112 | 412.864 | 516.988 | 646.212 | 806.314 | 1004.336 | 1248.855 | 1550.293 |
| 29 | 74.009 | 94.927 | 121.501 | 155.189 | 197.814 | 251.638 | 319.474 | 404.807 | 511.952 | 646.235 | 814.228 | 1024.019 | 1285.550 | 1611.022 | 2015.381 |
| 30 | 85.850 | 111.065 | 143.371 | 184.675 | 237.376 | 304.482 | 389.758 | 497.913 | 634.820 | 807.794 | 1025.927 | 1300.504 | 1645.505 | 2078.219 | 2619.996 |
| 31 | 99.586 | 129.946 | 169.177 | 219.764 | 284.852 | 368.423 | 475.505 | 612.433 | 787.177 | 1009.742 | 1292.668 | 1651.640 | 2106.246 | 2680.902 | 3405.994 |
| 32 | 115.520 | 152.036 | 199.629 | 261.519 | 341.822 | 445.792 | 580.116 | 753.292 | 976.099 | 1262.177 | 1628.761 | 2097.583 | 2695.995 | 3458.364 | 4427.793 |
| 33 | 134.003 | 177.883 | 235.563 | 311.207 | 410.186 | 539.408 | 707.741 | 926.550 | 1210.363 | 1577.722 | 2052.239 | 2663.930 | 3450.873 | 4461.290 | 5756.130 |
| 34 | 155.443 | 208.123 | 277.964 | 370.337 | 492.224 | 652.683 | 863.444 | 1139.656 | 1500.850 | 1972.152 | 2585.821 | 3383.191 | 4417.118 | 5755.064 | 7482.970 |
| 35 | 180.314 | 243.503 | 327.997 | 440.701 | 590.668 | 789.747 | 1053.402 | 1401.777 | 1861.054 | 2465.190 | 3258.135 | 4296.653 | 5653.911 | 7424.032 | 9727.860 |
| 36 | 209.164 | 284.899 | 387.037 | 524.434 | 708.802 | 955.594 | 1285.150 | 1724.186 | 2307.707 | 3081.488 | 4105.250 | 5456.749 | 7237.006 | 9577.002 | 12646.219 |
| 37 | 242.631 | 333.332 | 456.703 | 624.076 | 850.562 | 1156.269 | 1567.883 | 2120.748 | 2861.557 | 3851.860 | 5172.615 | 6930.071 | 9263.367 | 12354.332 | 16440.084 |
| 38 | 281.452 | 389.998 | 538.910 | 742.651 | 1020.675 | 1399.085 | 1912.818 | 2608.520 | 3548.330 | 4814.825 | 6517.495 | 8801.190 | 11857.110 | 15937.089 | 21372.109 |
| 39 | 326.484 | 456.298 | 635.914 | 883.754 | 1224.810 | 1692.893 | 2333.638 | 3208.480 | 4399.930 | 6018.531 | 8212.044 | 11177.511 | 15177.101 | 20558.844 | 27783.742 |
| 40 | 378.721 | 533.869 | 750.378 | 1051.668 | 1469.772 | 2048.400 | 2847.038 | 3946.430 | 5455.913 | 7523.164 | 10347.175 | 14195.439 | 19426.689 | 26520.909 | 36118.865 |
| 41 | 439.317 | 624.626 | 885.446 | 1251.484 | 1763.726 | 2478.564 | 3473.386 | 4854.110 | 6765.332 | 9403.955 | 13037.441 | 18028.208 | 24866.162 | 34211.973 | 46954.524 |
| 42 | 509.607 | 730.813 | 1044.827 | 1489.266 | 2116.471 | 2999.063 | 4237.531 | 5970.555 | 8389.011 | 11754.944 | 16427.175 | 22895.824 | 31828.687 | 44133.445 | 61040.882 |
| 43 | 591.144 | 855.051 | 1232.896 | 1772.227 | 2539.765 | 3628.866 | 5169.788 | 7343.782 | 10402.374 | 14693.679 | 20698.241 | 29077.697 | 40740.720 | 56932.144 | 79353.146 |
| 44 | 685.727 | 1000.410 | 1454.817 | 2108.950 | 3047.718 | 4390.928 | 6307.141 | 9032.852 | 12898.944 | 18367.099 | 26079.784 | 36928.675 | 52148.121 | 73442.466 | 103159.090 |
| 45 | 795.444 | 1170.479 | 1716.684 | 2509.651 | 3657.262 | 5313.023 | 7694.712 | 11110.408 | 15994.690 | 22958.874 | 32860.527 | 46899.417 | 66749.595 | 94740.782 | 134106.817 |
| 46 | 922.715 | 1369.461 | 2025.687 | 2986.484 | 4388.714 | 6428.757 | 9387.549 | 13665.802 | 19833.416 | 28698.593 | 41404.265 | 59562.259 | 85439.481 | 122215.608 | 174338.862 |
| 47 | 1070.349 | 1602.269 | 2390.311 | 3553.916 | 5266.457 | 7778.796 | 11452.810 | 16808.937 | 24593.436 | 35873.241 | 52169.373 | 75644.069 | 109362.536 | 157658.135 | 226640.520 |
| 48 | 1241.605 | 1874.655 | 2820.567 | 4229.160 | 6319.749 | 9412.344 | 13972.428 | 20674.992 | 30495.860 | 44841.551 | 65733.410 | 96067.968 | 139984.046 | 203378.994 | 294632.676 |
| 49 | 1440.262 | 2193.346 | 3328.269 | 5032.701 | 7583.698 | 11388.936 | 17046.362 | 25430.240 | 37814.867 | 56051.939 | 82824.097 | 122006.320 | 179179.579 | 262358.902 | 383022.479 |
| 50 | 1670.704 | 2566.215 | 3927.357 | 5988.914 | 9100.438 | 13780.612 | 20796.561 | 31279.195 | 46890.435 | 70064.923 | 104358.362 | 154948.026 | 229349.862 | 338442.984 | 497929.223 |

附表 2　　复利现值系数表

| n | 1% | 2% | 3% | 4% | 5% | 6% | 7% | 8% | 9% | 10% | 11% | 12% | 13% | 14% | 15% |
|---|---|---|---|---|---|---|---|---|---|---|---|---|---|---|---|
| 1 | 0.990 | 0.980 | 0.971 | 0.962 | 0.952 | 0.943 | 0.935 | 0.926 | 0.917 | 0.909 | 0.901 | 0.893 | 0.885 | 0.877 | 0.870 |
| 2 | 0.980 | 0.961 | 0.943 | 0.925 | 0.907 | 0.890 | 0.873 | 0.857 | 0.842 | 0.826 | 0.812 | 0.797 | 0.783 | 0.769 | 0.756 |
| 3 | 0.971 | 0.942 | 0.915 | 0.889 | 0.864 | 0.840 | 0.816 | 0.794 | 0.772 | 0.751 | 0.731 | 0.712 | 0.693 | 0.675 | 0.658 |
| 4 | 0.961 | 0.924 | 0.888 | 0.855 | 0.823 | 0.792 | 0.763 | 0.735 | 0.708 | 0.683 | 0.659 | 0.636 | 0.613 | 0.592 | 0.572 |
| 5 | 0.951 | 0.906 | 0.863 | 0.822 | 0.784 | 0.747 | 0.713 | 0.681 | 0.650 | 0.621 | 0.593 | 0.567 | 0.543 | 0.519 | 0.497 |
| 6 | 0.942 | 0.888 | 0.837 | 0.790 | 0.746 | 0.705 | 0.666 | 0.630 | 0.596 | 0.564 | 0.535 | 0.507 | 0.480 | 0.456 | 0.432 |
| 7 | 0.933 | 0.871 | 0.813 | 0.760 | 0.711 | 0.665 | 0.623 | 0.583 | 0.547 | 0.513 | 0.482 | 0.452 | 0.425 | 0.400 | 0.376 |
| 8 | 0.923 | 0.853 | 0.789 | 0.731 | 0.677 | 0.627 | 0.582 | 0.540 | 0.502 | 0.467 | 0.434 | 0.404 | 0.376 | 0.351 | 0.327 |
| 9 | 0.914 | 0.837 | 0.766 | 0.703 | 0.645 | 0.592 | 0.544 | 0.500 | 0.460 | 0.424 | 0.391 | 0.361 | 0.333 | 0.308 | 0.284 |
| 10 | 0.905 | 0.820 | 0.744 | 0.676 | 0.614 | 0.558 | 0.508 | 0.463 | 0.422 | 0.386 | 0.352 | 0.322 | 0.295 | 0.270 | 0.247 |
| 11 | 0.896 | 0.804 | 0.722 | 0.650 | 0.585 | 0.527 | 0.475 | 0.429 | 0.388 | 0.350 | 0.317 | 0.287 | 0.261 | 0.237 | 0.215 |
| 12 | 0.887 | 0.788 | 0.701 | 0.625 | 0.557 | 0.497 | 0.444 | 0.397 | 0.356 | 0.319 | 0.286 | 0.257 | 0.231 | 0.208 | 0.187 |
| 13 | 0.879 | 0.773 | 0.681 | 0.601 | 0.530 | 0.469 | 0.415 | 0.368 | 0.326 | 0.290 | 0.258 | 0.229 | 0.204 | 0.182 | 0.163 |
| 14 | 0.870 | 0.758 | 0.661 | 0.577 | 0.505 | 0.442 | 0.388 | 0.340 | 0.299 | 0.263 | 0.232 | 0.205 | 0.181 | 0.160 | 0.141 |
| 15 | 0.861 | 0.743 | 0.642 | 0.555 | 0.481 | 0.417 | 0.362 | 0.315 | 0.275 | 0.239 | 0.209 | 0.183 | 0.160 | 0.140 | 0.123 |
| 16 | 0.853 | 0.728 | 0.623 | 0.534 | 0.458 | 0.394 | 0.339 | 0.292 | 0.252 | 0.218 | 0.188 | 0.163 | 0.141 | 0.123 | 0.107 |
| 17 | 0.844 | 0.714 | 0.605 | 0.513 | 0.436 | 0.371 | 0.317 | 0.270 | 0.231 | 0.198 | 0.170 | 0.146 | 0.125 | 0.108 | 0.093 |
| 18 | 0.836 | 0.700 | 0.587 | 0.494 | 0.416 | 0.350 | 0.296 | 0.250 | 0.212 | 0.180 | 0.153 | 0.130 | 0.111 | 0.095 | 0.081 |
| 19 | 0.828 | 0.686 | 0.570 | 0.475 | 0.396 | 0.331 | 0.277 | 0.232 | 0.194 | 0.164 | 0.138 | 0.116 | 0.098 | 0.083 | 0.070 |
| 20 | 0.820 | 0.673 | 0.554 | 0.456 | 0.377 | 0.312 | 0.258 | 0.215 | 0.178 | 0.149 | 0.124 | 0.104 | 0.087 | 0.073 | 0.061 |
| 21 | 0.811 | 0.660 | 0.538 | 0.439 | 0.359 | 0.294 | 0.242 | 0.199 | 0.164 | 0.135 | 0.112 | 0.093 | 0.077 | 0.064 | 0.053 |
| 22 | 0.803 | 0.647 | 0.522 | 0.422 | 0.342 | 0.278 | 0.226 | 0.184 | 0.150 | 0.123 | 0.101 | 0.083 | 0.068 | 0.056 | 0.046 |
| 23 | 0.795 | 0.634 | 0.507 | 0.406 | 0.326 | 0.262 | 0.211 | 0.170 | 0.138 | 0.112 | 0.091 | 0.074 | 0.060 | 0.049 | 0.040 |
| 24 | 0.788 | 0.622 | 0.492 | 0.390 | 0.310 | 0.247 | 0.197 | 0.158 | 0.126 | 0.102 | 0.082 | 0.066 | 0.053 | 0.043 | 0.035 |
| 25 | 0.780 | 0.610 | 0.478 | 0.375 | 0.295 | 0.233 | 0.184 | 0.146 | 0.116 | 0.092 | 0.074 | 0.059 | 0.047 | 0.038 | 0.030 |
| 26 | 0.772 | 0.598 | 0.464 | 0.361 | 0.281 | 0.220 | 0.172 | 0.135 | 0.106 | 0.084 | 0.066 | 0.053 | 0.042 | 0.033 | 0.026 |
| 27 | 0.764 | 0.586 | 0.450 | 0.347 | 0.268 | 0.207 | 0.161 | 0.125 | 0.098 | 0.076 | 0.060 | 0.047 | 0.037 | 0.029 | 0.023 |
| 28 | 0.757 | 0.574 | 0.437 | 0.333 | 0.255 | 0.196 | 0.150 | 0.116 | 0.090 | 0.069 | 0.054 | 0.042 | 0.033 | 0.026 | 0.020 |
| 29 | 0.749 | 0.563 | 0.424 | 0.321 | 0.243 | 0.185 | 0.141 | 0.107 | 0.082 | 0.063 | 0.048 | 0.037 | 0.029 | 0.022 | 0.017 |
| 30 | 0.742 | 0.552 | 0.412 | 0.308 | 0.231 | 0.174 | 0.131 | 0.099 | 0.075 | 0.057 | 0.044 | 0.033 | 0.026 | 0.020 | 0.015 |
| 31 | 0.735 | 0.541 | 0.400 | 0.296 | 0.220 | 0.164 | 0.123 | 0.092 | 0.069 | 0.052 | 0.039 | 0.030 | 0.023 | 0.017 | 0.013 |
| 32 | 0.727 | 0.531 | 0.388 | 0.285 | 0.210 | 0.155 | 0.115 | 0.085 | 0.063 | 0.047 | 0.035 | 0.027 | 0.020 | 0.015 | 0.011 |
| 33 | 0.720 | 0.520 | 0.377 | 0.274 | 0.200 | 0.146 | 0.107 | 0.079 | 0.058 | 0.043 | 0.032 | 0.024 | 0.018 | 0.013 | 0.010 |
| 34 | 0.713 | 0.510 | 0.366 | 0.264 | 0.190 | 0.138 | 0.100 | 0.073 | 0.053 | 0.039 | 0.029 | 0.021 | 0.016 | 0.012 | 0.009 |
| 35 | 0.706 | 0.500 | 0.355 | 0.253 | 0.181 | 0.130 | 0.094 | 0.068 | 0.049 | 0.036 | 0.026 | 0.019 | 0.014 | 0.010 | 0.008 |
| 36 | 0.699 | 0.490 | 0.345 | 0.244 | 0.173 | 0.123 | 0.088 | 0.063 | 0.045 | 0.032 | 0.023 | 0.017 | 0.012 | 0.009 | 0.007 |
| 37 | 0.692 | 0.481 | 0.335 | 0.234 | 0.164 | 0.116 | 0.082 | 0.058 | 0.041 | 0.029 | 0.021 | 0.015 | 0.011 | 0.008 | 0.006 |
| 38 | 0.685 | 0.471 | 0.325 | 0.225 | 0.157 | 0.109 | 0.076 | 0.054 | 0.038 | 0.027 | 0.019 | 0.013 | 0.010 | 0.007 | 0.005 |
| 39 | 0.678 | 0.462 | 0.316 | 0.217 | 0.149 | 0.103 | 0.071 | 0.050 | 0.035 | 0.024 | 0.017 | 0.012 | 0.009 | 0.006 | 0.004 |
| 40 | 0.672 | 0.453 | 0.307 | 0.208 | 0.142 | 0.097 | 0.067 | 0.046 | 0.032 | 0.022 | 0.015 | 0.011 | 0.008 | 0.005 | 0.004 |
| 41 | 0.665 | 0.444 | 0.298 | 0.200 | 0.135 | 0.092 | 0.062 | 0.043 | 0.029 | 0.020 | 0.014 | 0.010 | 0.007 | 0.005 | 0.003 |
| 42 | 0.658 | 0.435 | 0.289 | 0.193 | 0.129 | 0.087 | 0.058 | 0.039 | 0.027 | 0.018 | 0.012 | 0.009 | 0.006 | 0.004 | 0.003 |
| 43 | 0.652 | 0.427 | 0.281 | 0.185 | 0.123 | 0.082 | 0.055 | 0.037 | 0.025 | 0.017 | 0.011 | 0.008 | 0.005 | 0.004 | 0.002 |
| 44 | 0.645 | 0.418 | 0.272 | 0.178 | 0.117 | 0.077 | 0.051 | 0.034 | 0.023 | 0.015 | 0.010 | 0.007 | 0.005 | 0.003 | 0.002 |
| 45 | 0.639 | 0.410 | 0.264 | 0.171 | 0.111 | 0.073 | 0.048 | 0.031 | 0.021 | 0.014 | 0.009 | 0.006 | 0.004 | 0.003 | 0.002 |
| 46 | 0.633 | 0.402 | 0.257 | 0.165 | 0.106 | 0.069 | 0.044 | 0.029 | 0.019 | 0.012 | 0.008 | 0.005 | 0.004 | 0.002 | 0.002 |
| 47 | 0.626 | 0.394 | 0.249 | 0.158 | 0.101 | 0.065 | 0.042 | 0.027 | 0.017 | 0.011 | 0.007 | 0.005 | 0.003 | 0.002 | 0.001 |
| 48 | 0.620 | 0.387 | 0.242 | 0.152 | 0.096 | 0.061 | 0.039 | 0.025 | 0.016 | 0.010 | 0.007 | 0.004 | 0.003 | 0.002 | 0.001 |
| 49 | 0.614 | 0.379 | 0.235 | 0.146 | 0.092 | 0.058 | 0.036 | 0.023 | 0.015 | 0.009 | 0.006 | 0.004 | 0.003 | 0.002 | 0.001 |
| 50 | 0.608 | 0.372 | 0.228 | 0.141 | 0.087 | 0.054 | 0.034 | 0.021 | 0.013 | 0.009 | 0.005 | 0.003 | 0.002 | 0.001 | 0.001 |

续附表 2

| n | 16% | 17% | 18% | 19% | 20% | 21% | 22% | 23% | 24% | 25% | 26% | 27% | 28% | 29% | 30% |
|---|---|---|---|---|---|---|---|---|---|---|---|---|---|---|---|
| 1 | 0.862 | 0.855 | 0.847 | 0.840 | 0.833 | 0.826 | 0.820 | 0.813 | 0.806 | 0.800 | 0.794 | 0.787 | 0.781 | 0.775 | 0.769 |
| 2 | 0.743 | 0.731 | 0.718 | 0.706 | 0.694 | 0.683 | 0.672 | 0.661 | 0.650 | 0.640 | 0.630 | 0.620 | 0.610 | 0.601 | 0.592 |
| 3 | 0.641 | 0.624 | 0.609 | 0.593 | 0.579 | 0.564 | 0.551 | 0.537 | 0.524 | 0.512 | 0.500 | 0.488 | 0.477 | 0.466 | 0.455 |
| 4 | 0.552 | 0.534 | 0.516 | 0.499 | 0.482 | 0.467 | 0.451 | 0.437 | 0.423 | 0.410 | 0.397 | 0.384 | 0.373 | 0.361 | 0.350 |
| 5 | 0.476 | 0.456 | 0.437 | 0.419 | 0.402 | 0.386 | 0.370 | 0.355 | 0.341 | 0.328 | 0.315 | 0.303 | 0.291 | 0.280 | 0.269 |
| 6 | 0.410 | 0.390 | 0.370 | 0.352 | 0.335 | 0.319 | 0.303 | 0.289 | 0.275 | 0.262 | 0.250 | 0.238 | 0.227 | 0.217 | 0.207 |
| 7 | 0.354 | 0.333 | 0.314 | 0.296 | 0.279 | 0.263 | 0.249 | 0.235 | 0.222 | 0.210 | 0.198 | 0.188 | 0.178 | 0.168 | 0.159 |
| 8 | 0.305 | 0.285 | 0.266 | 0.249 | 0.233 | 0.218 | 0.204 | 0.191 | 0.179 | 0.168 | 0.157 | 0.148 | 0.139 | 0.130 | 0.123 |
| 9 | 0.263 | 0.243 | 0.225 | 0.209 | 0.194 | 0.180 | 0.167 | 0.155 | 0.144 | 0.134 | 0.125 | 0.116 | 0.108 | 0.101 | 0.094 |
| 10 | 0.227 | 0.208 | 0.191 | 0.176 | 0.162 | 0.149 | 0.137 | 0.126 | 0.116 | 0.107 | 0.099 | 0.092 | 0.085 | 0.078 | 0.073 |
| 11 | 0.195 | 0.178 | 0.162 | 0.148 | 0.135 | 0.123 | 0.112 | 0.103 | 0.094 | 0.086 | 0.079 | 0.072 | 0.066 | 0.061 | 0.056 |
| 12 | 0.168 | 0.152 | 0.137 | 0.124 | 0.112 | 0.102 | 0.092 | 0.083 | 0.076 | 0.069 | 0.062 | 0.057 | 0.052 | 0.047 | 0.043 |
| 13 | 0.145 | 0.130 | 0.116 | 0.104 | 0.093 | 0.084 | 0.075 | 0.068 | 0.061 | 0.055 | 0.050 | 0.045 | 0.040 | 0.037 | 0.033 |
| 14 | 0.125 | 0.111 | 0.099 | 0.088 | 0.078 | 0.069 | 0.062 | 0.055 | 0.049 | 0.044 | 0.039 | 0.035 | 0.032 | 0.028 | 0.025 |
| 15 | 0.108 | 0.095 | 0.084 | 0.074 | 0.065 | 0.057 | 0.051 | 0.045 | 0.040 | 0.035 | 0.031 | 0.028 | 0.025 | 0.022 | 0.020 |
| 16 | 0.093 | 0.081 | 0.071 | 0.062 | 0.054 | 0.047 | 0.042 | 0.036 | 0.032 | 0.028 | 0.025 | 0.022 | 0.019 | 0.017 | 0.015 |
| 17 | 0.080 | 0.069 | 0.060 | 0.052 | 0.045 | 0.039 | 0.034 | 0.030 | 0.026 | 0.023 | 0.020 | 0.017 | 0.015 | 0.013 | 0.012 |
| 18 | 0.069 | 0.059 | 0.051 | 0.044 | 0.038 | 0.032 | 0.028 | 0.024 | 0.021 | 0.018 | 0.016 | 0.014 | 0.012 | 0.010 | 0.009 |
| 19 | 0.060 | 0.051 | 0.043 | 0.037 | 0.031 | 0.027 | 0.023 | 0.020 | 0.017 | 0.014 | 0.012 | 0.011 | 0.009 | 0.008 | 0.007 |
| 20 | 0.051 | 0.043 | 0.037 | 0.031 | 0.026 | 0.022 | 0.019 | 0.016 | 0.014 | 0.012 | 0.010 | 0.008 | 0.007 | 0.006 | 0.005 |
| 21 | 0.044 | 0.037 | 0.031 | 0.026 | 0.022 | 0.018 | 0.015 | 0.013 | 0.011 | 0.009 | 0.008 | 0.007 | 0.006 | 0.005 | 0.004 |
| 22 | 0.038 | 0.032 | 0.026 | 0.022 | 0.018 | 0.015 | 0.013 | 0.011 | 0.009 | 0.007 | 0.006 | 0.005 | 0.004 | 0.004 | 0.003 |
| 23 | 0.033 | 0.027 | 0.022 | 0.018 | 0.015 | 0.012 | 0.010 | 0.009 | 0.007 | 0.006 | 0.005 | 0.004 | 0.003 | 0.003 | 0.002 |
| 24 | 0.028 | 0.023 | 0.019 | 0.015 | 0.013 | 0.010 | 0.008 | 0.007 | 0.006 | 0.005 | 0.004 | 0.003 | 0.003 | 0.002 | 0.002 |
| 25 | 0.024 | 0.020 | 0.016 | 0.013 | 0.010 | 0.009 | 0.007 | 0.006 | 0.005 | 0.004 | 0.003 | 0.003 | 0.002 | 0.002 | 0.001 |
| 26 | 0.021 | 0.017 | 0.014 | 0.011 | 0.009 | 0.007 | 0.006 | 0.005 | 0.004 | 0.003 | 0.002 | 0.002 | 0.002 | 0.001 | 0.001 |
| 27 | 0.018 | 0.014 | 0.011 | 0.009 | 0.007 | 0.006 | 0.005 | 0.004 | 0.003 | 0.002 | 0.002 | 0.002 | 0.001 | 0.001 | 0.001 |
| 28 | 0.016 | 0.012 | 0.010 | 0.008 | 0.006 | 0.005 | 0.004 | 0.003 | 0.002 | 0.002 | 0.002 | 0.001 | 0.001 | 0.001 | 0.001 |
| 29 | 0.014 | 0.011 | 0.008 | 0.006 | 0.005 | 0.004 | 0.003 | 0.002 | 0.002 | 0.002 | 0.001 | 0.001 | 0.001 | 0.001 | * |
| 30 | 0.012 | 0.009 | 0.007 | 0.005 | 0.004 | 0.003 | 0.003 | 0.002 | 0.002 | 0.001 | 0.001 | 0.001 | 0.001 | * | * |
| 31 | 0.010 | 0.008 | 0.006 | 0.005 | 0.004 | 0.003 | 0.002 | 0.002 | 0.001 | 0.001 | 0.001 | 0.001 | * | * | * |
| 32 | 0.009 | 0.007 | 0.005 | 0.004 | 0.003 | 0.002 | 0.002 | 0.001 | 0.001 | 0.001 | 0.001 | * | * | * | * |
| 33 | 0.007 | 0.006 | 0.004 | 0.003 | 0.002 | 0.002 | 0.001 | 0.001 | 0.001 | 0.001 | * | * | * | * | * |
| 34 | 0.006 | 0.005 | 0.004 | 0.003 | 0.002 | 0.002 | 0.001 | 0.001 | 0.001 | 0.001 | * | * | * | * | * |
| 35 | 0.006 | 0.004 | 0.003 | 0.002 | 0.002 | 0.001 | 0.001 | 0.001 | 0.001 | * | * | * | * | * | * |
| 36 | 0.005 | 0.004 | 0.003 | 0.002 | 0.001 | 0.001 | 0.001 | 0.001 | * | * | * | * | * | * | * |
| 37 | 0.004 | 0.003 | 0.002 | 0.002 | 0.001 | 0.001 | 0.001 | * | * | * | * | * | * | * | * |
| 38 | 0.004 | 0.003 | 0.002 | 0.001 | 0.001 | 0.001 | 0.001 | * | * | * | * | * | * | * | * |
| 39 | 0.003 | 0.002 | 0.002 | 0.001 | 0.001 | 0.001 | * | * | * | * | * | * | * | * | * |
| 40 | 0.003 | 0.002 | 0.001 | 0.001 | 0.001 | * | * | * | * | * | * | * | * | * | * |
| 41 | 0.002 | 0.002 | 0.001 | 0.001 | 0.001 | * | * | * | * | * | * | * | * | * | * |
| 42 | 0.002 | 0.001 | 0.001 | 0.001 | * | * | * | * | * | * | * | * | * | * | * |
| 43 | 0.002 | 0.001 | 0.001 | 0.001 | * | * | * | * | * | * | * | * | * | * | * |
| 44 | 0.001 | 0.001 | 0.001 | * | * | * | * | * | * | * | * | * | * | * | * |
| 45 | 0.001 | 0.001 | 0.001 | * | * | * | * | * | * | * | * | * | * | * | * |
| 46 | 0.001 | 0.001 | * | * | * | * | * | * | * | * | * | * | * | * | * |
| 47 | 0.001 | 0.001 | * | * | * | * | * | * | * | * | * | * | * | * | * |
| 48 | 0.001 | 0.001 | * | * | * | * | * | * | * | * | * | * | * | * | * |
| 49 | 0.001 | * | * | * | * | * | * | * | * | * | * | * | * | * | * |
| 50 | 0.001 | * | * | * | * | * | * | * | * | * | * | * | * | * | * |

注：* <0.001

附表 3　　年金终值系数表

| n | 1% | 2% | 3% | 4% | 5% | 6% | 7% | 8% | 9% | 10% | 11% | 12% | 13% | 14% | 15% |
|---|---|---|---|---|---|---|---|---|---|---|---|---|---|---|---|
| 1 | 1.000 | 1.000 | 1.000 | 1.000 | 1.000 | 1.000 | 1.000 | 1.000 | 1.000 | 1.000 | 1.000 | 1.000 | 1.000 | 1.000 | 1.000 |
| 2 | 2.010 | 2.020 | 2.030 | 2.040 | 2.050 | 2.060 | 2.070 | 2.080 | 2.090 | 2.100 | 2.110 | 2.120 | 2.130 | 2.140 | 2.150 |
| 3 | 3.030 | 3.060 | 3.091 | 3.122 | 3.153 | 3.184 | 3.215 | 3.246 | 3.278 | 3.310 | 3.342 | 3.374 | 3.407 | 3.440 | 3.473 |
| 4 | 4.060 | 4.122 | 4.184 | 4.246 | 4.310 | 4.375 | 4.440 | 4.506 | 4.573 | 4.641 | 4.710 | 4.779 | 4.850 | 4.921 | 4.993 |
| 5 | 5.101 | 5.204 | 5.309 | 5.416 | 5.526 | 5.637 | 5.751 | 5.867 | 5.985 | 6.105 | 6.228 | 6.353 | 6.480 | 6.610 | 6.742 |
| 6 | 6.152 | 6.308 | 6.468 | 6.633 | 6.802 | 6.975 | 7.153 | 7.336 | 7.523 | 7.716 | 7.913 | 8.115 | 8.323 | 8.536 | 8.754 |
| 7 | 7.214 | 7.434 | 7.662 | 7.898 | 8.142 | 8.394 | 8.654 | 8.923 | 9.200 | 9.487 | 9.783 | 10.089 | 10.405 | 10.730 | 11.067 |
| 8 | 8.286 | 8.583 | 8.892 | 9.214 | 9.549 | 9.897 | 10.260 | 10.637 | 11.028 | 11.436 | 11.859 | 12.300 | 12.757 | 13.233 | 13.727 |
| 9 | 9.369 | 9.755 | 10.159 | 10.583 | 11.027 | 11.491 | 11.978 | 12.488 | 13.021 | 13.579 | 14.164 | 14.776 | 15.416 | 16.085 | 16.786 |
| 10 | 10.462 | 10.950 | 11.464 | 12.006 | 12.578 | 13.181 | 13.816 | 14.487 | 15.193 | 15.937 | 16.722 | 17.549 | 18.420 | 19.337 | 20.304 |
| 11 | 11.567 | 12.169 | 12.808 | 13.486 | 14.207 | 14.972 | 15.784 | 16.645 | 17.560 | 18.531 | 19.561 | 20.655 | 21.814 | 23.045 | 24.349 |
| 12 | 12.683 | 13.412 | 14.192 | 15.026 | 15.917 | 16.870 | 17.888 | 18.977 | 20.141 | 21.384 | 22.713 | 24.133 | 25.650 | 27.271 | 29.002 |
| 13 | 13.809 | 14.680 | 15.618 | 16.627 | 17.713 | 18.882 | 20.141 | 21.495 | 22.953 | 24.523 | 26.212 | 28.029 | 29.985 | 32.089 | 34.352 |
| 14 | 14.947 | 15.974 | 17.086 | 18.292 | 19.599 | 21.015 | 22.550 | 24.215 | 26.019 | 27.975 | 30.095 | 32.393 | 34.883 | 37.581 | 40.505 |
| 15 | 16.097 | 17.293 | 18.599 | 20.024 | 21.579 | 23.276 | 25.129 | 27.152 | 29.361 | 31.772 | 34.405 | 37.280 | 40.417 | 43.842 | 47.580 |
| 16 | 17.258 | 18.639 | 20.157 | 21.825 | 23.657 | 25.673 | 27.888 | 30.324 | 33.003 | 35.950 | 39.190 | 42.753 | 46.672 | 50.980 | 55.717 |
| 17 | 18.430 | 20.012 | 21.762 | 23.698 | 25.840 | 28.213 | 30.840 | 33.750 | 36.974 | 40.545 | 44.501 | 48.884 | 53.739 | 59.118 | 65.075 |
| 18 | 19.615 | 21.412 | 23.414 | 25.645 | 28.132 | 30.906 | 33.999 | 37.450 | 41.301 | 45.599 | 50.396 | 55.750 | 61.725 | 68.394 | 75.836 |
| 19 | 20.811 | 22.841 | 25.117 | 27.671 | 30.539 | 33.760 | 37.379 | 41.446 | 46.018 | 51.159 | 56.939 | 63.440 | 70.749 | 78.969 | 88.212 |
| 20 | 22.019 | 24.297 | 26.870 | 29.778 | 33.066 | 36.786 | 40.995 | 45.762 | 51.160 | 57.275 | 64.203 | 72.052 | 80.947 | 91.025 | 102.444 |
| 21 | 23.239 | 25.783 | 28.676 | 31.969 | 35.719 | 39.993 | 44.865 | 50.423 | 56.765 | 64.002 | 72.265 | 81.699 | 92.470 | 104.768 | 118.810 |
| 22 | 24.472 | 27.299 | 30.537 | 34.248 | 38.505 | 43.392 | 49.006 | 55.457 | 62.873 | 71.403 | 81.214 | 92.503 | 105.491 | 120.436 | 137.632 |
| 23 | 25.716 | 28.845 | 32.453 | 36.618 | 41.430 | 46.996 | 53.436 | 60.893 | 69.532 | 79.543 | 91.148 | 104.603 | 120.205 | 138.297 | 159.276 |
| 24 | 26.973 | 30.422 | 34.426 | 39.083 | 44.502 | 50.816 | 58.177 | 66.765 | 76.790 | 88.497 | 102.174 | 118.155 | 136.831 | 158.659 | 184.168 |
| 25 | 28.243 | 32.030 | 36.459 | 41.646 | 47.727 | 54.865 | 63.249 | 73.106 | 84.701 | 98.347 | 114.413 | 133.334 | 155.620 | 181.871 | 212.793 |
| 26 | 29.526 | 33.671 | 38.553 | 44.312 | 51.113 | 59.156 | 68.676 | 79.954 | 93.324 | 109.182 | 127.999 | 150.334 | 176.850 | 208.333 | 245.712 |
| 27 | 30.821 | 35.344 | 40.710 | 47.084 | 54.669 | 63.706 | 74.484 | 87.351 | 102.723 | 121.100 | 143.079 | 169.374 | 200.841 | 238.499 | 283.569 |
| 28 | 32.129 | 37.051 | 42.931 | 49.968 | 58.403 | 68.528 | 80.698 | 95.339 | 112.968 | 134.210 | 159.817 | 190.699 | 227.950 | 272.889 | 327.104 |
| 29 | 33.450 | 38.792 | 45.219 | 52.966 | 62.323 | 73.640 | 87.347 | 103.966 | 124.135 | 148.631 | 178.397 | 214.583 | 258.583 | 312.094 | 377.170 |
| 30 | 34.785 | 40.568 | 47.575 | 56.085 | 66.439 | 79.058 | 94.461 | 113.283 | 136.308 | 164.494 | 199.021 | 241.333 | 293.199 | 356.787 | 434.745 |

续附表 3

| n | 16% | 17% | 18% | 19% | 20% | 21% | 22% | 23% | 24% | 25% | 26% | 27% | 28% | 29% | 30% |
|---|---|---|---|---|---|---|---|---|---|---|---|---|---|---|---|
| 1 | 1.000 | 1.000 | 1.000 | 1.000 | 1.000 | 1.000 | 1.000 | 1.000 | 1.000 | 1.000 | 1.000 | 1.000 | 1.000 | 1.000 | 1.000 |
| 2 | 2.160 | 2.170 | 2.180 | 2.190 | 2.200 | 2.210 | 2.220 | 2.230 | 2.240 | 2.250 | 2.260 | 2.270 | 2.280 | 2.290 | 2.300 |
| 3 | 3.506 | 3.539 | 3.572 | 3.606 | 3.640 | 3.674 | 3.708 | 3.743 | 3.778 | 3.813 | 3.848 | 3.883 | 3.918 | 3.954 | 3.990 |
| 4 | 5.066 | 5.141 | 5.215 | 5.291 | 5.368 | 5.446 | 5.524 | 5.604 | 5.684 | 5.766 | 5.848 | 5.931 | 6.016 | 6.101 | 6.187 |
| 5 | 6.877 | 7.014 | 7.154 | 7.297 | 7.442 | 7.589 | 7.740 | 7.893 | 8.048 | 8.207 | 8.368 | 8.533 | 8.700 | 8.870 | 9.043 |
| 6 | 8.977 | 9.207 | 9.442 | 9.683 | 9.930 | 10.183 | 10.442 | 10.708 | 10.980 | 11.259 | 11.544 | 11.837 | 12.136 | 12.442 | 12.756 |
| 7 | 11.414 | 11.772 | 12.142 | 12.523 | 12.916 | 13.321 | 13.740 | 14.171 | 14.615 | 15.074 | 15.546 | 16.032 | 16.534 | 17.051 | 17.583 |
| 8 | 14.240 | 14.773 | 15.327 | 15.902 | 16.499 | 17.119 | 17.762 | 18.430 | 19.123 | 19.842 | 20.588 | 21.361 | 22.163 | 22.995 | 23.858 |
| 9 | 17.519 | 18.285 | 19.086 | 19.923 | 20.799 | 21.714 | 22.670 | 23.669 | 24.713 | 25.802 | 26.940 | 28.129 | 29.369 | 30.664 | 32.015 |
| 10 | 21.321 | 22.393 | 23.521 | 24.709 | 25.959 | 27.274 | 28.657 | 30.113 | 31.643 | 33.253 | 34.945 | 36.724 | 38.593 | 40.556 | 42.620 |
| 11 | 25.733 | 27.200 | 28.755 | 30.404 | 32.150 | 34.001 | 35.962 | 38.039 | 40.238 | 42.566 | 45.031 | 47.639 | 50.399 | 53.318 | 56.405 |
| 12 | 30.850 | 32.824 | 34.931 | 37.180 | 39.581 | 42.142 | 44.874 | 47.788 | 50.895 | 54.208 | 57.739 | 61.501 | 65.510 | 69.780 | 74.327 |
| 13 | 36.786 | 39.404 | 42.219 | 45.244 | 48.497 | 51.991 | 55.746 | 59.779 | 64.110 | 68.760 | 73.751 | 79.107 | 84.853 | 91.016 | 97.625 |
| 14 | 43.672 | 47.103 | 50.818 | 54.841 | 59.196 | 63.910 | 69.010 | 74.528 | 80.496 | 86.950 | 93.926 | 101.465 | 109.612 | 118.411 | 127.913 |
| 15 | 51.660 | 56.110 | 60.965 | 66.261 | 72.035 | 78.331 | 85.192 | 92.669 | 100.815 | 109.687 | 119.347 | 129.861 | 141.303 | 153.750 | 167.286 |
| 16 | 60.925 | 66.649 | 72.939 | 79.850 | 87.442 | 95.780 | 104.935 | 114.983 | 126.011 | 138.109 | 151.377 | 165.924 | 181.868 | 199.337 | 218.472 |
| 17 | 71.673 | 78.979 | 87.068 | 96.022 | 105.931 | 116.894 | 129.020 | 142.430 | 157.253 | 173.636 | 191.735 | 211.723 | 233.791 | 258.145 | 285.014 |
| 18 | 84.141 | 93.406 | 103.740 | 115.266 | 128.117 | 142.441 | 158.405 | 176.188 | 195.994 | 218.045 | 242.586 | 269.888 | 300.252 | 334.007 | 371.518 |
| 19 | 98.603 | 110.285 | 123.414 | 138.166 | 154.740 | 173.354 | 194.254 | 217.712 | 244.033 | 273.556 | 306.658 | 343.758 | 385.323 | 431.870 | 483.973 |
| 20 | 115.380 | 130.033 | 146.628 | 165.418 | 186.688 | 210.758 | 237.989 | 268.785 | 303.601 | 342.945 | 387.389 | 437.573 | 494.213 | 558.112 | 630.166 |
| 21 | 134.841 | 153.139 | 174.021 | 197.847 | 225.026 | 256.018 | 291.347 | 331.606 | 377.465 | 429.681 | 489.110 | 556.717 | 633.593 | 720.964 | 820.215 |
| 22 | 157.415 | 180.172 | 206.345 | 236.438 | 271.031 | 310.781 | 356.443 | 408.875 | 469.056 | 538.101 | 617.278 | 708.031 | 811.999 | 931.044 | 1067.280 |
| 23 | 183.601 | 211.801 | 244.487 | 282.362 | 326.237 | 377.045 | 435.861 | 503.917 | 582.630 | 673.626 | 778.771 | 900.199 | 1040.358 | 1202.047 | 1388.464 |
| 24 | 213.978 | 248.808 | 289.494 | 337.010 | 392.484 | 457.225 | 532.750 | 620.817 | 723.461 | 843.033 | 982.251 | 1144.253 | 1332.659 | 1551.640 | 1806.003 |
| 25 | 249.214 | 292.105 | 342.603 | 402.042 | 471.981 | 554.242 | 650.955 | 764.605 | 898.092 | 1054.791 | 1238.636 | 1454.201 | 1706.803 | 2002.616 | 2348.803 |
| 26 | 290.088 | 342.763 | 405.272 | 479.431 | 567.377 | 671.633 | 795.165 | 941.465 | 1114.634 | 1319.489 | 1561.682 | 1847.836 | 2185.708 | 2584.374 | 3054.444 |
| 27 | 337.502 | 402.032 | 479.221 | 571.522 | 681.853 | 813.676 | 971.102 | 1159.002 | 1383.146 | 1650.361 | 1968.719 | 2347.752 | 2798.706 | 3334.843 | 3971.778 |
| 28 | 392.503 | 471.378 | 566.481 | 681.112 | 819.223 | 985.548 | 1185.744 | 1426.572 | 1716.101 | 2063.952 | 2481.586 | 2982.644 | 3583.344 | 4302.947 | 5164.311 |
| 29 | 456.303 | 552.512 | 669.447 | 811.523 | 984.068 | 1193.513 | 1447.608 | 1755.684 | 2128.965 | 2580.939 | 3127.798 | 3788.958 | 4587.680 | 5551.802 | 6714.604 |
| 30 | 530.312 | 647.439 | 790.948 | 966.712 | 1181.882 | 1445.151 | 1767.081 | 2160.491 | 2640.916 | 3227.174 | 3942.026 | 4812.977 | 5873.231 | 7162.824 | 8729.986 |

附表 4　　年金现值系数表

| n | 1% | 2% | 3% | 4% | 5% | 6% | 7% | 8% | 9% | 10% | 11% | 12% | 13% | 14% | 15% |
|---|---|---|---|---|---|---|---|---|---|---|---|---|---|---|---|
| 1 | 0.990 | 0.980 | 0.971 | 0.962 | 0.952 | 0.943 | 0.935 | 0.926 | 0.917 | 0.909 | 0.901 | 0.893 | 0.885 | 0.877 | 0.870 |
| 2 | 1.970 | 1.942 | 1.913 | 1.886 | 1.859 | 1.833 | 1.808 | 1.783 | 1.759 | 1.736 | 1.713 | 1.690 | 1.668 | 1.647 | 1.626 |
| 3 | 2.941 | 2.884 | 2.829 | 2.775 | 2.723 | 2.673 | 2.624 | 2.577 | 2.531 | 2.487 | 2.444 | 2.402 | 2.361 | 2.322 | 2.283 |
| 4 | 3.902 | 3.808 | 3.717 | 3.630 | 3.546 | 3.465 | 3.387 | 3.312 | 3.240 | 3.170 | 3.102 | 3.037 | 2.974 | 2.914 | 2.855 |
| 5 | 4.853 | 4.713 | 4.580 | 4.452 | 4.329 | 4.212 | 4.100 | 3.993 | 3.890 | 3.791 | 3.696 | 3.605 | 3.517 | 3.433 | 3.352 |
| 6 | 5.795 | 5.601 | 5.417 | 5.242 | 5.076 | 4.917 | 4.767 | 4.623 | 4.486 | 4.355 | 4.231 | 4.111 | 3.998 | 3.889 | 3.784 |
| 7 | 6.728 | 6.472 | 6.230 | 6.002 | 5.786 | 5.582 | 5.389 | 5.206 | 5.033 | 4.868 | 4.712 | 4.564 | 4.423 | 4.288 | 4.160 |
| 8 | 7.652 | 7.325 | 7.020 | 6.733 | 6.463 | 6.210 | 5.971 | 5.747 | 5.535 | 5.335 | 5.146 | 4.968 | 4.799 | 4.639 | 4.487 |
| 9 | 8.566 | 8.162 | 7.786 | 7.435 | 7.108 | 6.802 | 6.515 | 6.247 | 5.995 | 5.759 | 5.537 | 5.328 | 5.132 | 4.946 | 4.772 |
| 10 | 9.471 | 8.983 | 8.530 | 8.111 | 7.722 | 7.360 | 7.024 | 6.710 | 6.418 | 6.145 | 5.889 | 5.650 | 5.426 | 5.216 | 5.019 |
| 11 | 10.368 | 9.787 | 9.253 | 8.760 | 8.306 | 7.887 | 7.499 | 7.139 | 6.805 | 6.495 | 6.207 | 5.938 | 5.687 | 5.453 | 5.234 |
| 12 | 11.255 | 10.575 | 9.954 | 9.385 | 8.863 | 8.384 | 7.943 | 7.536 | 7.161 | 6.814 | 6.492 | 6.194 | 5.918 | 5.660 | 5.421 |
| 13 | 12.134 | 11.348 | 10.635 | 9.986 | 9.394 | 8.853 | 8.358 | 7.904 | 7.487 | 7.103 | 6.750 | 6.424 | 6.122 | 5.842 | 5.583 |
| 14 | 13.004 | 12.106 | 11.296 | 10.563 | 9.899 | 9.295 | 8.745 | 8.244 | 7.786 | 7.367 | 6.982 | 6.628 | 6.302 | 6.002 | 5.724 |
| 15 | 13.865 | 12.849 | 11.938 | 11.118 | 10.380 | 9.712 | 9.108 | 8.559 | 8.061 | 7.606 | 7.191 | 6.811 | 6.462 | 6.142 | 5.847 |
| 16 | 14.718 | 13.578 | 12.561 | 11.652 | 10.838 | 10.106 | 9.447 | 8.851 | 8.313 | 7.824 | 7.379 | 6.974 | 6.604 | 6.265 | 5.954 |
| 17 | 15.562 | 14.292 | 13.166 | 12.166 | 11.274 | 10.477 | 9.763 | 9.122 | 8.544 | 8.022 | 7.549 | 7.120 | 6.729 | 6.373 | 6.047 |
| 18 | 16.398 | 14.992 | 13.754 | 12.659 | 11.690 | 10.828 | 10.059 | 9.372 | 8.756 | 8.201 | 7.702 | 7.250 | 6.840 | 6.467 | 6.128 |
| 19 | 17.226 | 15.678 | 14.324 | 13.134 | 12.085 | 11.158 | 10.336 | 9.604 | 8.950 | 8.365 | 7.839 | 7.366 | 6.938 | 6.550 | 6.198 |
| 20 | 18.046 | 16.351 | 14.877 | 13.590 | 12.462 | 11.470 | 10.594 | 9.818 | 9.129 | 8.514 | 7.963 | 7.469 | 7.025 | 6.623 | 6.259 |
| 21 | 18.857 | 17.011 | 15.415 | 14.029 | 12.821 | 11.764 | 10.836 | 10.017 | 9.292 | 8.649 | 8.075 | 7.562 | 7.102 | 6.687 | 6.312 |
| 22 | 19.660 | 17.658 | 15.937 | 14.451 | 13.163 | 12.042 | 11.061 | 10.201 | 9.442 | 8.772 | 8.176 | 7.645 | 7.170 | 6.743 | 6.359 |
| 23 | 20.456 | 18.292 | 16.444 | 14.857 | 13.489 | 12.303 | 11.272 | 10.371 | 9.580 | 8.883 | 8.266 | 7.718 | 7.230 | 6.792 | 6.399 |
| 24 | 21.243 | 18.914 | 16.936 | 15.247 | 13.799 | 12.550 | 11.469 | 10.529 | 9.707 | 8.985 | 8.348 | 7.784 | 7.283 | 6.835 | 6.434 |
| 25 | 22.023 | 19.523 | 17.413 | 15.622 | 14.094 | 12.783 | 11.654 | 10.675 | 9.823 | 9.077 | 8.422 | 7.843 | 7.330 | 6.873 | 6.464 |
| 26 | 22.795 | 20.121 | 17.877 | 15.983 | 14.375 | 13.003 | 11.826 | 10.810 | 9.929 | 9.161 | 8.488 | 7.896 | 7.372 | 6.906 | 6.491 |
| 27 | 23.560 | 20.707 | 18.327 | 16.330 | 14.643 | 13.211 | 11.987 | 10.935 | 10.027 | 9.237 | 8.548 | 7.943 | 7.409 | 6.935 | 6.514 |
| 28 | 24.316 | 21.281 | 18.764 | 16.663 | 14.898 | 13.406 | 12.137 | 11.051 | 10.116 | 9.307 | 8.602 | 7.984 | 7.441 | 6.961 | 6.534 |
| 29 | 25.066 | 21.844 | 19.188 | 16.984 | 15.141 | 13.591 | 12.278 | 11.158 | 10.198 | 9.370 | 8.650 | 8.022 | 7.470 | 6.983 | 6.551 |
| 30 | 25.808 | 22.396 | 19.600 | 17.292 | 15.372 | 13.765 | 12.409 | 11.258 | 10.274 | 9.427 | 8.694 | 8.055 | 7.496 | 7.003 | 6.566 |

续附表 4

| n | 16% | 17% | 18% | 19% | 20% | 21% | 22% | 23% | 24% | 25% | 26% | 27% | 28% | 29% | 30% |
|---|---|---|---|---|---|---|---|---|---|---|---|---|---|---|---|
| 1 | 0.862 | 0.855 | 0.847 | 0.840 | 0.833 | 0.826 | 0.820 | 0.813 | 0.807 | 0.800 | 0.794 | 0.787 | 0.781 | 0.775 | 0.769 |
| 2 | 1.605 | 1.585 | 1.566 | 1.547 | 1.528 | 1.510 | 1.492 | 1.474 | 1.457 | 1.440 | 1.424 | 1.407 | 1.392 | 1.376 | 1.361 |
| 3 | 2.246 | 2.210 | 2.174 | 2.140 | 2.106 | 2.074 | 2.042 | 2.011 | 1.981 | 1.952 | 1.923 | 1.896 | 1.868 | 1.842 | 1.816 |
| 4 | 2.798 | 2.743 | 2.690 | 2.639 | 2.589 | 2.540 | 2.494 | 2.448 | 2.404 | 2.362 | 2.320 | 2.280 | 2.241 | 2.203 | 2.166 |
| 5 | 3.274 | 3.199 | 3.127 | 3.058 | 2.991 | 2.926 | 2.864 | 2.804 | 2.745 | 2.689 | 2.635 | 2.583 | 2.532 | 2.483 | 2.436 |
| 6 | 3.685 | 3.589 | 3.498 | 3.410 | 3.326 | 3.245 | 3.167 | 3.092 | 3.021 | 2.951 | 2.885 | 2.821 | 2.759 | 2.700 | 2.643 |
| 7 | 4.039 | 3.922 | 3.812 | 3.706 | 3.605 | 3.508 | 3.416 | 3.327 | 3.242 | 3.161 | 3.083 | 3.009 | 2.937 | 2.868 | 2.802 |
| 8 | 4.344 | 4.207 | 4.078 | 3.954 | 3.837 | 3.726 | 3.619 | 3.518 | 3.421 | 3.329 | 3.241 | 3.156 | 3.076 | 2.999 | 2.925 |
| 9 | 4.607 | 4.451 | 4.303 | 4.163 | 4.031 | 3.905 | 3.786 | 3.673 | 3.566 | 3.463 | 3.366 | 3.273 | 3.184 | 3.100 | 3.019 |
| 10 | 4.833 | 4.659 | 4.494 | 4.339 | 4.192 | 4.054 | 3.923 | 3.799 | 3.682 | 3.571 | 3.465 | 3.364 | 3.269 | 3.178 | 3.092 |
| 11 | 5.029 | 4.836 | 4.656 | 4.486 | 4.327 | 4.177 | 4.035 | 3.902 | 3.776 | 3.656 | 3.544 | 3.437 | 3.335 | 3.239 | 3.147 |
| 12 | 5.197 | 4.988 | 4.793 | 4.611 | 4.439 | 4.278 | 4.127 | 3.985 | 3.851 | 3.725 | 3.606 | 3.493 | 3.387 | 3.286 | 3.190 |
| 13 | 5.342 | 5.118 | 4.910 | 4.715 | 4.533 | 4.362 | 4.203 | 4.053 | 3.912 | 3.780 | 3.656 | 3.538 | 3.427 | 3.322 | 3.223 |
| 14 | 5.468 | 5.229 | 5.008 | 4.802 | 4.611 | 4.432 | 4.265 | 4.108 | 3.962 | 3.824 | 3.695 | 3.573 | 3.459 | 3.351 | 3.249 |
| 15 | 5.575 | 5.324 | 5.092 | 4.876 | 4.675 | 4.489 | 4.315 | 4.153 | 4.001 | 3.859 | 3.726 | 3.601 | 3.483 | 3.373 | 3.268 |
| 16 | 5.668 | 5.405 | 5.162 | 4.938 | 4.730 | 4.536 | 4.357 | 4.189 | 4.033 | 3.887 | 3.751 | 3.623 | 3.503 | 3.390 | 3.283 |
| 17 | 5.749 | 5.475 | 5.222 | 4.990 | 4.775 | 4.576 | 4.391 | 4.219 | 4.059 | 3.910 | 3.771 | 3.640 | 3.518 | 3.403 | 3.295 |
| 18 | 5.818 | 5.534 | 5.273 | 5.033 | 4.812 | 4.608 | 4.419 | 4.243 | 4.080 | 3.928 | 3.786 | 3.654 | 3.529 | 3.413 | 3.304 |
| 19 | 5.877 | 5.584 | 5.316 | 5.070 | 4.843 | 4.635 | 4.442 | 4.263 | 4.097 | 3.942 | 3.799 | 3.664 | 3.539 | 3.421 | 3.311 |
| 20 | 5.929 | 5.628 | 5.353 | 5.101 | 4.870 | 4.657 | 4.460 | 4.279 | 4.110 | 3.954 | 3.808 | 3.673 | 3.546 | 3.427 | 3.316 |
| 21 | 5.973 | 5.665 | 5.384 | 5.127 | 4.891 | 4.675 | 4.476 | 4.292 | 4.121 | 3.963 | 3.816 | 3.679 | 3.551 | 3.432 | 3.320 |
| 22 | 6.011 | 5.696 | 5.410 | 5.149 | 4.909 | 4.690 | 4.488 | 4.302 | 4.130 | 3.971 | 3.822 | 3.684 | 3.556 | 3.436 | 3.323 |
| 23 | 6.044 | 5.723 | 5.432 | 5.167 | 4.925 | 4.703 | 4.499 | 4.311 | 4.137 | 3.976 | 3.827 | 3.689 | 3.559 | 3.438 | 3.325 |
| 24 | 6.073 | 5.746 | 5.451 | 5.182 | 4.937 | 4.713 | 4.507 | 4.318 | 4.143 | 3.981 | 3.831 | 3.692 | 3.562 | 3.441 | 3.327 |
| 25 | 6.097 | 5.766 | 5.467 | 5.195 | 4.948 | 4.721 | 4.514 | 4.323 | 4.147 | 3.985 | 3.834 | 3.694 | 3.564 | 3.442 | 3.329 |
| 26 | 6.118 | 5.783 | 5.480 | 5.206 | 4.956 | 4.728 | 4.520 | 4.328 | 4.151 | 3.988 | 3.837 | 3.696 | 3.566 | 3.444 | 3.330 |
| 27 | 6.136 | 5.798 | 5.492 | 5.215 | 4.964 | 4.734 | 4.524 | 4.332 | 4.154 | 3.990 | 3.839 | 3.698 | 3.567 | 3.445 | 3.331 |
| 28 | 6.152 | 5.810 | 5.502 | 5.223 | 4.970 | 4.739 | 4.528 | 4.335 | 4.157 | 3.992 | 3.840 | 3.699 | 3.568 | 3.446 | 3.331 |
| 29 | 6.166 | 5.820 | 5.510 | 5.229 | 4.975 | 4.743 | 4.531 | 4.337 | 4.159 | 3.994 | 3.841 | 3.700 | 3.569 | 3.446 | 3.332 |
| 30 | 6.177 | 5.829 | 5.517 | 5.235 | 4.979 | 4.746 | 4.534 | 4.339 | 4.160 | 3.995 | 3.842 | 3.701 | 3.569 | 3.447 | 3.332 |

# 参考文献


［1］中华人民共和国财政部. 企业财务通则. 2017.

［2］中华人民共和国财政部. 企业会计准则. 2018.

［3］中华人民共和国财政部. 企业会计准则——应用指南［M］. 北京：中国财政经济出版社，2018.

［4］财政部企业司.《企业财务通则》解读［M］. 北京：中国财政经济出版社，2010.

［5］中国注册会计师协会. 财务成本管理［M］. 北京：中国财政经济出版社，2018.

［6］中华人民共和国公司法［M］. 北京：中国法制出版社，2018.

［7］李建军. 财务管理流程·制度·表格［M］. 上海：立信会计出版社，2017.

［8］曾俊平，李淑琴. “互联网+”时代下的财务管理［M］. 长春：东北师范大学出版社，2017.

［9］张齐. 大数据财务管理［M］. 北京：人民邮电出版社，2016.

［10］龙敏. 财务管理信息化研究［M］. 长春：吉林大学出版社，2016.

［11］章毓育，施雨. 民营企业财务管理［M］. 北京：清华大学出版社，2015.

［12］赵玉梅. 中小企业财务管理［M］. 北京：中华工商联合出版社，2015.

［13］张先治. 高级财务管理［M］. 3 版. 沈阳：东北财经大学出版社，2015.

［14］王允平，陈燕. 跨国公司财务管理［M］. 4 版. 北京：首都经济贸易大学出版社，2016.

［15］周炜，宋晓满. 财务管理案例分析［M］. 上海：立信会计出版社，2016.

［16］刘海燕，张萍，李上田. 财务管理实务［M］. 2 版. 武汉：武汉大学出版

社，2016.

［17］陈玉菁，薛跃. 国际财务管理［M］. 上海：立信会计出版社，2016.

［18］陈国欣. 创业财务管理［M］. 天津：南开大学出版社，2016.

［19］李平，王玲玲，谢英姿. 新编企业财务管理［M］. 武汉：华中科技大学出版社，2016.

［20］李淑平，蒋葵. 中级财务管理［M］. 武汉：武汉理工大学出版社，2016.

［21］王顺金. 财务管理实务［M］. 北京：北京理工大学出版社，2017.

［22］黄华梅. 财务管理实验［M］. 上海：立信会计出版社，2016.

［23］邬烈岚. 企业集团财务管理［M］. 上海：立信会计出版社，2017.

［24］张晓哲. 财务管理与金融创新［M］. 北京：中国纺织出版社，2018.

［25］何瑛. 上市公司财务管理案例［M］. 北京：经经济管理出版社，2016.

［26］刘胜军. 企业财务管理［M］. 哈尔滨：哈尔滨工程大学出版社，2015.

［27］陆志平. 财务管理解析［M］. 昆明：云南大学出版社，2015.

［28］彭斌. 企业财务管理［M］. 北京：经济管理出版社，2015.

［29］蒋屏. 公司财务管理［M］. 北京：对外经济贸易大学出版社，2015.

［30］刘玉凤. 高级财务管理［M］. 上海：上海财经大学出版社，2015.

［31］李建军. 企业财务通则与财务管理规章制度设计［M］. 上海：立信会计出版社，2017.

［32］张春萍，黄倩. 现代企业制度下的财务管理研究［M］. 长春：吉林大学出版社，2016.

［33］戴书松. 财务管理基础［M］. 北京：中国金融出版社，2015.

［34］王新平，赵栓文. 财务管理［M］. 北京：中国财政经济出版社，2017.

［35］王志宇. 全面预算管理［M］. 天津：南开大学出版社，2017.